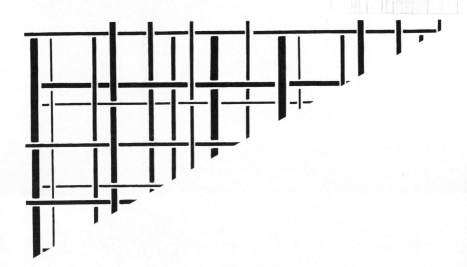

泰国

国情报告

2015～2016

岳桂宁等 编著

 经济管理出版社
ECONOMY & MANAGEMENT PUBLISHING HOUSE

图书在版编目（CIP）数据

泰国国情报告（2015~2016）/岳桂宁等编著．—北京：经济管理出版社，2017.9
ISBN 978-7-5096-5391-3

Ⅰ.①泰…　Ⅱ.①岳…　Ⅲ.①泰国—研究报告—2015-2016　Ⅳ.①D733.6

中国版本图书馆 CIP 数据核字（2017）第 235318 号

组稿编辑：张巧梅
责任编辑：张巧梅　侯娅楠
责任印制：黄章平
责任校对：王纪慧

出版发行：经济管理出版社
　　　　　（北京市海淀区北蜂窝 8 号中雅大厦 A 座 11 层　100038）
网　　址：www. E - mp. com. cn
电　　话：（010）51915602
印　　刷：北京晨旭印刷厂
经　　销：新华书店
开　　本：720mm×1000mm/16
印　　张：13
字　　数：248 千字
版　　次：2018 年 8 月第 1 版　2018 年 8 月第 1 次印刷
书　　号：ISBN 978 - 7 - 5096 - 5391 - 3
定　　价：58.00 元

编 委 会

序　言

　　东盟是东南亚地区十个国家之间的区域性合作组织。作为中国的近邻，东南亚各国在中国的周边外交中具有重要的地位，东盟也因此成为中国经营与东南亚各国合作关系的主要平台。自 1991 年以来，中国与东南亚国家之间的关系在东盟框架下取得重大进展，中国与东盟也从磋商伙伴一路发展到目前的全面战略合作伙伴。这期间，中国东盟自由贸易区建设成为中国东盟合作乃至东亚合作的重要事件，因为正是中国倡议建设的中国东盟自由贸易区开启了以东盟为中心的东亚合作新格局。在贸易投资方面，中国东盟互为对方重要的贸易伙伴和投资来源，经济相互依赖在良性互动的进程中不断深化。

　　2013 年中国提出"一带一路"合作倡议以来，东盟对中国的国际合作意义也发生了变化。习近平主席选择在印度尼西亚提出与东盟国家共同建设"21 世纪海上丝绸之路"倡议，充分显示了中国对进一步加深中国东盟关系、在合作中构建中国东盟命运共同体、造福地区民众的良好愿望。实际上，进入新世纪以来，为了深化双边关系，中国围绕与东盟国家的合作提出过一系列倡议和安排。总体而言，这些新的倡议对推动中国东盟合作发挥了助力作用。然而客观地讲，一些倡议的措施没能达到预期的效果。从深化双边合作，特别是面向 2030 目标建设中国东盟关系的需求出发，我们应进一步加强对东盟的研究：既要具体到国别，又能深入到领域。因为只有正确把握东盟国家面临的现实挑战和真实需求才能提出更具可操作性、效果更显著的深化双边关系的措施，并把中国东盟关系带向更高的层面，服务构筑和谐周边的目标，贡献人类命运共同体建设。

　　广西壮族自治区地处中国东盟合作前沿，自 2004 年中国东盟博览会落户南宁以来，广西在中国东盟合作中的地位日益提升。广西大学作为广西最重要的综合性大学，其下设的中国东盟研究院在中国东盟合作过程中不仅成为广西壮族自治区参与对东盟合作的重要智库，也在全国的东盟问题研究中逐渐获得认可。目前，中国东盟研究院下设的东盟十国国别研究所每年都围绕各自研究对象国收集整理大量的基础信息。以前期的资料收集和跟踪观察为基础，也是作为下一步密切跟踪对象国研究的第一步工作，我们组织各国别研究所编写了东盟十国的国情报告。报告参考了到目前为止国内外出版的相关国别研究成果，同时对各国新的发展做了力所能及的完善和更新。

同时，编著撰写东盟十国的国情报告对于仍在建设中的中国东盟研究院来说，确实是一项非常艰巨的任务，因此在整个项目进程中我们遇到了很多困难，呈现在同行面前的这十本书一定存在不少错漏之处，希望同行给予批评指正。

王玉主

2018 年 2 月

前　言

　　《泰国国情报告（2015～2016）》是广西大学中国—东盟研究院2016年研究项目《2015～2016年东盟国情报告》中的泰国国情部分。

　　本报告从历史、地理、政治、经济、安全、外交、社会、文化、体育、教育等方面对泰国国情开展研究，在简要介绍泰国上述各方面基本架构的基础上，着重对自2015～2016年的泰国在上述各方面国情的重大变动进行梳理及简要的分析评价。

　　2015～2016年，泰国国情总体波澜不惊，虽然普密蓬国王于2016年10月逝世，王位由王储哇集拉隆功继承，国家政局依然保持了总体稳定，"军人监国，垂帘听政"将成为泰国代议制民主躯壳之下的实际政治形态。泰国未来经济前景的隐忧依旧沉重，实现复苏还有很长一段路要走。

　　巴育政府与西方关系的持续低迷，从侧面推进了中泰之间的战略互补，使包括基础建设、军事合作在内的交往更为巩固。在泰国军政执政日益稳固的环境下，中泰之间的各项双边合作得以持续推进，稳定持续推进成为2015～2016年中泰合作的总体基调。

　　本书内容共分七章，依次为《泰国国情概况》、《泰国政治》、《泰国经济》、《泰国国家安全》、《泰国对外关系》、《泰国社会文化》、《中—泰关系》。由岳桂宁担任总撰稿人，第一、第二、第四、第五章由岳汉执笔，第三章由陈昕执笔，第六章由李小红执笔，第七章由岳汉、樊凡、陈昕、李小红共同执笔。

目　录

第一章 泰国国情概况

泰王国，通称泰国（Thailand），地处东南亚的中南半岛中部，其东南西北四面分别有部分国土与柬埔寨、马来西亚、缅甸、老挝接壤。泰国旧名暹罗，1949年5月把"暹罗"改为"泰"。泰国实行君主立宪制，佛教徒占全国人口的90%以上，是东南亚国家联盟成员国和创始国之一，是世界闻名的旅游胜地。

第一节　泰国历史

一、泰国建国前史

泰国是一个具有2000余年文明史的国度，距今约5000年前的泰国北部地区已出现了青铜器文明。距今2000年左右，泰国境内虽然先后出现了数个由不同民族共同建立的城邦和王国，如孟族建立的陀罗钵地王国、马来族在马来半岛建立的三佛齐王国等。但这些王国的影响力仅局限于一隅，且并非由泰国主体民族所建立，因此尚不能被视作泰民族文明史的开端。

现代的泰民族起源于中国南部，从古壮族分离出来之后，不断地向西南方向迁徙，于隋唐时期以前进入泰国境内定居，曾先后成为真腊王朝、高棉王朝的臣属国（范宏贵，2007）。

在与孟族、高棉族等周边民族长期的斗争与融合过程中，泰民族不断发展壮大，直到13世纪素可泰王朝的建立，才最终摆脱高棉王国的控制，首次建立起具有全境影响力的独立的封建制王国，因此，泰民族的建国史通常从13世纪素可泰王朝的建立开始叙述。

二、泰国王朝史

（一）素可泰王朝

1238 年，两名泰族人将领坤邦钢陶、坤帕满起兵反叛高棉吴哥王国成功，历史上第一个由泰族人建立的封建王国——素可泰王国宣告诞生，王国的首都定都于今日泰国核心腹地的中央平原，坤邦钢陶被拥立为印拉第王（King Sri Intratit），成为泰国历史的首任泰族国王。

素可泰王朝中的第三任泰王"兰甘亨大帝"（Ramkhamhaeng）于 1278 年登基之后，励精图治，开疆扩土，开创了素可泰王朝的黄金时代，在其治理下，素可泰王朝国力昌盛，文化繁荣，势力范围由缅甸、老挝一直延伸至马来半岛。

在民族文化上，兰甘亨大帝以高棉与孟族文字为蓝本，创立了泰文字母，并积极引进锡兰的文化艺术，上座部佛教自此进入泰国。因此，在泰国的发展历史上，兰甘亨大帝拥有"车同轨，书同文"的历史功绩，被视为泰族文明的实际奠基者。

1365~1378 年，素可泰王国逐渐走向衰落，成为了大城王朝的藩属国。素可泰的最后一名君王于 1438 年逝世后，其所辖的领土被收归为大城王朝的行省，泰国史上的"第一王朝"就此终结（高关中，2013）。

（二）大城王朝（阿瑜陀耶王朝）

大城王朝（泰语：อาณาจักรอยุธยา，英语：Ayutthaya）又称"阿瑜陀耶王朝"，是存在于 1351~1767 年的泰族王朝，其首都名为大城（阿瑜陀耶）。

大城王朝由拉玛铁菩提王（Ramathibodi）于 1351 年创立。拉玛铁菩提王是华裔商人的后裔，他结合了泰族的军力，孟族与高棉族的行政构架，以及华人的商业而后来居上，打败了高棉王国，吞并了素可泰。

大城王国通过积极开展国际贸易的途径实现其国家的富强。一方面，充分利用其地处中国和印度、欧洲海上贸易航线的连接点上的位置优势；另一方面，大城王朝主要以皇家为中心进行独占贸易，通过向中国出口大米来增强国力。此外，还通过与日本、琉球等东亚国家、东南亚诸岛、阿拉伯、波斯及西洋国家等进行贸易，积累起巨额的财富。

在此基础上，大城王朝一方面积极吸收了当时正值繁盛期的高棉文化，另一方面融入了中国、欧洲、波斯等诸文化的影响，从而发展出了具有鲜明特色的辉煌的泰族文化。其都城大城，历经 33 代帝王的统治，在长达两个世纪的时间里成为东南亚地区最为繁荣富庶的大都会。

随着缅甸、越南的崛起，大城王朝逐渐在外敌的军事进攻下走向衰落，期间虽然出现过杰出的君王"纳黎萱大帝"率领王朝击败过缅甸，但最终仍在 1767

年灭亡于缅甸的再度大规模入侵（冯汝陵，1962）。

（三）吞武里王朝

1767年，缅甸又一次发动了对暹罗的大规模侵略战争，此次入侵攻破了大城王朝的都城大城，暹罗大城王朝从此覆灭。在战争期间，"进京勤王"的来兴府总督——华人将领郑信（泰语：**สมเด็จพระเจ้าตากสินมหาราช**，英语：Somdet Phra Chao Taksin Maharat，《清史稿》中称郑昭）率部突出缅军的重围之后，在泰国的东南沿海一带继续组织军队，抗击缅甸的统治。

此后不久，清朝与缅甸开战，缅甸在大城的大部分驻军被迫北上与清军作战，郑信趁此机会击溃缅军的留守部队，收复大城，而后拥兵自立，在吞武里地区（今曼谷西郊）称帝，历史上称此王朝为吞武里王朝。

郑信建国后，一方面，对内积极消灭地方上的分散割据势力；另一方面，对外奋力击退缅甸的再次进攻。此后，进一步通过使用各种军事、政治手段征服了兰纳、万象、琅勃拉邦、占巴塞等小国，并同越南的阮主争夺真腊（今柬埔寨）的控制权。吞武里王朝的鼎盛时期，其控制的疆土范围不但完全包括了现代泰国的全部领土，还将老挝、柬埔寨变为了暹罗的附庸国。

由于郑信本人血统的缘故，吞武里王朝延续了大城王朝时期的开放政策，对华人华商敞开门户，积极同中国、英国与荷兰展开贸易活动，并向乾隆清王朝称臣纳贡。在此期间，泰国的教育和宗教文化均得到进一步发展，加深了华人文化对暹罗的影响。

常年的征战以及郑信本人对宗教的沉迷，最终导致吞武里王朝逐渐陷入危机。1782年吞武里爆发宫廷政变，郑信遭手下部将罢黜监禁。正率军在柬埔寨作战的郑信的副将通銮·却克里得知消息后，迅速率军返回首都参与王位的争夺。在成功镇压叛乱后，通銮处死郑信，自立为"拉玛一世"国王，并迁都拉达那哥欣半岛（今曼谷），历史上称此王朝为却克里王朝或曼谷王朝。泰国历史上的第三个王朝——吞武里王朝短暂的13年统治就此终结（冯汝陵，1962）。

（四）曼谷王朝早期

1782年，曼谷王朝的创建者却克里在曼谷自立为暹罗国王，以"拉玛一世"的名号进行统治，国运延绵至今，现今的泰国皇室即属于曼谷王朝。

建国之初的三代帝王恢复生产，减轻税负，鼓励对外贸易，并在与越南和柬埔寨的战争中获胜。曼谷王朝统治下的暹罗，重新成为了中南半岛地区的强国。

暹罗的封建社会实行"萨迪纳"体制，此体制实质上属于中国周代及中世纪欧洲式的"采邑封建制"，土地以分封的形式分赐给各地大小领主，底层的民众人身依附于各自所属的贵族和领主，中央王权对国家事务并无有效的垂直管理。

在拉玛四世继位之前，曼谷王朝的国家形态与暹罗历朝历代的封建制度并无二致，在西方列强的压力下开始显得捉襟见肘。拉玛四世及拉玛五世继位之后，相继发动明治维新式的国家改革，古老的暹罗才得以迅速走上近现代国家的转型之路（何平，2006）。

三、近现代泰国简史

在拉玛四世（蒙固王）统治的时代，暹罗开始受到欧洲列强的压迫，拉玛四世便开始在泰国国内推行现代化变革，对年幼的继承人拉玛五世进行西化教育，力图使暹罗向欧洲的国家模式靠拢。

拉玛五世（朱拉隆功大帝）登基后，继续大刀阔斧地进行改革。拉玛五世的改革主要是打着民族主义的旗号来凝聚人心，推行中央集权君主制，扫除了暹罗原有的萨迪纳采邑封建制度，建立起近代的文官制度，组建现代化军队，将传统宗教学校改造为现代基础教育体系，使暹罗开始了全面向现代资本主义社会的发展。

在外交上，拉玛五世被迫向英国和法国割让领土，并作为英法两国在东南亚的"中间地带"，从而巧妙地保全了国家主权，成为东南亚唯一一个没有沦为殖民地的独立国家。

20世纪30年代，受全球大萧条的影响，泰国也发生了经济危机，具有海外教育背景的陆军将领于1932年发动政变，迫使拉玛七世放弃绝对君主制，泰国从此成为君主立宪制国家，此后的60年间，军人集团成为了泰国的实际掌权者（马小军，1987）。

第二次世界大战初期，泰国的实权派军人总理銮披汶奉行亲日政策，借助日本的支持攻击法属印度支那，太平洋战争爆发后，则被迫加入了轴心国集团。"二战"结束后，由于冷战的延伸，泰国军方全面倒向美国，在西方世界的默许和支持下继续执掌泰国政权，并屡次推翻文官政府、镇压左翼学潮、压制民主运动。其中，1976年10月6日，军方政变推翻文官政府，开枪屠杀泰国法政大学的反政变学生和示威民众，造成1500余名学生和市民的死亡，成为泰国现代历史上最为血腥的一夜。

1976年法政大学惨案后，泰国军方为了笼络知识分子和中产阶级，逐渐对温和的公民政治运动开放空间，拉玛九世皇普密蓬也遵从民意，出手不断削弱军方政权，使20世纪80年代的泰国笼罩在一种"演变"的氛围之中。

1992年5月，曼谷再次爆发大规模反军方民主示威浪潮，拉玛九世皇在军警与民众爆发严重流血冲突之际出面平息事态，驱逐军方实权派领袖素金达上将，彻底终结了长达60年的军人独裁政治。

1997 年，泰国通过新宪法，国家的政治格局逐渐从散乱的多党制，向稳定的两党制方向发展。然而，他信·西那瓦联合新兴资本集团，通过大刀阔斧的惠民政策赢得了广大农村选民和城市贫民的支持，在 3 年间成功建立了"一党独大"的泰爱泰党政府，他信本人出任总理并成功获得连任，泰国政治的天平开始向西那瓦家族倾斜。

由于他信打破了泰国政坛的平衡，触犯了上层政治精英、老牌财团、城市中产阶级的利益，因此招致旧秩序利益联盟的打击。2006 年，军方发动政变罢黜他信，泰爱泰党遭到解散。保守派政客和中产阶级组成的反他信"黄衫军"，与以北部、东北部（伊森地区）贫困农民组成的拥他信"红衫军"针锋相对，对垒攻防，街头抗争，泰国政治陷入了近 10 年的动荡之中。

2011 年，他信掌控的为泰党在大选中再度获胜，他信胞妹英拉·西那瓦出任总理。2014 年 5 月，陆军总司令巴育·詹欧差上将发动政变，推翻为泰党政府，成立军政机构"维和委"执掌军政大权，2016 年军政府主导编写的新宪法草案获得全民公投通过，泰国在经历了 20 余年的民主化转型之后，再度回归至军人政权统治时代。

第二节　泰国地理

一、泰国自然地理及气候

泰国地处亚洲中南半岛的中南部，其东南临泰国湾（旧称"暹罗湾"，属太平洋），西南临安达曼海（印度洋），西和西北与缅甸接壤，东北与老挝交界，东南与柬埔寨为邻，疆域沿克拉地峡向南延伸至马来半岛，与马来西亚相接，其狭窄部分居印度洋与太平洋之间。

泰国国境内的地貌大部分为低缓的山地和高原，并且地形多变，因此通常分为西、中、东、南四部分。

习惯上，泰国的一般民众都把本国的疆域图案形象的分别比作大象的"头部"（中部）、"象冠"（北部）、"象耳"（东北）、"象口"（暹罗湾）、"象鼻"（南方的狭长地带）。

（一）泰国西北部内陆山区

泰国西部和北部为山区地貌，是喜马拉雅山脉的延伸——他念他翁山脉为主的山地，一直由北向南走向，位于清迈府的因他暖山（海拔 2576 米）是泰国的最高峰。

泰国西北部山区地势崎岖，交通不便，少数民族众多，邻近老挝、缅甸掸邦、克伦族控制区等落后地区，因此泰国西北部的经济较为落后，其中，夜丰颂府为全国最贫穷的省份。清迈是泰国北部最大的城市。

（二）泰国东北部高原区

泰国的东北部是呵叻高原，也称呵叻盆地，位于伊森地区。西有碧差汶山脉和栋帕耶费山，南有山甘烹山脉及扁担山脉，东北有普潘山脉。整个东北部高原区平均海拔 200 米，面积 15.5 万平方千米，主要河流有蒙河及栖河。

由于高山形成雨障，高原雨量比湄南河流域少 1/3，旱季极其干旱，雨季非常泥泞，土地不宜种植水稻，因此东北部也是泰国最为贫困的地区之一。

（三）泰国中部平原地区

泰国的中部是昭披耶河（即湄南河）平原，是泰国人口最集中、经济最发达的地区。由曼谷向北，地势逐步缓升，湄南河沿岸土地丰饶，是泰国主要农业产区。

泰国首都曼谷及其周边城市都集中于中部平原，东南部为海港和沿海工业园区，全国工业产值过半集中于大曼谷周边及东南沿海地带。

（四）泰国南部半岛

泰国南部地区的人口约占全国人口的 14%。泰南呈半岛形状，东西临海，山地面积占总面积的 35%，东部为地势开阔的平原，适合从事农业生产；西部主要是山地，平原较少。

泰国南部地形是其西部山脉的延续，山脉再继续向南延续形成马来半岛，泰国东西方向之间的最狭窄处是著名的克拉地峡。

泰国南部为穆斯林和华人聚居区，信奉伊斯兰教的马来族人成为该地区的主要民族（华爱，1979）。

（五）泰国气候气温

泰国的大部分地区地处热带季风气候带，气候潮湿炎热，常年温度不低于18℃，平均年降水量大约为 1000 毫米。

一年之中，泰国的气候通常分为三个季候：每年的 3～5 月气温最高，可达40℃～42℃，降雨不多，一般称为"热季"；7～9 月受西南季候风影响，降雨充沛，一般称为"雨季"，通常会让泰国面临洪涝灾害的威胁；11 月至下年 2 月受较凉的东北季风影响，泰国比较干燥凉爽，一般称为"凉季"。

每年的 10～12 月偶有热带气旋从南海经过中南半岛吹袭泰国东部，但绝大多数情况下，暹罗湾不会出现吹袭本土的台风。

二、泰国人口、民族和语言

泰国也是一个多民族的国家，全国共有 20 多个民族，总计接近 7000 万人口。泰国目前的国籍法沿用于 1912 年的国籍法，该法采用"出生地原则"认定国籍。

傣泰民族为泰国的主体民族，其人口占泰国总人口的 75% 以上。排在其后的是华裔泰人，目前有 500 多万人，占全国的 14%①，其中曼谷周边华裔多来自中国广东省潮汕地区，北部清迈、清莱、夜丰颂等地华裔则多为云南裔。第三大族群为马来族，人口约占泰国总人口的 2.3%。其余由缅族、高棉族、苗族、瑶族、桂族、汶族、克伦族、塞芒族、沙盖族、孟族等民族构成。

泰国境内还生活着京族人，以及一些住在山上的部落民族，例如巴通族、嘎良族（著名的长颈族）、拉祜族、苗族、瑶族等，接近缅甸的山区有少数掸族人，这些民族被统称为"泰北山民"，总人口为 80 万左右。

此外，泰国还有大量来自其他亚洲地区、欧洲、北美等长期居住在泰国的人口，还有大量非法移民。不过由于泰国人口基数大，所以这些人口只占总人口的很小一部分。

泰国的人口主要为农业人口，集中在稻米产地，即泰国的中部、东北、北方地区。随着全球化进程，泰国也在工业化进程中，有大约 31.1% 的泰国人口集中在曼谷等大城市，而且还在持续增长之中。

根据方言分布，泰国人可以分为中部泰人、东北泰人、北部泰人和南部泰人。

中部泰人约占人口总数的 26%，他们受古代孟人和高棉人文化的影响较深，其社会、经济和文化发展都比其他泰国泰人先进，中部泰语（曼谷话）是全国通用的标准泰语。

"东北泰人"简称"东北人"，约占全国人口的 30%，他们在语言、文化和风俗习惯方面与老挝人近似。

北部泰人即"泰阮"，自称"昆勐"，意是本地人，约占全国人口的 17%。

南部泰人主要是指南部半岛春蓬府以南的泰人，人口 450 多万，约占全国人口的 9%，南部泰人是历史上的土著泰人、孟人、马来人及北部、东北部的移民长期相互融合形成的。

泰国穆斯林人绝大多数是马来血统，共 320 多万，占泰国总人口数的 5.2%。他们多数居住在南部半岛，集中在与马来西亚接壤的北大年、也拉、陶公、沙敦

---

① 民间认为有 1000 多万人。

四府，约占当地人口的70%。他们生活在传统保守的伊斯兰教社会中，多数人不会讲泰语，日常生活以马来语为主，只有12%的适龄儿童上泰语小学，其余上伊斯兰教学校，通过读古兰经学习阿拉伯文和马来文，并以能到阿拉伯国家留学为荣。穆斯林泰人都以到麦加朝圣为一生最大的愿望。

拥有高棉血统的泰国人主要分布在与老挝和柬埔寨接壤的泰国东北和东南数府，人口70多万，占全国人口的1.4%，部分人是"高棉人的后裔，主要讲柬埔寨语"①。

此外，泰国北部山区是少数民族聚居区，在那里还生活着一些其他的少数民族。

第三节　泰国社会简况

一、泰国国家基本政治体制与国家象征

（一）泰国政治体制

泰王国的宪法明确规定：泰王国是以国王为国家元首的民主体制国家，泰国政体归类于君主立宪制，国体为议会内阁制，国会是国家的最高立法机构，实行上、下两院制。

截至2011年3月，泰国共有49个政党在选举委员会登记注册，其中最为重要的政党是：为泰党、民主党、自豪泰党、泰国发展党等。

国王担任武装部队统帅，并根据宪法，通过国会、内阁和法院行使权力。政府每年拨1亿泰铢币供王室开支。

曼谷王朝拉玛第九世王——国王普密蓬·阿杜德，1927年12月5日生于美国，曾在瑞士攻读政治和法律，1946年6月继位，1950年5月5日加冕，1950年4月与诗丽吉王后结婚，育有一子三女，2016年10月13日下午3时52分驾崩，享年88岁。

拉玛十世王玛哈·哇集拉隆功（Maha Vajiralongkorn），1952年7月28日生于曼谷，1972年12月受封为王储，早年在英国和澳大利亚皇家预备学校学习，后赴澳大利亚堪培拉皇家军事学院学习，获文学学士学位，曾在泰国御林军任职，为陆、海、空三军上将，先后历经三段婚姻。2016年12月顺位继承王位。

---

① 泰国有多少民族［EB/OL］. http：//zhidao. baidu. com/question/421478279. html.

总理巴育·詹欧差。陆军司令巴育于 2014 年 5 月发动军事政变上台担任代理总理，2014 年 8 月 25 日，泰国国王普密蓬·阿杜德签署御令，正式任命"全国维持和平秩序委员会"主席、陆军司令巴育为泰国第 29 任总理。

（二）泰国国旗

泰国国旗（泰语：ธงไตรรงค์，三色旗的意思）是一面三色旗，呈长方形，长与宽之比为 3：2。由红—白—蓝—白—红五条横带组成，蓝带比红白带宽 1 倍。上下方为红色，蓝色居中，蓝色上下方为白色。蓝色宽度相等于两个红色或两个白色长方形的宽度。

红色代表民族和象征各族人民的力量与献身精神；泰国以佛教为国教，白色代表宗教，象征包括佛教、伊斯兰教在内的宗教的纯洁；泰国是君主立宪政体国家，国王至高无上，蓝色居中代表王室，象征王室受到各族人民和纯洁宗教的拥护。

（三）泰国国徽

泰王国的国徽是于拉玛六世在 1910 年开始启用的，国徽图案为一只呈人身鸟翅形态的迦楼罗（佛教中所称的金翅大鹏鸟），是印度教中三位主神之一的毗湿奴的坐骑。泰国的国家和皇室标示叫作"Garuda"（伽楼罗，揭路荼），这是一个神话式的半人半鸟的形象，是印度教主神之一毗瑟挐（Vishnu）的坐骑，用以装饰国王的节杖和皇室旗帜，象征"受皇室任命、指派"的意思，需要获得皇室正式批准才能使用。

（四）泰国国歌

泰国的国歌为《泰王国歌》，时长 1 分零 6 秒，歌词大意：全泰之民，血肉相连，泰之寸土，全民必卫，历来无异，同德同心，弗怠弗懈，平和安宁，国人所爱，倘有战事，我等无惧。独立主权，誓死捍卫，为国作战，淌尽鲜血，在所不惜，以骄傲和胜利，献给我们的祖国，万岁！

每天 8：00 点钟与 18：00 点钟，在泰王国所有公园、学校、电台都要播放《泰王国歌》，播放国歌时人们都必须面向国旗肃立，并摘下帽子以示敬意。泰国警方对任何对国歌、国旗或王室成员不敬之人等，无论其国籍如何，都有权立即进行逮捕。

二、泰国自然资源、农业、工业、旅游业、交通运输

（一）泰国自然资源

泰国的矿产资源种类繁多，储量丰富。金属矿产资源主要有锡、钨、锑、铅、锰、铁、锌、铜、钼、镍、铬、铀、钍等，其中锡的总储量约 150 万吨，居世界之首。非金属矿产资源主要有钾盐、岩盐、磷酸盐、红宝石、蓝宝石、

萤石、重晶石、石膏、高岭土、石墨、石棉、石灰岩和大理石等，其中钾盐的总储量约4070万吨，居世界首位；萤石储量约1150万吨；岩盐储量约29亿吨。泰国是红宝石和蓝宝石的著名产地，也是中南半岛地区宝石集散地，泰国已成为仅次于意大利的世界第二大宝石出口国。燃料矿产资源主要有石油、天然气、煤炭和油页岩，其中油页岩蕴藏量达187万吨，含油量为5%；褐煤蕴藏量约20亿吨；天然气储量约3659.5亿立方米；石油储量2559万吨。

泰国拥有十分可观的动植物资源。泰国拥有900多种鸟、300多种爬行动物、100余种两栖动物、1900种鱼和大约10000种植物，其中包括一些稀罕物种。全国森林总面积1440万公顷，覆盖率达25%。泰国的森林主要由常绿林和各类落叶林组成，据不完全统计，泰国有30多万种植物，包括许多珍贵林木，其中以热带乔木为主，柚木、榕树、樟树以及金鸡纳树都比较珍贵，楠木尤为有名，桂树是泰国的国树。

泰国海域辽阔，河流、沟渠纵横，湖泊众多，具有丰富的水资源，有利于水产养殖业的发展。泰国的海产品产量巨大，种类繁多，主要有墨鱼、鱿鱼、章鱼、鲤鱼、沙丁鱼、龙虾、对虾、海参和海蟹等。

泰国的农产品主要有稻谷、橡胶、玉米、木薯、甘蔗、麻、绿豆和咖啡豆等，其中橡胶产量居世界之首，年产量达210万吨，占世界总产量的1/3，其中90%用于出口。泰国还盛产榴莲、山竹、荔枝、龙眼、红毛丹等多种热带水果，素有"水果王国"的美称。

（二）泰国农业

农业是泰国传统的产业，也是泰国经济的重要组成部分，其产值占国民生产总值的12%，农业人口约占全国人口的70%，可耕地面积约占国土面积的50%。主要的农作物有稻谷、玉米、木薯，其农产品出口是外汇收入的主要来源之一。自20世纪60年代以来，泰国大米出口总量在不断增加，但其出口值在出口总值中所占比重却逐年下降。经济作物主要有橡胶、甘蔗、绿豆、麻、冻鱼、冻虾及各种热带水果。

泰国的耕地约占国土总面积的1/4，在湄公河河谷地区，土地的雇佣耕作比较盛行，主要的耕作方式依靠简单农具和牲畜的帮助由人力一起完成。水牛是泰国农业生产中最常见的牲畜，在高原地，尤其是北部，实行轮耕制。

大米是泰国重要的出口产品，泰国耕地的60%用于种植大米，湄公河河谷地区土地较为肥沃，粮食生产量较大，成为亚洲主要的水稻产地之一。水稻的生长取决于每年季风带来的大量降水，在很多地方，水稻的生长得益于灌溉，以保证一年两季收成。

泰国是菠萝和天然橡胶的主要生产国和出口国，其他的主要农作物还有甘蔗、木薯、洋麻纤维、椰子、烟草、棉花、大豆和花生等。鸡是泰国最普遍的农场禽类。呵叻高原是猪和牛的主要产区。

（三）泰国工业

泰国的经济结构随着其经济的高速发展出现了显著的改变。农业在国民经济中虽然仍然占据着重要的地位，但制造业已成为在国民经济中占比最大的产业，且成为泰国主要的出口产业之一。泰国工业化进程的一大特征是充分利用其丰富的农产品资源发展食品加工及其相关的制造业。

泰国目前主要的工业门类为：采矿、纺织、电子、塑料、食品加工、玩具、汽车装配、建材、石油化工等。自20世纪80年代以来，出口产品由过去以农产品为主逐步转为以工业品为主，主要的出口产品有自动数据处理机、集成电路板、汽车及零配件、成衣、鲜冻虾、宝石和珠宝、初级化纤、大米、收音机和电视机、橡胶等；主要的进口产品有电子和工业机械、集成电路、化学品、电脑配件、钢铁、珠宝、金属制品等。

泰国有东盟市场"汽车制造中心"的称号，在东盟国家行驶的大多数车辆来自于泰国投资的外资厂商（主要是日本和韩国）生产，美国甚至印度塔塔集团都在泰国生产汽车，而泰国民众尤其钟爱皮卡车，是世界第二大货车的消费者，大小货车占泰国新车销量的42%，仅次于美国。

（四）泰国旅游业及交通运输业

泰国的旅游业举世闻名，旅游业对泰国的国民经济发展起着举足轻重的作用，并常年基本保持稳定发展势头，是泰国外汇收入的重要来源之一。

泰国的主要旅游地有曼谷、普吉、清迈、帕塔亚（芭达雅）、清莱、华欣、苏梅岛等。2015年外国游客赴泰旅游人数超过3000万人次，其中中国游客达800万人，居各国榜首。

泰国的交通运输方式以公路和航空为主。全国有47个府通铁路，目前铁路仍为窄轨，总长4451千米，中日两国对泰国铁路系统的升级改造即将启动，总长超过1000千米的高速铁路将在数年内投产运营。

泰国的陆路交通仍以公路为主，全国公路里程共为16万千米，各府、县都有公路相连，四通八达。

泰国具有悠久的水运传统，湄公河和湄南河为泰国两大水路运输干线。全国共有47个港口，其中海港26个，国际港口21个，廉差邦港是泰国最大的物流枢纽，集装箱运输量占国内的52%，其他重要码头还包括曼谷港、清盛港、清孔港和拉农港等，海运线可达中国、日本、美国、欧洲和新加坡。

泰国有37个机场，其中国际机场8个。曼谷素万那普国际机场投入使用后，取代原先的廊曼国际机场，成为东南亚地区最繁忙的空中交通枢纽，53 个国家 80 家航空公司设有赴泰固定航线，89 条国际航线可达欧洲、美洲、亚洲及大洋洲 40 多个城市，国内航线遍布全国 21 个大中城市。飞行安全记录在发展中国家里仍属较为可靠，价格低廉。①

---

① 王勤. 东盟 5 国产业结构的演变及其国际比较［J］. 东南亚研究，2006（6）：4－9.

第二章　泰国政治

泰国实行以国王为国家元首的民主体制，现任国王为拉玛十世王——玛哈·哇集拉隆功，出生于 1952 年 7 月 28 日，是已故泰国国王普密蓬·阿杜德和诗丽吉王后唯一的儿子，2016 年 12 月 1 日，正式登基成为泰国新国王拉玛十世。

现行宪法于 2007 年 8 月 24 日经普密蓬国王御准生效。最高立法机构国会实行上、下两院制。为泰党和泰国民主党是泰国目前最有影响力的两大政党。现任总理巴育·詹欧差于 2014 年 5 月发动军事政变上台掌权。新的泰国选举制度及其政治权力格局正在向 20 世纪八九十年代的军人威权体制回归。

第一节　泰国皇室

一、泰国皇室基本情况

泰国却克里王朝血统，传承自首任王朝君主通銮。1946 年，拉玛八世国王阿南塔·玛希敦在皇宫内遇刺身亡，其胞弟普密蓬·阿杜德于 1946 年继位，号称"拉玛九世"，1950 年 5 月 5 日加冕，拉玛九世在位至 2016 年 10 月 13 日，其在位的 70 年间，国家的政治大权曾长时间由军人政权把控，军政权出于凝聚国民、建立认同的目的，也会动用国家宣传手段，塑造君主贤明的形象，加之普密蓬本人生活朴素，性格亲民，因此广受泰国人民的拥戴。每当泰国爆发暴动、军事政变等事件，最终往往都是由普密蓬国王扮演终裁者的角色出面调停（杨世东，2013）。

泰国王位由王子世袭，依照 1924 年王位继承条例规定和国会的认可，如果没有王子继承，国会可同意由公主继位。

哇集拉隆功作为泰国皇室唯一的男性皇位继承人，于1972年被封为储君，接受过西方的军事训练，能够驾驶战机，是泰国皇家空军上校和皇家禁卫军第一师禁卫团团长，但因长期得到家庭的宠溺，养成了自负的性格与习气，行事任性，屡次惹出外交风波，个人私生活也颇有瑕疵，在国内外的舆论中，常常给人以"花花公子"的印象①。王储本人与枢密院（皇室顾问）和军方关系不是很好，并曾与他信结为政治同盟。

诗琳通公主为普密蓬国王的次女，深受国王及民众爱戴，本人通晓中文，对中国人及华人态度友善，深受保守派政治家及工商阶层（主要为华商）的拥护，于1972年被封为"玛哈却克里公主"，拥有王室继承权。

长女乌汶叻公主及幼女朱拉蓬公主，长年潜心文艺界与学术界，两人均远离泰国政治生活圈。

二、泰国君主、皇室及枢密院

依照泰国1997年之后的宪法框架，泰国国王及其王室并没有实际权力，自2006年政变后，泰国王室实际上又重新控制了国家的实权，由于普密蓬国王本人年事已高，实权实际上掌握在枢密院和军方手中。

1980年，作为普密蓬国王忠实副手的国防部长炳·廷素拉暖接任总理，随后泰国开始了一段皇权与军权高度协调，经济迅猛发展，意识形态和民族政策相对开明，政党政治逐渐活跃的黄金发展时期。8年后炳离任，进入国王设立的皇家顾问机构"皇家枢密院"，并担任枢密院主席至今，对泰国国家发展方向拥有着决定性的影响力。

由于国王本人对炳上将的信任，加之政坛元老的努力促成，皇家枢密院成为了包围在国王身边最受青睐、倚重的智囊决策机构。根据法律规定，枢密院拥有"君主无法理事时代表君主行使职权"的职责，实际的地位几乎等同于皇权自身。

枢密院的设置体现了泰国君主本人及主流政治家压制军方独裁，推动经济发展和社会转型的战略意图。这个由政府、军队、政党核心人员组成的顾问团成为足以制衡政府、控制军队、合纵政党的"隐形内阁"。

2001年他信政治集团的出世，严重干扰了泰国原有既得利益阶层"以皇室为首的精英政治"的国家定位，使泰国的政治联盟产生了新的动向。目前的皇家枢密院恰恰为泰国保守派上层精英阶层（或称其为广义上的"统治阶层"）利益和意志的全面整合提供了可能性，而其精神领袖炳上将，也成为了保守派政治同盟与泰国皇室达成统一战线的幕后主导者。

---

① 吴尧平．哇集拉隆功"花花公子"当上新泰王［J］．环球人物，2016（32）：50－51.

他信政治集团的出局，军方与传统政党之间的默契，泰国转型在失控后迅速的"复位"，背后都有着枢密院和炳上将本人的身影。

三、泰国王储与公主之间的继位争议，以及泰国君主制的前景

泰国皇室的第一顺位继承人为哇集拉隆功王储。作为唯一的男性继承人，王储在众人的簇拥下行事我行我素，与军方上层及传统政党精英关系不佳。同时，王储并未像拉玛九世国王一样重视个人形象，在现代网络传媒面前，毫不掩饰个人生活作风，屡屡有惊人之举。

拉玛九世国王的次女诗琳通公主，善于结交政客，亲善商界，在民间拥有良好的个人形象，其"善待华商，对华友好，深得君心"的印象深入人心，个人声望远超王储，以至于私底下希望诗琳通公主成为皇室继承人的心态在泰国社会普遍存在。

正因为意识到本人政治根基的薄弱，王储也一直在寻求政治上的盟友。他信上台后，表现出极强的个人威信，对泰国已有的统治格局形成冲击。同样抱有渴望挣脱桎梏的王储，一度将他信引为政治同盟，希望借助他信的影响来对泰国政坛上层进行洗牌，他信也同样希望通过王储来为自己走向实权总理的道路提供支持。

王储和他信双方合作的势头引起了泰国上层政治精英同盟的警觉，以枢密院、军方、老牌政党、商界侨界为核心，以反感他信的中产阶层民众为主体，形成了反对他信集团的广泛政治联盟。这一联盟不但寻机抵制和打击"他信系"政权，同时也对他信的政治盟友采取敌对的姿态。巴育军人政府上台后，与他信关系密切的泰国警队屡遭清洗，王储妃家族被巴育政府查出卷入贪腐诈骗丑闻，最终被褫夺皇室封号，王储妃本人也与王储解除婚姻关系，遭逐出皇室。

与"他信—王储"政治联盟关系密切的宗教界领袖，也遭到打压。在全球享有盛誉，势力掌控泰国佛教界的"法身寺"僧侣集团，长期以来与他信派别相互呼应，形成宗教与政治的跨界利益同盟。同时，法身寺也与王储本人拥有密切的利益关系。

泰国皇室的继位之争与泰国政坛的新旧势力之争产生了明显的呼应，泰国深层次的阶层分化与社会问题，终于波及皇室自身，皇室的内部矛盾已经成为泰国政治斗争的核心组成部分，甚至是关键部分。

四、挟天子以令诸侯——泰国十世王哇集拉隆功继位后的泰国政局前景

2016年10月13日，在位长达70年之久的泰国拉玛九世王普密蓬·阿杜德在曼谷诗丽叻医院病逝。伴随着泰国政局这一超长待机的"实权君王"的最终离世，泰国政治诸多隐藏于台面之下的实际运行机制逐渐浮出水面，尤其是在政变两年来始终占据政坛主导地位的泰国军方，开始借由这一最高权力转移的机会，从幕后走向前台。

（一）军方控制下的泰国皇室继位

作为泰国政局的掌控者，军方目前对皇室继位问题的态度逐渐明朗：维持一个听命于军方的储君，通过对"君权"的扩张来实现军方对国家上层的全面接管，具体的路线图内容依次包含"拥护储君继位"、"保证军方对新君的控制"、在军方主导下的"扩张君权"三个层面。

首先，"维持储君地位，保证新君继位"——这是泰国军方对皇室继位问题的基本立场。尽管继位的"拉玛十世王"哇集拉隆功曾一度与他信结为政治同盟，以至于与军方关系有着各种不愉快的传闻（维基解密部分资料甚至称军方密谋除掉王储），但经过军政府长达两年的政治清洗，他信派系已被成功压制，军方从2015年开始着手启动运用国家宣传机器塑造王储本人的正面形象。

于1972年被册封为"女王储"的皇位第二顺位继承人诗琳通公主，虽然深受普密蓬国王的喜爱和泰国工商界、知识界的拥护，但在政坛和军界的根基毕竟薄弱，从普密蓬国王病危到新君继位之间的半年中，始终未出现任何政坛主流派系公开呼吁拥她继位，一直以来对诗琳通公主继位的各种猜测，也就成为民间（尤其是资深民主派政党和华人商圈）一厢情愿的臆测。由于泰国军方不会允许在继位问题上出现任何争议，让反对派找到有机可乘的缘由，因此诗琳通公主从始至终都处于"出局"的状态之中。

其次，保持"军方对新君的有效控制"。根据曼谷王朝此前的先例，先王驾崩之后，第一顺位继承人本应自动完成继位，并在国会的通过后由总理奏请新君正式登基。在军方完全掌控政局的20世纪三四十年代，拉玛九世皇普密蓬·阿杜德本人便是在其兄长兼前任拉玛八世皇身亡当日继承皇位，并在5年后登基，而其前任拉玛八世皇则直至在宫中遇刺身亡，终身未能成功登基。军方控制下的皇室继位在70年后的今天再次在泰国重演，在公布普密蓬国王驾崩消息的同时，军方虽然立即承认了王储继位的事实，但又在短暂的政治敏感期内推迟了皇权正式更替的程序，让哇集拉隆功暂时仍以"储君"的身份行事，这样一来，王储哇集拉隆功虽然在名义上"继承皇位"，但实际权力仍由摄政王炳·廷素拉暖上

将和军方内阁把控，这种"双王并立"的格局维持了两个月的时间，直到2016年底，经国会正式确认之后，哇吉拉隆功才在深夜时分以极其低调的方式继承皇位，①② 正式完成了此次皇权更迭的法律流程。在这种既保证了王储平稳继位，又实际控制着王储的模式下，泰国政局实际上又回到了20世纪40年代军人政府执政时期的政局模式。

最后，在既拥立新君，又掌控新君的前提下，泰国军方的第三个政治目标便是通过扩张皇权来推动军权的巩固，而这一动向，即是贯穿2016年与2017年之交的整个泰国政坛政治动向的基本脉络。

（二）泰国政局新走向：皇权的迅速扩张

在普密蓬国王去世的迹象已经明显、传闻未经官方确认之前的那些天，很多外国媒体普遍都发出了对国王去世之后，泰国君主制是否还能得以继续维系的怀疑，担忧军方会对泰国君主立宪政体进行重大的变革。

然而，随后的事实表明了上述的担心是没有必要的，在国王逝世当晚的特别电视讲话中，总理巴育上将明确表达"预祝新君万寿无疆"、"坚决延续君主立宪制度"的立场③。泰国政坛的实权派人物，包括一度成为"摄政王"的枢密院主席炳·廷素拉暖，以及巴育本人也是君主制度的坚决拥护者，军方既然希望利用可控的王权加持自身执政的合法性，就不但不会主动动摇君主制度，反而会尽力维护甚至强化之。历经了半个多世纪以来的泰国历史也表明了越是缺乏政权合法性的军人政权，越是会借树立皇室的形象与权威，以博取民众的认同。巴育政权的所作所为也不过如此，2016年底，泰国皇室继位在法律程序上完成后，军方并未止步于稳固新国王的地位，而且开始四面出击，不断地扩大王权的领域。

一方面，军政府大规模炒作泰国最大佛教团体——法身寺的舞弊案件，兴师动众地派遣数千军警围困法身寺，扬言逮捕在佛教界广有影响力的法身寺住持僧人帕坦玛猜若（汉名法号"法胜"）。以此为契机，军政府成功阻止了亲他信的新任僧王就任，清除了泰国宗教界高层潜在的反对派势力。军政府经此一役，修改了泰国沿袭百年的宗教法规，将原本由全国高僧长老会内部推选"僧王"的制度，改为由泰国国王直接任命制——也就是由军方实际任命。皇权对神权的这一"夺权"表明泰国军方实现了对宗教界的实际掌控。

另一方面，在军方的策动下，新上任的拉玛十世王罕见地否决了临时宪法和

① 泰国王储：将在合适的时间完成继位［EB/N］．泰国民意报，http：//www. matichon. co. th/news/320610，2016－11－13.

② 巴育．王储与全民一同哀悼先王，暂不继位［EB/OL］．泰国每日新闻网，http：//www. dailynews. co. th/politics/530056，2016－11－13.

③ 总理透露：王储将根据自己意愿继承大统［N］．khaosod（泰），http：//www. khaosod. co. th/breaking－news/news_50246，2016－10－13.

新宪法草案中关于"国王无法理政时由摄政王代理国务"、"摄政王由枢密院推举产生"的条款，将任命摄政王的大权全部收归国王麾下。这一动态实际上是王权对皇家顾问机构"皇家枢密院"的压制与弱化，是军事集团对内朝顾问集团的权力挤压。

此外，军政府还开展了对全国警察系统、外交系统、旅游业、选举委员会、反贪腐系统的全面整改，同时军政府通过十世王之手，对已经定稿并通过全民公投的新《泰王国宪法草案》进行修改。

两年前军方发动政变的本身，就有着提前"锁死"皇位，以皇权名义掌控全局的考量，这一考量已经随着十世王继位的完成而完成，并且 2016 年末的泰国政坛变动让世人再次看到，目前军人政府可以影响国王的继位程序和摄政王的人选，也影响皇权的作用，并通过国王的名义不断调整改变各界的权限，未来一旦新宪法由君主签准，泰国政治体制中军人集团的威权化将在法律体系内得到巩固，泰国大选预计将得以在一两年的时间里如期开展——即便略有拖延，这一进程本身也不会遭到根本性的阻碍和中断。可以预期未来的泰国将会出现一个弱势的政府以及一个散碎分裂的国会，再加上影响力较弱的君主格局，由泰国军方势力掌控政局的制度空间将会变得十分广阔。

第二节　泰国政党

一、泰国政党政治的发展简史

20 世纪 30 年代，受西方民主主义思潮影响，泰国官僚阶层内部的进步人士开始形成早期政党团体。

1932 年，泰国军官发动政变，逼迫皇室接受一部由进步官僚起草的宪法，从此终结了泰国的绝对君权制，建立起了君主立宪政体，执掌国家政权的政党是由进步官僚、知识分子、军人和贵族参与的"民党"，其后不久，就发生了党派分裂并最终解散，其后直至"二战"前夕，最早发动君主立宪革命的军事强人成为泰国的实际统治者，泰国政党政治名存实亡。

"二战"期间，泰国曾参与轴心国联盟，随着"二战"以轴心国的失败告终，执掌泰国政权的军人集团也失败下台，泰国出现了一个短暂而又难得的民主时期，很多政党如雨后春笋般涌现，但仅仅过了两年之后，军人集团于 1947 年的再次发动政变上台并开始组建自己的政党，使泰国的政党政治开始走向由军人实际操控的局面。

1958 年之后的 10 年间，泰国再度实行了 10 年的军事独裁统治，政坛一直处于无政党状态，使泰国政党政治的发展出现严重倒退。1968 年，他侬政府上台，颁布实施新宪法和第二部政党条例，原先一些被取缔的政党又得以恢复活动，各种政党派别开始出现，并活跃于国家选举的舞台。

1971 年，军人政权又通过政变夺权，政党活动再度被禁止，民众随之发起了反对军人独裁统治的民主运动，并至 70 年代中后期时渐渐达到了高潮，军方在对民主运动血腥镇压之余，不得不向文官集团和社会大众做出让步，在国王的有力干预下，军事独裁势力日渐式微，泰国政党得以在较为宽松的政治环境下恢复与发展。①

20 世纪 80 年代，泰国政党的发展尚属于起步阶段，其政治影响力远小于军人集团、权贵阶层，这一时期被称为泰国政治的"半民主时期"，军人集团拥有着对于各派政治势力尤其是弱小政党的掌控能力。

1992 年，爆发了素金达上将武力夺权并暴力镇压示威民众的"五月事件"，最终由普密蓬国王出面运作驱逐了素金达，军人集团的统治被彻底推翻，民主党得以上台执政。泰国政党政治自此第一次彻底摆脱了军人独裁的阴影，政党在国家政治中真正有了发言权。

1992～1997 年，泰国的政党发展出现了一次"百花齐放"的阶段，政党的数量暴涨，名目繁多，有影响的政治掮客和地方豪强朝秦暮楚，在各个政党之间合纵连横、待价而沽、反复跳槽，结果使该时期泰国政治呈现出一派杂乱无章、低效腐败的乱象。为了结束这种多党纷争的混乱局面，巩固执政党的优势和实力，1997 年，泰国知识界以及政界精英共同主导起草了具有跨时代意义的 1997 版的泰国宪法，在该宪法中大幅提升了对党员管理的权限，规定国会议员在大选前后必须依附所属政党，此举的本意原在于抑制中小党派之间的政治运作空间，以此加强大型政党的实力。

然而，令人始料未及的是，正是在此"抑制多党治，促成两党制"的制度设计下，造就了他信集团的崛起。通过自身雄厚的财力、大刀阔斧的惠民政策主张以及对对方权威人士的有效赎买，使他信带领建立仅 3 年的泰爱泰党，在大选中轻松击败具有半个世纪历史的民主党赢得政权，并在 4 年后轻松连任。泰国原先"多党纷争"的格局并未如愿所求的那样出现"两党抗衡"的局面，却出现了"一党独大"的结果，泰国政坛原有的生态平衡被打破，顶层设计的理想目标落空。

---

① 龙艺勇．泰国政党的发展特点及趋势［J］．东南亚南亚研究，1996（3）：32－40.

2006 年，民主党等党派开始对泰爱泰党发难，他信先是被军方、政界、皇室要求辞去总理职务，被军方武力驱赶下台；后是 2007 年泰国的宪法法庭宣布解散泰爱泰党政党，数百名泰爱泰党骨干党员遭到 5 年内禁止参政的判罚。然而他信集团并未因此一蹶不振，反而不断地通过重组政党来延续其影响力，并在其后的选举中战无不胜，种种试图通过和平手段制衡他信的希望一再失灵。

2014 年，泰国陆军总司令巴育上将发动政变夺取政权，废止宪法，并拒绝重开大选，不向反对派政党移交政权，直到 2016 年，军方主导的编制有利于军方长期控制政局、瓦解大型政党、扶植中小政党的新宪法草案在全民公投中获得民众认可，泰国未来的政党政治格局才渐渐明朗起来——回归军人集团主导、民主选举、寡头政治与集权政治相结合的政党政治形态。

纵观数十年来泰国政党政治的发展轨迹不难发现，国家权力的更迭和延续，多数情况下是军人集团内部的官僚政治和派系斗争的结果，在短暂艰难的民主化转型之后，其脆弱的政党政治将再次回到 20 世纪 80 年代的模式，复归威权政治生态，在可以预见的未来，出现在世人面前的泰国政党制度，将是大型政党受到压制，小型政党蜂拥四起，政局走向掌握在军事集团垂帘听政式的幕后监控之中。[①]

二、泰国政党政治发展的特点及局限性

（一）多党林立，缺乏稳定的政党

1973 年爆发的大规模民主运动，一度撼动了军人政权，军方被迫一度放松了对政治的监控，政党政治得以恢复生机，各类政党如雨后春笋般涌现。然而，到了民主化转型的 20 世纪 90 年代，泰国政坛较有影响力的政党，都在成为中型政党后止步不前或走向衰落，即使是老牌的民主党，也从未拥有过泰国议会的简单多数席位。

泰国政党发展的这种瓶颈实际上是泰国社会盛行的封建等级观念、私相授受的个人庇护与效忠文化的结果。泰国的所谓政党，通常只是政治强人与地方豪强和票头临时的结盟，流动性极大，既缺乏固定的纲领，也极少出现具有个人号召力的政党领袖，从而使得泰国政党政治长期处于中小党派林立纷争的动荡局面之中。

即便是由他信一手组建起来的泰爱泰党及其继承者为泰党，实际上也是来源于诸多中小政党的联合，也曾出现过主要派系倒戈叛变的事件。政党规模虽大，却缺乏理想与纪律，难以形成统一的具有强大内部凝聚力的大型政党，是泰国政党政治停滞不前的一个主要原因。

---

① 周方冶.泰国政党格局的转型与泰爱泰党的亲民务实路线［J］.当代亚太，2005（5）：16－22.

（二）泰国传统势力掣肘

一方面，在泰国的君主立宪制下，君主本人在法理上拥有一定的实权；另一方面，军人政权出于凝聚民心、筑牢执政根基的需要，也不断地树立君王的政治权威。因此，皇室在泰国一直拥有极高的权威，拉玛九世王一直深受泰国民众的拥戴。反过来，每到政局动荡的关键节点，国王可以利用其至高无上的威望出面干预政局，左右政局的最终走向。

泰国军队在人事权、财政权上保持着一定的独立性，并没有完全国家化。军方通过依附于享有威望的国王，以获得干政的合法性。王室也通过隐身于军队背后，保持着"垂帘听政"的政治影响力。泰国社会就是这样长期在"国家—王室—宗教"三位一体的价值观下保持着稳定，使泰国的政党政治的发展过程曲折而反复。

（三）泰国政党发展激化了地域性、阶层性矛盾

泰国政党政治长期以来存在着地域局限性，即每个政党都代表着一个地区的利益，在政治选举中最大程度地维护这一地区的利益，这就使得其在选举过程中只能得到来自某一地区的支持，不能得到来自全国范围内的大规模支持。这种政党的地域局限性是泰国政党政治发展中的最大局限性之一，由于这一局限性的存在，使得利益未获满足的其他地域的政党必然会与上台的某一政党存在利益不同的问题，长此以往就导致矛盾激化，并形成政党政治斗争。

他信集团掌权之后，其支持基础逐渐从地域分野——为贫穷的北部、东北部民众代言，向阶层分野转变。到英拉政府 2014 年下台前夕，为泰党的支持者除了北部、东北部的农村人口之外，中部城市的底层民众也逐渐倾向他信集团。而泰国的中产阶级、知识阶层、工商界精英，则多为民主党或军方的支持者，对他信集团的敌视根深蒂固。泰国的政党纷争已经从地域分裂向社会阶层分裂方向发展，两者呈相互交集、相互刺激，恶性循环的态势，这必将成为破坏未来泰国社会安定的最大隐患。

（四）缺乏广泛的群众基础支持

泰国大多数的传统政党主要依赖自己的利益团体和个人关系作为支撑，普遍缺乏广泛的群众基础支持，格局狭隘，缺乏长远明确的愿景和战略。党内的人事结构以及选举方略，往往带有封建社会等级观念意味的"庇护制"的烙印，多数政党所重视的只是对掌握选票的地方政客的笼络，并不真正关心普罗大众的利益，而广大选民由于长期以来并未从政权的交替中获得相应的实质性利益，久而久之，民众对于由哪个政党执政抱着漠不关心的态度，也就更加不重视对政党选举的支持。缺乏广泛的群众基础支持，各个政党在政党政治发展中必然不能长久。

他信主导的泰爱泰党以及承其之后的为泰党之所以能够一度成为一党独大的执政党，很大程度上得益于其重视建设群众基础有关，但其在建设群众基础的过程中存在急功近利、目光狭窄、脱离泰国实际等缺陷，使其推出的诸多民粹政策最终遭遇惨败，对国家造成严重损失，因此其得到的群众支持难以长久（刘馨元，2014）。

三、泰国政党政治的"失衡"与"再平衡"

当前泰国所发生的政治危机，是军事集团卷土重来重拾威权政治的复辟，也是泰国政党政治发展缓慢、协调机制阻塞所造成的恶果。泰国政党政治的未来充满着各种变数，前景堪忧。

纵观长期以来泰国政党政治的发展历程，"有民主，无协商"是其政党政治存在的根本问题，各方往往尖锐对立，无法形成相互之间制衡的界限，在20余年的民主化进程之后重返军政，从某种程度上讲，是泰国自身在用极端的方式寻求再平衡的过程。

自1980年之后，泰国的政治权力结构进入了一个相当长期的相对平衡格局，王室、军人集团、地方政客、城市中产阶级等各派政治力量彼此制衡，军方所占据的优势逐渐被削弱。到了90年代初，军人集团一度试图以"反腐败"为由，发动政变压制地方政客的权力扩张，并试图长期执势掌权，结果引发城市中产阶级的大规模示威集会，并导致"五月流血"事件，最终在普密蓬国王的斡旋下，军人集团被迫交出政府权柄，才使得权力结构再次恢复平衡。

20世纪90年代末，以城市中产阶级为首的各派政治力量共同携手推动了《1997年宪法》的颁布，他们试图通过制度的建设对地方政客加以规制和监督，但从实际结果来看，新的宪法虽然有力地约束了地方政客的权力滥用，但却未能够恢复权力结构的平衡，反而起到了促成他信派系政治崛起的功效。

《1997年宪法》有利于大党发展的制度改革尤其是选举制度改革，让作为新资本集团政治代表的他信派系强势崛起。新兴资本集团凭借其充裕的政治资金、对农民群体的政治动员力，促成了新兴资本集团"资金"与中下层民众"选票"的有效结合。受1997年亚洲金融危机的影响，泰国各派政治力量起初对他信派系的崛起持乐观态度，认为具有强人特质的他信出任总理有利于引领泰国走出困境。

然而，仅在随后的数年间，他信派系迅速扩张，不但快速组建了泰国首届"一党内阁"，而且成功地通过"金元攻势"对宪政独立机构加以渗透，使得各派政治力量很难通过正常渠道对他信派系形成有效制约，这才导致了反对派最终不得不以整个民主转型作为代价，推倒重来。

对于"反他信"的阵营而言，推翻他信政府虽然是其初步的目的，但恢复泰国政治权力的平衡结构才是其追求的根本目标。由"反他信"阵营操刀的《2007年宪法》虽然增补了诸多对权力制衡的安排，试图以此约束他信新资本集团的权力扩张，但无奈随着农民群体的政治化，泰国的政治生态早已不是仅仅由少数精英的政治妥协所能主导得了的。2007年和2011年的两次大选，他信派系即使在"反他信"阵营的压制下，依然能够依托占总人口近70%的中下层民众，尤其是农村民众的支持不仅成功地赢得大选，而且还能拥有简单多数的席位优势，从而使得反对派的民主党无力在国会发挥制衡作用，其重建政治权力平衡结构的期望一再落空。

再者，由于普密蓬国王年事已高，龙体健康的红灯已不时闪烁，这就使得"反他信"阵营更急于对他信派系进行压制，以避免他信在后普密蓬时代成为无可制衡的李光耀、马哈蒂尔式的政治强人。

巴育军政府发动政变，推动"保军权，抑大党"的新宪法草案通过，其本质目的在于削弱他信，压制主要政党，建立军方监国，制约民选政府，实现军事威权与弱势文官政府之间的新型均衡格局。

然而，军方主导、终裁国务的制度设计，是一种对20世纪80年代"半民主"体制的回归与模仿，因此也与20世纪的军事掌权者面临同样的难题，一旦反对党孤注一掷发动民众走上街头，军方将骑虎难下。

同时，他信派系虽然受到沉重打击，但对北部、东北部地区的乡村民众，以及人数众多的为泰党、红衫军等政治团体仍然拥有强大号召力，即便军方设置重重保险，一旦大选，他信所控制的政党重新成为议会第一大党乃至于重新执政组阁的可能性仍然很大。一旦如此，军方设置的"监国体制"，从一开始便要陷入与他信系党派的激烈斗争之中，政府运作将陷入瘫痪。

因此，泰国军方这种体制设计是否能够奏效，泰国能否在军政府的高压管制之下实现全新的权力制衡格局，目前仍面临着极大的变数（周方冶，2006）。

第三节　泰国下届大选评估

一、泰国选举制度的演变及现状

冷战时期，泰国军方执掌政权，以防范共产主义渗透为名，对公民政治权利进行诸多限制，虽然在名义上允许多党竞争，但并无任何政党席位过半，必须由三五个政党组成联合内阁，且总理和政府内阁的重要职位均由军人担任。因此，政府主体并非经由选举产生，中央政府自上而下制定国家政策，地方政府并不拥有自主决策权。

1978 年，泰国颁布新宪法，其制度设计同时具有民主和非民主的因素。如"总理和内阁成员不需要拥有议员身份"、"内阁成员可以保留军职公职"、"下议院由民选产生，上议院由任命产生"等内容，有违内阁制民主的常规要求，本质上是军方延续自身权力的通行证；同时，这部宪法也包含着符合民主制要求的内容：如"国会可以对内阁提出不信任案"、"允许组建政党"、"军人不得担任下议院"等。因此，1980~1988 年，被称为泰国现代历史上的"半民主时期"。

1992 年曼谷"黑色五月事件"之后，文官政府取代军人政权。每 4 年泰国举行一次全国性大选，以每 15 万人一个选区的标准划分选区，每个选区候选人 1~3 人。选民不分政党地对候选人进行复数投票（多项选择），得到简单多数的候选人当选。

在这种制度架构下，议会候选人不一定要依附政党，同一政党之中的竞选人之间也会产生竞争关系。政党对政客的吸附能力很薄弱，政党本身只是政客选举时的工具，政坛小党林立，政客在不同派系和阵营之间反复跳槽，派系政治朝秦暮楚，错综复杂。乡村社会中的"豪强"、"票头"成为政党争相笼络的对象，贿选问题愈演愈烈，1996 年全国 1/3 的选民收到过"买票钱"。而政党为了笼络政客，也需要支付巨额的"转党费"，政坛选举腐败空前严重。

这一选举制度实行的最终结果是，政府由多党组成，联合政府无法控制政党，政党无法控制党员，一切政治活动都以金钱和人际为纽带，政客花费巨额资金挤进权力中心（内阁），在极度不稳定的政局当中，侥幸进入内阁或当选议员的政客抓紧时间进行贪腐和分肥。国家政治持续动荡，政府效率低下，腐败问题严重，政治体制缺乏强有力的核心领导者，这一系列致命缺陷，成为泰国经济在 1997 年金融危机中遭受重创的众多原因之一。

从 1994 年开始，泰国知识界开始推动制定一部新宪法，并于 1996 年成立"宪法起草委员会"，希望制定一部真正的"民主宪法"，使泰国政治摆脱腐化分肥的现有机制。1997 年金融危机的打击让泰国上下都对现行政体大为不满，普密蓬国王也出面敦促尽快通过新宪法。在一系列因素的推动下，新宪法在 1997 年底正式通过实施。

新宪法在选举制度层面首次采用了"选区多数票"和"政党比例票"相结合的混合选举制度。500 名下议院议员中，400 名由选民多数票决定，剩下的 100 名由各政党的比例制代表担任，而一个政党必须获得超过 5% 的政党票，才有资格取得比例制议员席位。

这一改进首次在泰国政坛确立了"政党中心，政策本位"新政治体制。有利于形成单一政党的政府。选举激烈程度的加剧使小型政党生存艰难，局势有利于对两大主要政党形成最终的两党相互制衡格局。

在上述体制下，他信作为新兴资本集团的政治代表，提出了进取性的"他信经济"道路。一方面，他信政权推出了"30泰铢治百病"、"农民延期还债"、"一乡一特产"等一系列的"草根政策"组合拳，切切实实提高了中下层民众尤其是农民群体的生活水平和生产能力；另一方面，他信家族利用其强大的财力，笼络了地方票头和政治豪强，大肆收买和吞并原有老牌政党，建立了异常强大的泰爱泰党，成为了泰国政坛一党独大的超强政治集团。

由于长期以来被边缘化的占总人口近70%的中下层民众，尤其是农民群体相当贫困，根本无力承担改革成本，因此，他信式改革的成本事实上主要是由城市中产阶级、军人集团、官僚集团、传统产业集团等军人威权时期的既得利益集团来承担的，从而侵害到原有利益阶层的蛋糕，招致其不满。

2006年，泰国陆军发动政变，将已经辞去总理身份的他信彻底逐出政坛。2007年，由反他信的政治联盟主导的制宪委，在1997年宪法的基础上，起草了2007年宪法，该版宪法在选举法部分有针对性地对贿选、违规选举等行为制定了严酷的惩罚措施，明文规定涉嫌违法选举的个人将被剥夺选举权和被选举权，并在5年内不得参政；政党执行委员一旦被查出选举舞弊，政党将被解散，党首一旦被证实知情，政党同样将遭到解散。

此后的7年中，泰国一直实行这个选举法，他信阵营曾数次企图修宪，均以无果而终。2011年英拉政府上台后，再次企图修改宪法，将上议院的产生方式恢复到1997年宪法的直接民选，并废除选举舞弊5年内不得参政的条款，由此点燃民主党籍前副总理素贴发动反他信阵营的大规模示威抗议，直接导致泰国社会、政局的持续动荡，重创了泰国的国际形象，严重破坏了泰国经济、社会的稳定与繁荣，在动荡持续了半年仍无结束希望的局面下，陆军司令巴育发动政变推翻为泰党政府，成立"维和委"全面接管政权，废除2007年宪法，着手起草新宪法。

经过两轮的宪法起草工作，并经过二次公投方才通过，军政府在2017年颁布了新宪法，新宪法的要害点在于再造了国会议员及总理的产生机制，用以防范再度出现像他信这样的集团和大党势力在大选中屡选屡胜的局面。根据新宪法，下议院的500名议员尽管仍然通过直选的方式产生，但是上议院的250席则全部由维和委的任命产生，且在5年内手握参与决定总理人选、弹劾总理等大权。

在选举法上，此次军方制定的新宪法大体秉承了两大原则：

其一，在权力结构上，回归20世纪80年代"半民主"时期的水平，允许非民选议员担任总理和内阁要职，为军人进入政府核心预留通道；同时大力扩张上议院的非民选色彩和实际的权限，使军方能够通过上议院和独立监管机构合法钳制，甚至颠覆民选政府。

其二，在选举方式上，彻底放弃1997年宪法以来"挤压小党空间，制造两党格局"的立法方向，采用近似于德国式的混合式比例制民代选举方式，将政党的"比例制选票"5%的门槛消除，并规定在多数制选票上占据优势的政党其比例制选票将被缩减。通过这一方式，最大限度地遏制了优势政党的发挥，重新营造出20世纪90年代早期诸侯并起、小党林立、无任何政党在大选中能够组建单一党政府的政党格局。

总而言之，本轮泰国选举制度与其政党政治一样，在向20世纪八九十年代半威权式的体制回归，其具体形态虽尚未完全定型，但根本的发展方向将无出其左右。[①]

二、泰国2017年大选形势的评估

（一）大选形势总体走向：军方稳定大局，各政党接受游戏规则

2016年8月，由军方主导起草的泰国新宪法草案经全民二次公投得到通过，因新宪法中包含有"任命军方将领进入上议院"以及"非民选议员可担任总理"等争议性条款，被认为是"反民主的倒退宪法"的草案，各政党虽普遍持反对态度，但在支持宪法、厌倦政治拉锯、渴望国家恢复形式上的正常运行的普遍民意面前，各政党最初的强硬姿态无法持久，最终只能是无可奈何地接受军方所制定的游戏规则。

在公投结束之后，英拉和阿披实纷纷表示尊重民众选择。原先持反对态度最为激烈的红衫军领袖乍都蓬，也一改先前"坚决抵制"的口吻，仅仅对军方表示"你们的胜利来自于对手没有获得战斗的机会"，但总体上仍然接受结果，并要求红衫军支持者保持克制，在2017年大选中"再决胜负"。

就此，泰国各大政党不得不接受新宪法制定的游戏规则，不得不正视新宪法草案获得全民公投通过后，两大政党将遭到压制的现实，在中小型政党重现生机、党内派系纷纷独立、国会之中小党林立的新格局中逐渐适应自己新的位置，去着手准备即将到来的相当不利局面下的背水一战。

（二）为泰党：实力尚存，仍可一战

在本轮军方持续的高压下，原本拥有"一党独大"资本的为泰党、红衫军遭受了巨大的打击，虽然为泰党、红衫军等政党团体和民间组织在总体构架上保

---

① 高奇琦. 泰国政党模式的变迁与民主巩固［J］. 南洋问题研究，2010（2）：16～22.

持了自身的统一性，但是其组织活动遭到军政府的直接打压，组织活动基地遭到查封，主要领导人纷纷遭到逮捕和指控，社会声望和组织实力受到很大的削弱。但即便如此，他信集团在泰国北部、东北部的传统票仓仍有巨大的选票优势，大选一旦开选，为泰党即便无法在国会中实现席次过半，也仍然有望成为国会中的第一大党。

前总理英拉在 2015 年 1 月遭时任立法议会弹劾，被判 5 年内不得从政，同时被控在出任总理期间的大米收购项目中违反刑法和反贪污法，造成财政亏空和粮食过度囤积，若罪名成立可能面临着最高 10 年的监禁。由此，英拉的政治生涯，理论上到此算是彻底终结，铁定无缘于下届的大选，指望依靠其再度翻盘重启彻底死机。面对军政府主导的新宪法草案，英拉从一开始就表示反对，并屡屡通过 Facebook 等网媒号召她的支持者们"行使投票权"抵制新宪法。但军政府新宪法最终的通过，也显示她的影响力日渐式微，政治生涯似近穷途。

目前，为泰党仍旧保持着对军方的克制姿态，在既与军方彼此斗争，又与军方相互妥协的前提下，为在下一场大选中谋求自身的合法存在做着积极的准备。在这种"低烈度对抗妥协"的战略思路下，相较于身处困境的英拉，为泰党另一位 55 岁的女性领袖——现任为泰党副党首的素达拉·革育拉攀将肩负更多重担。

素达拉是一位从政经验丰富并且和英拉一样兼具美丽与智慧的女性，她曾历任国会议员、政府副发言人、内政部副部长等重要职位，政治根基很深，与巴育军政府里的多位元老级人物有密切关系，在政治上擅长"在雨点中穿行"，行事适度低调、进退有度。当为泰党的一些大佬们在强硬地反对军政府的时候，素达拉已经展露出其似乎更懂得何时以柔克刚、有限妥协的能力。据曼谷大学 2016 年 5 月做的一份民调显示，有超过 70% 的为泰党支持者支持素达拉成为新党首，就连流亡海外的他信也曾多次向党内人士传达其鼎力支持素达拉接任下届为泰党党魁的态度。他信本人和为泰党高层选择与军方能够有效互动的素拉达，而非选择态度强硬的为泰前教育部长乍都隆、红衫军领袖乍都蓬等人的事实，已经反映出他信本人并不愿意重蹈 2010 年红衫军运动遭镇压的覆辙，而采取了尽力不与军方正面对抗的策略（凌朔，2016）。

（三）民主党：回归制衡者的角色

民主党方面，虽然较少地受到来自军方的直接打压，但因其本身的财力有限，在长期禁止活动的情况下，党务停顿，财力吃紧，且党内相对独立的诸多派系，或在军方的拉拢下走向分裂，或在艰难的境遇中萌生去意，使历史悠久的民主党面临从组织架构上走向分崩离析的风险。

目前，民主党在泰国中部、南部仍然具有较大影响力，仍然将会在未来的国会中成为制衡他信派系的主要力量。然而，民主党在军政府本轮打压下遭到削弱的程度，比他信派系更加严重，党内派系的公开矛盾层出不穷，甚至有点让人不得不怀疑民主党是否还有实力维持自身的统一性以面对2017年的大选。

原来与阿披实属于同一阵营的党内元老级人物——前副总理素贴，继成功逼迫英拉下台并"出家修行"逃避法律制裁后，再度在政坛上高调亮相，公开表示支持军方新宪法草案，其成立的人民民主改革委员会实际已经是一个完全独立于民主党，并为军方站台的雏形政党，意味着民主党在泰国南部的势力将受到极大的分割。

与此同时，民主党党中央与民主党籍曼谷市长素坤攀亲王在2016年初公开决裂，势必将使民主党未来在曼谷地区的选举优势大受影响。上述各种不利因素的叠加使得民主党在下一届大选中胜选执政的可能性变得微乎其微。

与为泰党态度鲜明地反对新宪法不同，作为泰国第二大政党的民主党表现出来的对军方的态度比较复杂，其党首阿披实既明言反对新宪法，但又声言若公投通过新宪，他本人及民主党均会参加大选。因此，民主党对军方的暧昧态度表明其仍将自己视为"军方遏制他信的合法执行者"，寄希望于重开大选之后能够重新得到与军方的同盟关系，成为与为泰党在未来国会中分庭抗礼的主要引领者。

（四）军方：推动主场作战，维持"后大选时代"的威权

2014年6月28日，维和委主席巴育上将提出"改革三步走"的时间表，首次明确表态将在2015年10月如期举行大选。而2014年11月27日，副总理兼国防部长巴逸上将在接受媒体采访时，却放出风声称大选将推迟至2016年。次日，总理巴育本人予以否认，而财政部长颂迈却在另一个场合发表"个人意见"称，由于存在反对巴育军人内阁的因素，因此难以在2015年10月如期大选，并否认这是巴育总理的意见。

到了2014年12月，另一名副总理威沙努在会晤美国驻泰大使时重提大选日期，再次将大选推到了2016年中旬，美国对此大为不满，于12月24日通过国务院发言人表态称"华府认为应让泰国民众尽早选出民主政府"，并指责泰国军方将大选拖延到2016年的决定是"不明智的"。

除了一次又一次的拖延大选时间之外，巴育政府的立法机构不断地进行着各种"制度创新"。从2014年12月开始，先后提出了"总理可以从民选议员之外产生"、"德式比例制民代"、"上议院扩权并将要职预留给军人"等各种立法意见，经过复杂的制度安排，不断地执行"大党阉割制"的制度改造。也正因如此，军方的立法意图遭到为泰党和民主党的同时反对。

二次公投前，巴育总理呼吁选民们要在"糟糕的过去"与"不确定的未来"之间做出抉择，可谓是直戳民众心病。坦率地说，并没有多少泰国百姓真正能够

通读宪法 16 章以及能够了解其全部 279 个条款的法政内涵。所以，与其说此次投下赞成票的人们是出于对宪法内容的了解，还不如说是因为民众已经厌倦了党争，宁可选择"向前看"，服从于巴育及维和委钦定的新宪法及规划大选路线图，也不愿意选择重回街头政治的老路。

依照新宪法设置的新的游戏规则，巴育总理本人完全具有经上议院推举成为下届总理的可能性，果真如此的话，这位通过政变上台的"军政府总理"将有望顺利完成转变为"民选总理"的华丽转身。

未来最大可能出现的态势是，军政府未必只着眼于接下来的 5 年，而是要彻底脱离 2001 年以来"党派选举—街头对峙—军方介入"的痼疾，重返 20 世纪 80 年代军人威权政治下的"可控民主"。

至于未来大选中军方的角色和行动，目前尚不明朗，军方目前没有组党参政的动向，从现已显露出来的种种迹象表明，其更倾向于通过控制上议院的方式来达到幕后监控、垂帘听政的目的，即便他信集团在下届大选中仍然能够胜出，占据总理的大位，军方仍然可以根据自己的需要，随时通过上议院出手罢黜总理，更迭政权。因此，即使在新的选举中为泰党仍然胜选，由军方主导的新宪法已经为泰党量身定做的"紧箍咒"，必然会使新政府难有翻天的大作为。

"还政于民"虽然始终是泰国军方对国内外许下的明确承诺，但重新组建民选政府并移交政权，显然又是与军方企望能够长期把控政权的根本政治目标相悖的。因此，军方是否会按时顺利地举行大选？在大选过程中军方是否又会动用特权左右大选结果？大选结束后军方是否会承认这一结果？诸多的疑问，仍有待于世人的观察。①

三、大选对中泰关系的影响

综合而言，操弄民粹反华，尚未成为泰国政坛任何主要参与方的选项，如果下届大选能够按时举行，为泰党依旧很有可能在军方的钳制下重返政坛。为泰党在各项对华合作政策当中，一直是属于敢作敢为的行动派，其党内各巨头均是各项对华合作项目的主要推动者。在大选上台后，为泰党一旦不再需要通过舆论反制来攻击军政府，则中泰铁路建设以及其他大型合作项目，都极为有望得到比军政时期更为切实的推动。

民主党对中国也一贯持友好姿态，其对华合作的积极态度也比军政府更胜一筹，在巴育政府临时变卦、决定缩短中泰铁路的决定公布之后，民主党一直是旗帜鲜明地反对军政府的决定，全力呼吁修建"完整版"的中泰铁路，是支持上

---

① 岳汉．泰国新宪法公投过关：军政府大获全胜，"民心思定"压倒"民主洁癖"［R］．广西大学中国—东盟研究院泰国研究所舆情报告，2016－08－08．

马"泰中铁路"的最大支持派。

大选后控制上议院的军方，面对西方的长期压力，必会希望得到中国的外部支持，近期以来军方在各项对华合作当中的收缩态度，只是应对国内舆论质疑的权宜之计，不需要为此过于担心。

因此，无论大选结果是何方胜出，中泰关系都将有望比巴育政府时期得到更为切实的推进。但是，如果大选的结果果真形成"各党势均力敌，彼此相互牵制"的格局，也将会对新政府政策的有效贯彻实施产生种种掣肘，因此，尽管未来泰国政坛的三方都是广义上的亲华派，但其形成的散碎低效的政治局面，将会成为中国对泰开展各项合作的最大潜在障碍。

面对未来泰国错综复杂的大选形势，原则上中国必须保持与各方的同等接触，对其各派势力之间的政治斗争保持中立姿态，尤其与实际主导国政的军方保持良好关系尤为重要。就目前而言，两大在野党的实力在不断削减，他信集团疲态渐显，军方全面控制泰国政局的态势逐渐明朗，因此中国要注重与皇室、军方等保守势力的联系，"谨慎对待"与他信集团之间的来往，警惕为泰党激进派别走向极端民粹（虽然这种可能性不大），并花费更多的精力直接面向泰国公众舆论，防止对中泰合作不利的民间思潮被某些境外势力所恶意放大。①

四、泰国新宪法公投过关的本质及影响

2016 年 8 月 7 日，泰国举行宪法草案公投。投票结束的当晚，泰国中央选举委员会立即宣布：新宪法草案以超过 60% 得票率的巨大优势在公投中"过关"。次日，泰国主要反对党，以他信·西那瓦家族及新兴资本团体为核心的为泰党、红衫军，以及以阿披实为党主席、资深"建制派"政坛元老为主要构成的民主党，均对公投结果表示接受。美国、欧盟、联合国等国家和组织也对这一公投的结果表示大体上的认可。

这一罕见的以国家宪法为争论焦点的"全民公投"，最终以泰国军政府的压倒性胜利而结束。这一结果意味着经过长达 3 年的动荡，泰国民众更加倾向于接受由一个威权的政府来"稳定有效"地治理泰国，而不再愿意在无休止的政治僵局中等待下去。

（一）军方宪法的胜出

与此前对公投结果的普遍预测不同，这次宪法公投几乎以军政权摧枯拉朽的胜利而告终，在参与新宪法草案公投的 5000 万民众中，有 61.40% 的民众支持新宪法草案，38.60% 的民众投了反对票，支持新宪法草案的民众票数遥遥领先于

---

① 周方冶. 泰国民主政治：现状与问题［J］. 当代亚太，2003（6）：37－43.

反对票 1500 万票，差距优势巨大。公投的"附加问题"——上议院是否有权参与推选总理——赢得稍少一些，但也得到了 58.11%（13969594 票）的赞成票，反对票仅占 41.89%（10070599 票）。

此次宪法公投结果在地理上极度分裂。清迈、清莱、南邦府、帕府和帕尧的投票者多数"反对"，而夜丰颂、程逸、南邦多数"赞成"。贫穷的向来是"挺他信，反军方"大本营的东北部各府民众多投反对票，东北 18 府当中，13 个府投"否决票"的民众占多。中部和南部民众投赞成票的民众占多数，尤其是在首都曼谷，投赞成票者为数众多，但分离主义运动的重灾区北大年、陶公、也拉三个府却有超过六成民众投反对票。

无论如何，巴育军政府仍然获得了压倒性的胜利，这是泰国十余年来头一次"反他信"阵营在一次投票中正面击败了"挺他信"的一方，如果考虑到反他信的民主党自身也对新宪法持反对意见，则这次巴育政府一举击败了泰国最主要的两大反对党，第一次借由民意巩固了自身政权的合法性。

（二）新宪法在公投中通过的主要原因

2016 年版《泰王国宪法》草案，虽然经过复杂的征集、草拟、讨论程序，但从本质上讲仍然是一部巴育军政府炮制推动的"军人宪法"。无论是政坛各方，还是泰国普通民众，均对此心知肚明。因此对宪法草案的认可，很大程度上等同于民众对军政府的适应，代表着泰国民众对军政管制下威权主义政治的接受与接纳。

从根本上来看，经过 10 年的政治动荡和 2 年的"非正常"军政府执政，泰国民众对旷日持久的政坛拉锯战已经深感厌倦，对于大多数虽然并不支持军方，也并非他信死忠的中间民众而言，与其为了一部"完美的宪法"而无休止地拖延下去，不如暂且接受军方提供的"次优选择"，先让泰国大体回归到"国有宪法，民有选举"的正常状态之中，终归比漫漫无期的军政管制更容易让人接受。

在 2015 年第一版"波翁萨宪法"出炉之时，民众或许能够"宁缺毋滥"，要求一个更为符合民主原则的宪法。但到了 2016 年，泰国民众已看懂了巴育政府"宪法不通过，军方不下台"的恋栈不去，从而失去了干耗下去的耐心。关于新宪法是否压抑政党？上议院是否越权？这些对于政党党魁而言的大是大非，在普通的泰国民众心中已然成为了细枝末节（实际上民众本身对此压根就缺乏兴趣），结束纷争的需求压倒宪法草案的瑕疵，稳定压倒启蒙，退而求其次，成为了民众普遍的心态。

在战术上，巴育政府有效地掌控、运用了宣传渠道，引导、利用了民众求稳求定的心态，从而彻底封杀了反对派翻盘的机会。军政府在投票前夕严格禁止反对派发动否定新宪法的造势活动，而自身却马力全开地进行官方的公投宣传，彻头彻尾地"只许州官放火，不许百姓点灯"，在声势上完全压倒了红衫军、民主党等反对方。更为重要的是，官方还对于立场不同的各派民众有针对性地采取了"各个击破"的方针，对于单纯"反对他信"的民众，官方通过种种渠道散布"若想杜绝他信东山再起，就要支持新宪法"的观念；对于"对他信无感，但不希望军方继续执政"的选民，则通过种种渠道灌输"如果新宪法夭折，军方必将无限期延长执政"的观念——这两种观念，将为数众多的"既不喜欢军方，也不追随他信"的中间选民招揽到了"赞同新宪法"的阵营里，让"既反他信，又反军方宪法"的民主党被彻底无视。

最终的结果是，尽管在中南部有广泛基础的民主党的立场是"反对新宪法"，但中南部（除泰南三府外）的大部分民众仍然抛弃了民主党，出于与民主党相同的政治立场，而做出了与民主党相反的选择——为新宪法投下了"赞成票"。民主党虽然也察觉到了这一点，并且曾尝试采取措施"辟谣"，但显然已无济于事。在此回合中，民主党的支持者几乎全部成为了军方宪法的支持者，为新宪法公投大壮声势。此外，大批北部、东北部的选民由于未能及时返乡投票，因此也成就了新宪法得以在不足60%的低投票率下顺利闯关。

压倒性的战略优势加上巧妙的战术，最终为巴育军政府锁定了胜局。

（三）新宪法通过后对泰国造成的影响

新宪法草案的公投过关，是军方"毁大党，扶小党"的一次完胜，此次胜利不仅大为缓解了对军政府的民意压力，同时也为军方奠定了其未来可以通过"合法"渠道把控泰国政坛的法律基础。

本轮军政府主导的新宪法的最大特点，就在于设计出一个能够遏制泰国主要政党的实力，将泰国政党政治导向"碎片化"方向发展的新机制，在未来的大选后能够形成一个"小党林立，山中无虎"的局面。同时，大幅度地扩展上议院的权限，以保证上议院能够由军方控制，通过其间接地实现"军方幕后把控泰国政坛"的权力格局。

公投附带的"上议院有权推选总理"的选项也得以过关，将意味着今后泰国军方能够通过控制上议院，随时拥立或撤换总理。因此今后他信党派在大选中不但再难成事，即便侥幸成事，也可能随时被"合法"地逐出国会。从此泰国将告别"军事政变"，因为宪法赋予军方的权力，已经等同于军方拥有了一纸"政变许可"。

而为泰党或民主党想要修改宪法，则是不可能的，即便政党有足够的能力发动"修宪"，军方只要通过上议院将国会全盘清洗一番，就可以将任何企图轻举妄动的势力，全部清洗出局。这才是巴育政府真正想要的"改革国家"的最终目标。

公投结果出炉后，各反对派虽然都已宣布接受这一结果，但态度并未彻底的软化。"红衫军"领袖、反独裁民主联盟主席乍都蓬抨击公投结果时称："我要告诉巴育，你的胜利没有什么好骄傲的，因为你的对手没有机会战斗。我仍然确信，政权总有一天会回到人民手中[①]。"

然而，此时反对派的不服表态在这里多少显得孤单无助，公投毕竟是公投，尽管过程有瑕疵，但终究是民意对巴育政府及其国家蓝图的一种直接认可。军方对泰国政局的掌控由此将披上获得民众授予的合法性铠甲，西方国际社会将难以再从"非民主授权"的角度对泰国军方施加压力。

至此，泰国民众用自己手中的选票在"相对稳定"与"绝对民主"之间选择了前者，泰国自1992年以来长达24年的民主化运动由此又重新回到了原点，权威政治的"王者归来"将成为泰国下一阶段政治形态的主基调。

军方势力的回归、民主进程的倒退在泰国已无法逆转，世界各国、欧盟等国际组织对泰国政策也都不得不随之做出相应的调整，不得不将更多的注意力放在军方实权者的身上，而不是放在他信、民主党等在野力量的身上。近两年来中国政府对泰国军政府的正面态度可以得到延续的格局至少在2017年大选之前是十分清晰的。

---

① 不满新宪公投获通过　红衫军扬言会拿回政权［N］．光明日报，2016－08－08．

第三章　泰国经济

2015~2016 年，受外部经济不景气环境的影响，泰国的经济增长缓慢，全面复苏压力较大，旅游业成为拉动行业恢复增长的主要推动力。政府通过增加对中小企业资金扶持、推动 SME 漏税特赦计划、设立经济特区、降息、放宽行业限制等方式促进经济复苏。两年间，泰国大宗商品物价相对较稳定，涨幅较大的是地价和房价，旅游胜地以及交通沿线的地价也涨幅明显。

两年间，泰国的对外收支状况有所改善，国际储备总额触底回升，2016 年的全年顺差 206.59 亿美元，创下历史新高。泰国政府继续推行鼓励外商直接投资的政策，除涉及国家安全、农渔业，以及大众传媒的项目外，其他行业均允许外商投资。

第一节　泰国国内经济

一、经济保持缓慢增长，全面复苏压力大

2015 年 1 月至 2016 年 12 月，泰国经济发展动力不足、复苏缓慢，各项指标持续下跌，并出现近些年的最低水平，2015 年第三季度以后经济才开始出现回暖，2016 年经济增长速度达 3.2%，回暖的趋势有所加强，泰国经济总体上仍偏重于受到来自外部的影响，其中包括中国和东盟总体经济表现的低迷，美联储加息行动对资本市场所带来的波动等。多个部门的经济活动仍处于持续萎缩状态，尤其是出口、工业生产和农产品产量的年同比增长率的萎缩幅度比逐月扩大。

出口方面，与中国有经贸合作的国家都因中国经济增长放缓而出现增长减速的情况，受中国经济增长放缓及旱灾因素的影响，泰国出口下滑明显，其中受影响较大的是农产品出口，尤其是橡胶和水稻出口。受国内消费不足、出口下降的

影响，工业企业对经济复苏信心不足，不断地缩减产量，减少投资活动，不少企业因资金不足而倒闭。

国内消费方面，消费者面对物价上涨，生活成本提高，尤其是首车退税项目带来的负面影响至少需要 2 ~ 3 年时间才能完全消除，家庭负债率高，个人借贷额度高昂，并且部分贷款已经用在日常生活用品上，未来消费持续增长的难度加大，民众对经济发展的担忧使得国内消费呈现悲观态势。

投资方面，全球经济放缓，以及泰国经济的增长不佳，导致跨国投资减少，民间投资同样释放出投资放缓的信号，尤其是表现在民间建设投资方面。

泰国央行下调了利率水平，之后长期维持在 1.5% 的水平，并且不断下调对 GDP 增长的预期，表现出对经济发展信心的不足。

旅游和政府预算支出在经济驱动中仍扮演着重要的角色，是泰国经济发展的主要支撑。旅游业接待游客量接连提升，收入不断增长，保持着良好的增长势头。中国、马来西亚和俄罗斯等国成为泰国游客的主要来源地。

政府出台了包括财政预算支出、利率调整、信贷支持、大型基础设施建设和交通水利建设以及税收政策优惠在内的一系列刺激经济的措施，特别是对中小企业和农业的支持，采取了多种政策支持。政府财政支出不断扩大，如价值 140 亿泰铢的芭提雅—玛达普城际高速路，是拉动经济发展的强大动力。政府的刺激经济措施的效果在 2015 年第四季度开始逐步显现，2016 年的各项经济指标表明泰国经济正在缓慢的复苏当中。

（一）经济增速缓慢

表 3 - 1　2015 年度及季度泰国主要经济指标数值表

序号	项目	全年	Q4	Q3	Q2	Q1
1	GDP 增长率（%）	2.8	2.8	2.9	2.8	3
2	人均收入（泰铢/人）	201342.80	—	na.	na.	na.
3	出口总额（百万美元）	212109	52253	54224	52657	52997
4	出口增长率（%）	- 5.6	- 7.9	- 4.7	- 5.5	- 4.3
5	贸易顺/逆差（百万美元）	34593	9637	9616	7847	7425
6	经常账户占 GDP（%）	8.9	13.4	6.8	6.3	8
7	通货膨胀（%）	- 0.9	- 0.9	- 1.1	- 1.1	- 0.5
8	利率（%）	1.5	1.5	1.5	1.5	1.8
9	汇率（1 美元兑换泰铢）	34.25	35.84	35.26	33.29	32.6
10	泰国股票指数	1288.00	1288.00	1349	1505	1506
11	公共债务（10 亿泰铢）	6005.10	6005.10	5423.00	5343.80	5388.80
12	公共债务占 GDP（%）	44.4	44.4	43.1	42.3	42.7

资料来源：泰国经济与社会发展委员会。

表3-2 2016年度及季度泰国主要经济指标数值表

序号	项目	全年	Q4	Q3	Q2	Q1
1	GDP增长率（%）	3.2	3	3.2	3.6	3.1
2	人均收入（泰铢/人）	212862.30	—	na.	na.	na.
3	出口总额（百万美元）	215315	54859	55330	51308	53818
4	出口增长率（%）	0.45	3.6	0.4		
5	贸易顺/逆差（百万美元）	20670	2730	5516	4224	8200
6	经常账户占GDP（%）	11.4	9.4	10.1		
7	通货膨胀（%）	0.189	0.69	0.26	0.30	-0.497
8	利率（%）	1.5	1.5	1.5	1.5	1.5
9	汇率（1美元兑换泰铢）	35.19	35.4	34.84	35.26	35.26

如表3-1和表3-2所示，2016年各项重要的经济指标显示该年经济形势好于2015年的水平。2015年GDP初值为135374.85亿泰铢，同比实际增长2.8%，实际GDP为94713.04亿泰铢（按2002年不变价格计算）。出口降低，通货膨胀率负增长，2015年经济总体态势不佳。2016年GDP初值为143606.27亿泰铢，增长3.2%。GDP增长率提高，出口增长率也回归到正值，通货膨胀率在2016年第二季度后回归正值，缓解了通货紧缩的压力，经济增速缓慢且仍需要政府的大力扶持。泰国央行近两年均维持了不变的利率，以维持货币市场的稳定。2000~2016年泰国GDP初值走势如图3-1所示。

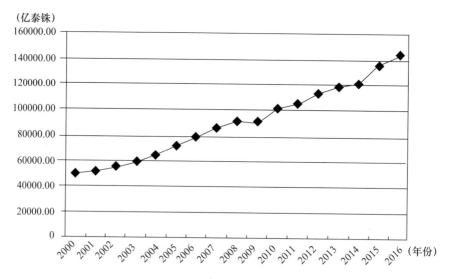

图3-1 2000~2016年泰国GDP初值增长曲线图

如图 3-2 所示，受到国内政治动荡和全球经济的影响，泰国经济在 2013 年、2014 年出现低迷，直到 2015 年第三季度以后，经济才开始出现回暖的迹象。但是由于泰铢贬值严重，以美元计算的泰国 GDP 呈现出负增长的结果，2016 年泰国 GDP 折合美元是 4051.95 亿美元，比 2015 年有所增长，但是速度缓慢。

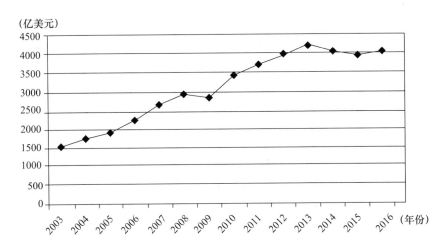

图 3-2 2003~2016 年泰国以美元计算的 GDP 变动曲线图

资料来源：世界银行。

如表 3-3 所示，消费者信心指数和工业信心指数，均呈现先下跌、后企稳回升的趋势，消费者信心指数从 80.4 下降到 73.4，工业信心指数由 91.1 下降到 86.7，两个指数在 2015 年底短暂的回升。总体经济增长信心指数从 68.4 降低到 62.4，最低水平为 9 月的 61.2，就业机会信心指数从 73 降低到 2016 年 3 月的 68.8；未来收入信心指数从 95.8 下降到 89.5。各项信心指数表明泰国民众及企业对经济复苏不看好。

表 3-3 2015 年 1 月至 2016 年 12 月泰国消费者信心指数和工业信心指数数值表

时间	消费者信心指数	工业信心指数	时间	消费者信心指数	工业信心指数
2015 - 01	80.4	91.1	2015 - 04	76.6	86.2
2015 - 02	79.1	88.9	2015 - 05	75.6	85.4
2015 - 03	77.1	87.7	2015 - 06	73.8	84

续表

时间	消费者信心指数	工业信心指数	时间	消费者信心指数	工业信心指数
2015 - 07	73.4	83	2016 - 04	72.7	85.0
2015 - 08	72.3	82.4	2016 - 05	72.6	86.4
2015 - 09	72.1	82.8	2016 - 06	71.6	85.3
2015 - 10	73.4	84.7	2016 - 07	72.5	84.7
2015 - 11	74.6	85.8	2016 - 08	73.2	83.3
2015 - 12	76.1	87.5	2016 - 09	74.2	84.8
2016 - 01	75.5	86.3	2016 - 10	73.1	84.7
2016 - 02	74.7	85.1	2016 - 11	72.3	85.8
2016 - 03	73.4	86.7	2016 - 12	73.7	88.5

除了旅游业，其他行业的发展都受到了影响，社会各界感受不到经济在恢复，信心不足，民间投资和消费受到了抑制。2016年第三季度泰国经济仍延续了第二季度的增长态势，货物出口增长再度成为2016年第三季度泰国经济增长的推动力，不过政府投资及旅游部门仍然是泰国经济增长的主要拉动力，虽然其拉动的力度有所放缓。

（二）旅游业和政府投资是拉动经济增长的主要动力

1. 政府投资带动经济发展

2015～2016年，旅游业和政府支出成为泰国经济发展的两大动力。

2015年上半年，政府部门的基础设施建筑工程主要是大、小型的续建项目，如曼谷轨道交通蓝色线的华喃蓬—挽坑段和挽赐—塔帕段、公路网络干线和次干线的维修工程以及经济刺激措施中的各投资项目，在2014～2015年经济刺激计划下，政府预算总额为230亿泰铢的全国各地政府办公楼和公路维修改造项目，其中2015年的预算余额为220亿泰铢，预计将在今年上半年内支用①。

2015财年（2014年10月1日至2015年9月30日）前6个月预算支用额度低于目标，原因是部分项目仍在采购和价格复议过程中而导致支用迟缓，再加上投资资金拨付程序烦琐，导致原定上半年开工的新项目的预算支用被推迟到下半年。不过，尽管支用额度仍低于目标，政府仍全力推动2015年交通基础设施紧急建设计划下预算总额为558.7840亿泰铢的新开工项目的投资。2016年，除了中泰铁路签署合约之外，泰国与日本在9月30日签署总计530亿泰铢的政府基建贷款协议，该贷款主要用于红色市郊铁路项目，并且泰国计划总投资千亿的5

---

① 泰国世界日报，http：//www.udnbkk.com/article/2015/04/21/article_126730.html，2015 - 04 - 21.

条复线铁路项目于 12 月招标。

由于 2014 年基数较低，2015 年上半年政府部门建筑投资总额达 2101 亿 ~ 2152 亿泰铢，同比增长 4.0% ~ 6.5%。经济发展的关键驱动力是为期 8 年的交通运输基础设施建设项目投资，2016 年可执行 20 个项目，总价值达 1.7 兆泰铢，政府投资增长率可达 10%，包括捷运、铁路、城际高速公路、码头以及素万那普国际机场扩建等项目。从 2016 年 10 月 1 日进入 2017 财政年度已经有多个政府投资项目开工启动，这些项目大多隶属交通部。

政府明确交通基础建设投资作为经济核心驱动的增长模式，将交通基础建设投资项目作为经济稳定增长的核心驱动力。2016 年，泰国首个政府主导的基础设施基金（Thailand Future Fund，也称为泰国未来基金），最终确定的初始规模为 90 亿泰铢。该基金将由 1 个派利账户和 1 个预备金账户并行组成，除了能够减轻政府的财政负担之外，还能够加快政府基建项目的进展速度。

2. 旅游业成为拉动行业恢复增长的推动力

旅游业保持持续增长态势，成为拉动包括酒店、餐饮、运输等相关行业恢复增长的推动力。泰国确立了五大战略来打造亚太顶级旅游地，包含今后 5 年的旅游发展总体规划蓝图、五项重要战略在内的国家旅游发展大纲的颁布实施，有利于把泰国打造成世界游客进入亚洲旅游的首要门户。

客源方面，欧美经济下滑，导致来泰国的欧美游客大量减少，例如受油价狂泻的冲击及欧美联合制裁的影响，俄罗斯的经济遭受重大打击，国民出国旅行人数锐减，据泰旅游局估算，2015 年到泰国旅行的俄罗斯人比 2014 年减少 38%，从 170 万人次降至 99 万人次，同时收入缩减约 36% 至 726 亿泰铢。

会展业是泰国税收的另一个重要来源。在 2015 财年[1]，泰国共吸引了商务会展游客 1095995 人次，贡献收入 958.57 亿泰铢，其中，中国游客共计 109987 人次，贡献收入 91.97 亿泰铢[2]，中国会展业观众的参会数量在泰国展业位居第一，并以每年 10% 的速度增长。2016 年启动最新的"泰国旗舰展览"活动和对会展观众提供额外国外展会补贴计划，以吸引更多的会展游客。

2014 年有超 460 万中国游客赴泰国，2015 年高达 793.47 万余人次，同比增长了 91.62%，创下中国游客赴泰国旅游的历史纪录。2016 年中国赴泰国的航班座位将达 3.6 万座次/月。中国赴泰国旅游人数及人均消费将持续增长，中国游客人均每日消费达 6346 泰铢，居全球赴泰国游客首位，排名第二的新加坡人均日消费为 6020 泰铢，印度人均日消费为 5952 泰铢，排在第三位。全球游客人均日消费为 4950 泰铢。中国游客消费项目支出比重分别为：住宿占 27.5%；购物

---

① 2014 年 10 月至 2015 年 9 月。

② 泰国中华网，http://thaizhonghua.com/2016/04/08/，2016 - 04 - 08.

占27%；饮食占18.35%；娱乐占11.29%；交通占9.52%；景点占5.19%；其他（如捐献功德）占1.28%。

2016年新年期间游客人数明显增加，酒店订满至3月。在新年假期旅游总收入达到了100亿泰铢，超过了93亿泰铢的目标。国内旅游出游人数上涨11%，表现强劲。尤其是清迈，新年期间迎来了13万游客，旅游收入达到7.75亿泰铢。过春节的中国游客（包括港澳台地区）预计人数是47.6万人，较上年同比增加了20%，而这部分游客也将为泰国带来近152亿泰铢的旅游综合收入，同比增长32%。大陆旅游人数估计在30万左右，较上年同比增长21%，为泰国旅游综合创收97.95亿泰铢，同比增长35%；中国香港游客方面，预计将有26000人左右，同比增长14%，旅游综合创收8.85亿泰铢，同比增长22%；中国台湾游客预计18000人，同比增长14%，旅游综合创收5亿泰铢，同比增长24%；新加坡游客预计28000人，同比增长21%，旅游综合创收31.25亿泰铢，同比增长32%。

2016年到泰国旅游的外国游客人数增加了近9%，达到3260万人，并带来了1.64万亿泰铢的商业价值，比2015年增长近13%，赴泰的国际游客中近1/3来自中国，有887万人，比2015年增长11.8%。由于国丧期和相关政策影响，特别是泰国打击中国零元团和低价团，泰国旅游业受到较大影响，10月赴泰国旅游的中国游客降至10.8万，与上年同期相比下滑47%。在国内旅游总体环境不佳的情况下，中国游客的减少对泰国入境游造成了不小的损失，由于中国人赴泰自由行的比例占40%～50%，以及旅游市场的不断完善，这种负面影响逐渐减少。旅游收入方面。2015年较预期高出100亿泰铢，达到2.21万亿泰铢，外国游客在泰国消费支出总计1.4万亿泰铢，国人旅游消费支出约为8000亿泰铢。2016年旅游业总收入约为714亿美元，同比增长11%。

3. "国内游"市场逐步扩大

目前泰国国内游客市场收入占全行业生产总值的30%，泰国政府欲振兴"国内游"市场以减少对国际游客的依赖，计划将这一比例在今后4年内提高至40%。2015年5月，泰国出台了一项刺激旅游业的政策，即国内旅游消费超15000泰铢以上，凭票据可享受减税优惠，并且有机会参与抽奖，此举有利于提高20%的泰国人在国内旅游。泰国政府还批准了一项总额1.48亿泰铢（约合410万美元）的预算，计划在全国主要道路沿线建设148个游客休息点①。泰国各地旅游机构将对本地特色产品进行设计和推广，以吸引更多的国内游客。旅游局还通过制作旅游短片在电视台、网络及各地旅游景点播放；每月举办推广活动

---

① 星暹日报，http：//www.singsianyerpao.com/epaper/#13，2015－05－15。

等措施来支持国内旅游。

2016 年，政府进一步推动国内旅游的发展。8 月推出女性主题月，促进女性自由行游客的消费。12 月实施旅游费用抵扣个税政策，自 12 月 1～31 日向旅游从业者支付的服务费和酒店费等国内旅游支出可以抵扣不超过 15000 泰铢的个人所得税，预计政府将因此减少 1.5 亿泰铢收入。泰国的国内旅游即便还能有所增长，但增幅不会太大，因为经济仍未复苏和泰国家庭负债水平居高不下等因素，压抑了消费能力。

4. 中国资本大举进入泰国旅游业

夜丰颂府的拜县一直受到中国游客们的青睐，中国投资商已经进入拜县投资酒店业务，拜县 10% 的酒店已为中国人经营，中国投资者还经营包括摩托车租赁、餐厅、导游等在内的其他业务，现在就只剩下农场之类的商业经营尚未对中国投资商开放。

在芭提雅，来自中国的投资者购买公寓用来低价租给前来旅游的中国游客，使得当地的酒店业务受到影响，再难以按往习惯变动酒店房间的价格。还有一些中国企业进入全套旅游业务，各式各样的旅行社、餐饮、酒店住宿都成为了中国资本争相分食的市场。

在清迈和普吉这两个旅游重地，中国资本的参与最为深广。投资普吉旅游业的中国资本总规模已达 6.86 亿泰铢，注册的个体经营者共计 238 家，覆盖度假村、酒店、公寓、餐厅等旅游产业的各方面。中国资本较为热衷租赁清迈的公寓、客栈，中国资本承租的公寓和客栈已超过 50 家。

泰国在国际旅游意愿地排名中依然处于第一的位置，大批外国游客的到来给低迷的泰国经济注入了活力，中国游客的大幅增长远远弥补了由于国际经济形势的走低而减少的来自欧美的国际游客量，在亚太国际旅游城市中，外国游客花费最多的是泰国首都曼谷。

（三）家庭债务比重大

2015 年第一季度，家庭债务总额达 104325.29 亿泰铢，占国内生产总值的 79%，家庭债务总体增幅缩小；第二季度仅增加 6.4%，占国内生产总值的 79.9%；第三季度占国内生产总值的 81.1%。推动家庭债务比上升的主要因素是政府房地产刺激措施促进家庭购房；第四季度全国家庭累计负债余额为 107143.18 亿泰铢，占全国 GDP 的 80.6%。其中，负债较上年同期相比新增 7840.36 亿泰铢，增幅约为 7.9%；较前一季度增加了 1428.51 亿泰铢，增幅约为 1.35%。住宅信贷负债增长推高了第二季度家庭负债。汽车租赁信贷则仍继续下行，其他诸如信用卡、个人信贷等负债则有减缓迹象。

2015 年上半年泰国家庭经济和社会形势调查报告结果显示，49.2% 的泰国家庭都有债务压力，负债均值为16.3276万泰铢。泰国家庭月收入均值为27545泰铢，72.6%的收入来自所从事的工作。另外，27.4%来自非工资收入，如利息。而每月的日常支出约为21818泰铢，餐饮支出占33.6%。还有税费、购买礼品费用、保险以及博彩等的非消费支出高达12.6%。37.1%的借款人借款用于日常支出，22.7%的借款人借款用于偿债，仅有32.7%的人有定期储蓄①。

2016年前4个月，房屋信贷仍将获得政府房地产刺激措施的支持。

尽管泰国家庭债务总额对国内生产总值的比率趋向增长，但其增长速度已经比以前的平均增速有所放缓。家庭负债、收入不确定等问题成为了困扰市民难以获得银行信贷的主要因素。家庭较高的债务负担导致了未来即使政府有刺激消费的举措甚至是商场打折降价，都难以对消费水平造成大规模的提升；家庭负债风险膨胀并不断推高房贷拒签比例，久而久之也极有可能使房市遭受冷遇；举新债还旧债的情况比例较大，家庭债务的比重很难快速下降，债务压力的影响会具有相当的持续性。

农村购买力由于干旱的影响依然较低，中等收入家庭的不良资产（NPL）占比不是很高，未来商行贷款的增长点是中等收入家庭。

（四）促进经济复苏的政策

1. 扶持中小企业发展

（1）为7万家中小企业发展提供支持。在扶持中小企业发展方面，泰国政府推出了为7万家中小企业发展提供支持的行动计划，其中5万家中小企业是运营正常但需要国家给予一些帮助拓展业务的；1万家中小企业则是经营遇到困难，急需政府扶持的企业，剩下的1万家中小企业将由政府筹建，以推动经济转向现代化贸易和数字经济模式，支持和创建新型产业。此外，支持泰国企业和外国中小企业之间在创新领域的商业配对，这些中小企业包括来自中国台湾地区、韩国、日本的有兴趣在泰国开展业务且正在寻找当地合作伙伴的公司。

（2）投融资支持。为了缓解中小企业周转资金困境问题，2015年政府推出了总信贷额1000亿泰铢的支持计划，由商业银行发售年息4%的最长7年期的低息信贷，政府向储蓄银行提供补偿，中央财政按2.86%的年息向储蓄银行贴息，每年补贴28亿泰铢，7年共计补贴200亿泰铢。该项目已惠及6万多家SME企业，每家获贷330万泰铢，增加了24万个就业岗位。为防范不良贷款问题，政府另外划拨1000亿泰铢的贷款风险维护金，中小企业信贷担保承担其中15%的风险，放贷银行承担其中15%的风险，其余的风险则由企业自行承担。

2016年总计有19.77亿泰铢的多项资金扶持中小企业。第一笔4.37亿泰铢，

---

① 泰国中华网，http://thaizhonghua.com/2015/09/03/，2015-09-03.

定向工业部、商务部和科技部，用于创建 SME 资金渠道项目、泰国连锁品牌国际化战略计划、泰国工业创新发展扶持项目、面向 ACE 的 SME 企业创新奖励项目、科技创新人才项目以及面向商业化的科研产业发展扶持项目；划拨 10 亿泰铢用于组建 SME 和农业产业项目专项扶持基金；划拨 2 亿泰铢用于培养新企业家；拨款 2 亿泰铢用于扶持 SME 企业业务扩张；拨款 4000 万泰铢用于在全国增建 20 个一站式公务服务点；拨款 1 亿泰铢用于在全国设立 148 个为民商铺。

2016 年 9 月 16 日，泰国财政部向 SEM 银行注资 10 亿泰铢；11 月，泰国纳米金融成功向 4 万中小企业者提供 4.5 亿泰铢贷款服务。但是，政府为解决高利贷现象在各府试点的微小额贷款经营计划实施不佳，到 12 月底，仅有 3 家公司具有申请经营资格。

泰国目前设有 SET 和 MAI 两个资本市场，对于 START UP 这类资本金很小的初创企业来说难以达到上市的条件，2016 年 10 月，泰国发布了拟开设符合初创企业融资的新三板初创企业融资市场，以此扩大创业企业的融资渠道。

（3）SME 漏税特赦计划。泰国全国共有 SME 企业 190 多万家，其中，受到政府监管的仅有 50 万家左右，其余近 140 多家万 SME 企业都不同程度地存在税务漏报谎报的情况，这些 SME 企业如果能够做出承诺，今后必须使用独立账号（企业银行账号和税务局交税银行账号统一为一个账户）且按照规定纳税，政府将对过往税务记录进行清零，保障不会秋后算账或是向企业追缴漏缴税款。

对年收入 300 万泰铢以下的私营企业实施减税政策，将税率从之前的 15% 降至 10%，期限为 2 年。

联合国内 7 家商业银行推出一项扶持 SME 创新梦想项目——卓越创新无息贷款，在未来 3 年内向拥有卓越创新的 SME 企业提供免息贷款。项目申请时间为 2015 年 10 月 1 日至 2019 年 9 月 30 日，合计 3 年整，预计能为知识和技术创新 SME 企业争取到 15 亿泰铢无息贷款额度。

国家创新局为每家创新 SME 企业提供 500 万泰铢无息贷款支持，将无息贷款资金额增加到最高 4000 万泰铢，帮助企业实现扩展，通过该项目每年至少有 20 家企业能够获益，3 年下来，预计有 60 家创新型企业得到扶持。

2016 年 5 月，政府决定立法扶持科技初创即天使投资发展，初创投资最高免税期为 10 年，初创企业享受 5 年免税保护。

2. 设立经济特区

除了早先已经批准出台的面向经济特区 13 个行业投资者实施的优惠措施之外，投资促进委员会（BOI）新增了如下 10 个适用优惠的行业：农作物干燥与仓储、农产品的副产品、金属结构生产、普通印刷、饲料与原料、建筑原材料、个人护理与卫浴用品、塑料制品、纸浆产品、工厂与仓库建设，其中前 4 类的优惠待遇包括享受8年企业所得税豁免及到期后5年税率减半，后6类的优惠待遇只享受8年企业所得税豁免权，不享受到期后5年税率减半待遇。

2016年，启动国家东部经济特区发展规划的编制，希望借此吸引投资者，带动泰国工业稳健发展，巩固泰国在产基地的地位。内阁批准通过了东部经济走廊（EEC - Eastern Economic Corridor）项目投资基本原则后，确定投资"东部走廊"的企业将享受每年个税上限10%和5年长期签证的特别优惠待遇，科研人员有望免征个税。

投资促进委员会批准了1项57.5亿泰铢预算，用于建设经济特区的基础设施，进一步放宽入住经济特区的条件，设立自贸区，2016年8月计划在四个特区试点开放边境免税区，包括宋卡、廊开、沙缴和莱兴府。

3. 促进房地产市场和住宅楼市复苏

2015年10月14日，政府推出从"金融和财政"两方面托房市的政策措施，主要包括：财政向住房银行注入100亿泰铢房贷资金，并附带允许后期追加预算条款；下调过户费用以及新旧房产交易保证金；估价300万泰铢以内的首房购房者可享受5年，不超过总房价20%的个税减免待遇。11月的过户房产总值即达到65亿泰铢，比10月增长了90%。

2016年1月，泰国内阁会议通过了一项跨度10年的公租屋开发远景规划方案，时间为2016～2026年。按此规划，将为曼谷市270万户低收入家庭提供保障住房。2016年下半年泰国房地产持续走强。

随着房地产业的发展，钢铁产业趋向复苏，钢材价格一路飙升，2月上涨23%。

2016年8月底，发布了《2016年有关大楼改作酒店的规定》的部级法规，对普通商用楼改造作为酒店的情况予以规范，放宽对酒店经营场所的限制，对青旅、客栈、民宿类的良好发展起到了积极的作用。

4. 货币政策支持

（1）降息促进经济复苏。2015年上半年，泰国中央银行为了经济复苏调降基础利率25个基点至1.50%[①]，并维持到现在。

在央行降低基础利率后，5月21日开泰银行率先跟进响应，降低对旗下小客户、小企业和SME企业的贷款利率，存款利率则保持不变；对旗下优质大型客户定期贷款的最低贷款利率（MLR）从之前的6.63%下调至6.5%，下降了0.13%；对旗下优质大型客户的透支贷款的最低透支利率（MOR）也从7.50%下调至7.37%，同样下降了0.13%；对优质中小客户的最低零售利率（MRR）

---

① 经济增长料低于预期　泰央行连续两个月降息［EB/OL］. http：//www.zaobao.com/finance/world/story20150430 - 474367，2015 - 04 - 30.

则下降了 0.25% ，由之前的 8.12% 下降至 7.87%[①]。

（2）公开市场业务。为了增加资本市场流动性，2015 年 6 月，泰国央行通过竞价方式发行总计 3850 亿泰铢债券，债券期限从 91 天至 3 年不等，其中包括 22/91/58 款债券总计 280 亿泰铢，期限为 91 天；22/182/58 款债券共计 280 亿泰铢，期限为 182 天；22/364/58 款债券共计 350 亿泰铢，期限为 308 天。12 月 25 日，央行再度发行总计 150 亿泰铢、15 天以内的央行债券[②]。

2016 年 3 月 25 日，央行再次释出期 15 天、总计 700 亿泰铢的债券，以此支持流动性。此次发行的债券是为了维持金融稳定性的常规操作，符合经济活动的需要，也是更好地配合 1.5% 的政策利率要求。其后，又推出了多期央行债券，首轮是 2016 年 4 月 29 日，总计 400 亿泰铢，期限剩余 92 天，交付时间为 2016 年 5 月 4 日，到期日为 2016 年 8 月 4 日；另外还有，18/183/59 期，总计 400 亿泰铢，期限剩余 183 天，认购时间为本月 29 日，交付时间为 2016 年 5 月 4 日，到期日为 2016 年 5 月 3 日；19/91/59 期，总计 400 亿泰铢等央行债券。2016 年 12 月，通过公开市场发行总计 3550 亿泰铢的央行票据，此次发行的央行票据分别有 1 个月期共 3 期、3 个月期共 3 期、6 个月期共 3 期和 1 年、2 年、3 年各 1 期，总共 12 期。

央行释放的流动性体现在：一方面，是应对国内经济运行的需要，保持流动性的稳定性和汇率水平；另一方面，也是为了应对热钱流入对国内货币市场带来的流动性收紧的问题。

5. 放宽行业限制

（1）政府支持橡胶加工厂建设。泰国目前国内胶水消耗量为 56 万吨/年，2016 年达到 100 万吨/年，占比将达到泰国产能 460 万吨的 25%。2015 年 7 月，为了支持与促进本国橡胶业的发展，泰国工业开拓区、泰国工业园等相关机构纷纷筹建橡胶城。泰国政府支持建设橡胶加工工厂项目，2014 年底邀请的国外投资者中，有 8 家中国的轮胎企业表示有意向，并且其中 3 家已获得投资促进委员会办公室批准，其总投资额达到 2.69 亿泰铢。中国轮胎企业投资泰国，其投资建厂的产能规模通常为 220 万条/年。

（2）外籍游艇开放商业登记。为了促进水上旅游经营和响应总理倡议，推动泰国成为东盟的海洋运输和旅游中心，泰国码头厅批准自 2015 年 8 月 24 日起，允许外国人的大型超级游艇，包括豪华游艇和竞赛游艇，进行商业注册登记，有条件地进行经营，或让泰国游客租用。原先泰国领海对外国人的游艇开放只限于旅游和休闲，不允许进行经营和从事旅游用途的出租业务，此次相关法规

---

① 星暹日报，http：//www.singsianyerpao.com/epaper/#14，2015 - 05 - 22.

② 曼谷邮报，http：//www.bangkokpost.com/print/595900/.

调整后，允许艇身长 30 米以上的游艇，经泰国代理人或游艇所有人在泰国设立的公司申请商业注册，经批准后可从事游艇租赁经营业务，每次批准期限不超过 1 年。码头厅在甲米和素吻他尼府分别兴建两个可停泊运载 1000 人以上大型邮轮专用码头的计划已开启选点、向当地民众进行公关宣传、环境和社区影响评估等前期活动。

（3）拟允许外国投资者租地。按照泰国现行《不动产租赁条例》的规定，泰国土地合同的最高租赁期是 50 年，这一限制对吸引外国投资者投资泰国大型基建项目是非常不利的。为了加大对外资的吸引力度，2016 年 1 月 14 日，泰国商研对其与土地租赁相关的法律条款进行修改，拟将土地租用期的上限延长达 99 年，如果该项法案的修改一旦获得通过，势必将大大吸引国外投资者前来投资。

2015～2016 年，泰国政府制定出台了一系列优惠措施促进消费与生产，促进资本流动，鼓励中小企业发展，为其提供政策和资金支持，其政策执行效果较好。

二、泰国财政收支

受国内政治变动以及国内外经济形势的影响，作为经济主要支撑的出口明显下滑，国内消费和投资不足难以拉动经济增长，因此 2015 财年收入较低。2016 财年，因政府刺激经济的措施初见成效，泰国经济持续复苏带动财政收入增加。此外，泰国政府推出了一系列的税制改革举措，不断完善税制结构，提高了政府税收的效率，随着泰国经济形势的回暖，2017 财年第一季度增幅显著。

为了刺激经济发展，2015 年财政支出规模较大，主要用于基础设施建设、补贴农业农民以及相关政策的扶持，产生了巨额的财政赤字。为了弥补财政赤字，国家发放了大量债券，94% 以上为国内债务，大多是长期债务，用于经济建设。2016 年，随着财政收入的增加，赤字减少，财政风险总体可控。

（一）财政收入

2015 财政年度（2014 年 10 月至 2015 年 9 月），政府财政收入合计 2.4 万亿泰铢，较预期目标减少了 1170 亿泰铢，约占 5.1%，同比上升 2.4%。

财政收入低于预期的主要原因，是受到原油价格自 2014 年以来就一直处在低位有关，原油价格从 2014 年底开始持续下跌，导致相关的进口增值税、石油所得税及石油特许权费等收入皆低于原定目标水平，加上 2014 年国家经济放缓增长及 2015 年经济仍未完全复苏，对民营企业的经营造成冲击。

2015 财年税务厅收入为 1.73 万亿泰铢，较上年减少 6.16 亿泰铢，年比降低 0.04%；国货税厅收入为 4390.9 亿泰铢，年比增加 14.73%；以及海关税厅收入为1154.88亿泰铢，年比减少1.91%①。各项税收收入结余实际情况如下，普通税收收入结余1.72亿泰铢，比预期目标少2350亿泰铢，约占12%；国货税收结余4390亿泰铢，超出目标约176亿泰铢，约占4.2%；海关关税收入1150亿泰铢，比预期目标少69.12亿泰铢，约占5.6%；国资企业部门上缴各项税收1610亿泰铢，超出预期目标约412亿泰铢，约占34.4%；其他公务部门上交收入1730亿泰铢，高出预期目标273亿泰铢，约占18.7%。

2015年财政赤字约为5359.87亿泰铢，其中常规预算赤字5117.01亿泰铢，预算外赤字242.86亿泰铢②。投资预算支出高于上年同期水平，支出增长一方面是政府加快投资项目预算拨款，另一方面则是政府刺激经济措施等支出增加。

2016财年（2015年10月至2016年9月），中央财政收入2.58万亿泰铢，增幅3.9%，支出15708.76亿泰铢，较上年同期高出836.86亿泰铢。2016财年财政收入侧重加强三大税厅的课税效率，要求国营企业及其他部门把过剩的流动资金上缴国库。2017年政府推进对电子支付系统的改革，设立财政部的独立账户，都将有助提升政府的财政收入效率。

2017财年第一季度（2016年10~12月），财政收入为5500亿泰铢，较预期目标增加270亿泰铢，增幅5.2%。增加的收入主要来自国资部门超额贡献了110亿泰铢，其中仅泰国发电局1家就贡献了120亿泰铢。国货税厅、海关税厅以及税务厅三大税务部门的收入合计3660亿泰铢，较预期目标增加20亿泰铢。其中，国货税厅上缴税收收入1320亿泰铢，较预期目标减少20亿泰铢，海关税厅上缴税收收入250亿泰铢，较预期目标减少50亿泰铢。

总体来看，2016财年泰国的财政收入有了较大的改善：一方面，虽然石油价格大跌导致相关税收不足，以及国际经济形势低迷致使出口受阻和海关税收收入减少，但是由于旅游业以及政府建设项目起到很大的促进作用；另一方面，政府加强了对税收征收的管理，努力提高效率降低成本以及避免偷税漏税的行为，对提高税收收入也起到了一定的作用。

（二）财政支出

2015财年，财政支出为2.73万亿泰铢，比上年高出1414.3亿泰铢，同比增长5.7%，其中投资项目经费支用为3455.6800亿泰铢，占77.13%。财政赤字达3195.7亿泰铢，政府通过发债弥补赤字2500亿泰铢，截至2015年底，国库资金结余达4261.7700亿泰铢。

财政支出主要用于以下方面：

帮扶低收入者计划支出——全国所有的村寨都可按500万泰铢/村（寨）的

---

① 泰国中华网，http://thaizhonghua.com/2015/10/22/，2015-10-22.

② 泰国中华网，http://thaizhonghua.com/2016/04/29/，2016-04-29.

标准获得政府提供的扶持资金支持，已经有 7255 个自然村申请加入该计划，拨款 362.73 亿泰铢。

救灾支出——援助受旱灾影响的农民，共计 8 项措施，45 个项目，共 40.71 亿泰铢。项目在 2015 年 11 月 1 日到 2016 年 4 月 30 日期间实施。划拨了 3.56 亿泰铢经费，用于在水利灌溉区域外增加发掘 2 万口水井；自 2014 年 10 月至 2015 年 9 月，政府已在全国范围内挖掘了 5.6206 万口水井，共为农民提供灌溉和生活用水 12.6 亿立方米[1]，可用于鱼塘养殖、井周边土地种植蔬菜以及家居生活用水。

政府部门的基础设施建筑工程主要是大型和小型的续建项目，如曼谷轨道交通蓝色线的华喃蓬—挽坑段和挽赐—塔帕段、公路网络干线和次干线的维修工程以及经济刺激措施中的各个投资项目，例如 2014～2015 年经济刺激计划下预算总额为 230 亿泰铢的全国各地政府办公楼和公路维修改造项目。2015 财年前 6 个月预算支用额度低于目标，原因是部分项目仍在采购和价格复议过程中而导致支用迟缓，再加上投资资金拨付程序烦琐，导致原定上半年开工的新项目的预算支用被推迟到下半年。政府全力推动 2015 年交通基础设施紧急建设计划下预算总额为 558.784 亿泰铢的新开工项目的投资。

2016 财年投资预算支出 2.72 万亿泰铢，上半年完成支出 1.44 万亿泰铢，约占总预算的 53.14%。常规预算约为 2.2 万亿泰铢，完成 1.28 万亿泰铢，约占 57.97%，与 2015 年 28.91% 的投资预算支出相比仍有很大提高。2016 财年政府实际支出 2.374 万亿泰铢，较预期目标高出 75 亿泰铢，同比增长 0.3%。

泰国政府从 153.93 亿泰铢协议贷款总额中，划拨了约 2 亿泰铢用于水利管理系统贷款资金；向泰国大众电车运输局划拨追加贷款，用于旗下各电车线投资需求，其中紫色线拨款 1.3202 亿泰铢，蓝色线拨款 9829 亿泰铢，绿色线拨款 1.2812 亿泰铢；向泰国铁路局划拨 6764 万泰铢用于红色线项目以及 8 条存在安全行车隐患的轨道修复项目拨款 1.9216 亿泰铢；从广电通研发基金调借 143 亿泰铢，用于政府投资。借贷已经从 2016 年 11 月 20 日起生效。

2016 财年的多个提振经济的举措表明政府投资仍然在持续增加，政府 2015 年 6 个项目签投 1800 亿泰铢，2016 年再签 20 个项目总计 1.6 万亿泰铢；2016 年政府直接投资总预算约 1340 亿泰铢；2017 年约 3000 亿泰铢；2018 年则为 4000 亿泰铢。政府投资将进一步提升企业投资信心，政府还希望通过 PPP 合作机制吸引国内外投资者积极参与到政府的大型基建投资项目中来。

可见，2016 财年泰国经济的复苏很大一部分原因在于政府投资的拉动，投

---

① 泰国世界日报，http：//www.udnbkk.com/article/2015/1125/article_132335.html，2015－11－25。

资预算占总预算的比重超过20%，政府采购的金额超过往年14%的平均水平达到了33%，未来几年中对基础设施的投资依然很大。财政赤字虽然较大，但2015财年未超过总预算20%的上限，并且因2016年经济的缓慢增长，财政赤字有所减少，财政风险总体安全。财政支出中较为严重的突出问题是预算划拨进展滞后，支用速度慢。

（三）政府债务

因经济持续低迷，税收收入增长低于预期，刚性的支出导致了出现大规模的财政赤字，增加了政府债务。自2015年1月至2016年12月，泰国政府债务占GDP的比重维持在45%左右；债务结构中长期债务占比97%左右，短期债务很少；国内债务占比稳定在94%的水平，外债比重少；外债占国际储备的比重约为6%。上述指标均显示泰国目前的政府债务风险是安全的，见表3-4。

表3-4　2015年1月至2016年12月泰国国内债务累计额

单位：百万泰铢

时间	政府国内债务：总额	时间	政府国内债务：总额
2015 - 01	5658000.00	2016 - 01	5980660.67
2015 - 02	5720425.58	2016 - 02	6005787.17
2015 - 03	5730000.00	2016 - 03	6013649.86
2015 - 04	5775710.53	2016 - 04	6049571.82
2015 - 05	5687007.62	2016 - 05	5977353.33
2015 - 06	5534000.18	2016 - 06	5924055.53
2015 - 07	5407972.95	2016 - 07	5958103.24
2015 - 08	5736644.08	2016 - 08	5949330.64
2015 - 09	5783323.19	2016 - 09	5988386.53
2015 - 10	5867372.68	2016 - 10	5985175.01
2015 - 11	5975766.31	2016 - 11	5944236.79
2015 - 12	5658000.00	2016 - 12	5980660.67

资料来源：泰国公共债务管理局。

纵观2015年至2016年4月，在债务用途结构中，为弥补财政赤字而发行的国内债务占56%；支持金融机构发展基金而发行的国内债务占22%；因其他目的而发行的国内债务占8%；为弥补赤字而发行的本票占4%；因债务重组而发行的本票占3%；国库券占4%。

政府还发行了总额为3000亿泰铢、期限10~20年的国债，用于偿还前几届政府积累下来高达 8000 亿泰铢的债务，其中包括在典押大米项目中累计遗留的近 7000 亿泰铢的债务。还有前政府拖欠了近 3 年的总额达 500 亿泰铢的社保金，以及国家铁路局各项亏损造成的近 740 亿泰铢的债务。

2016 年财政支出上升以及总额约为 3900 亿泰铢的财政赤字，导致中央财政资金紧缺，为此，财政部发行 3 年期、总计 40 亿泰铢的国债，由于利率较低，对市场吸引力不够，部分债券不能如期完成认购，特别是储蓄公债的利率创下历史新低。

2015 年 4 月，政府负债同比上升 433.628 亿泰铢，增加的部分主要来自政府追加 420 亿泰铢贷款以填补财政赤字。2015 年政府投资贷款总额 14.3726 亿泰铢，包括国内和国外部分。其中泰国大众电车局和泰国铁路局贷款 12.7473 亿泰铢，其余部分则用于主干道 4 车道改造项目以及暖武里跨湄南河大桥贷款支出。

截至 2016 年 10 月底，全国公共债务余额为 59851.7501 亿泰铢，占 GDP 的比重为 42.71%，其中有 44918.6005 亿泰铢为政府债务，并且在这部分政府债务中，非金融国资部门债务额为 9849.5841 亿泰铢、金融国资部门债务额为 4870.4987 亿泰铢、其他政府部门债务额为 213.668 亿泰铢。10 月全国公共债务额较 9 月减少了 32.1152 亿泰铢。但政府负债环比净增了 206.3983 亿泰铢。而非金融国资部门负债额环比净减少了 98.3588 亿泰铢，金融国资部门负债额环比净减少了 130.446 亿泰铢。其他政府部门负债额同比净减少了 10.1101 亿泰铢。境内外债务占比方面，94.27% 来自国内，约合 56419.7679 亿泰铢，外债占 5.73%，约合 3431.9822 亿泰铢。85.99% 的债务为长期负债，约合 51463.7405 亿泰铢，而短期负债占 14.01%，约合 8388.96 亿泰铢。

总之，虽然债务总量较大，但是长短期债务比及国内外债务比等各项指标均表现良好。

（四）财税制度改革

1. 改革概况

总体上看，税改以扩大税基覆盖范围为重点，目前的财政税基结构是财产税占 42%，消费税占 57%，资本税占 1%。税改计划降低普通个人所得税、开征土地税，减少普通大众承受的税负，适度增加高收入者和少数富人资本所得税的起征比例，从而减少贫富差距和公平。具体来看主要有：

（1）燃料消费税改革。2015 年 1 月，能源部计划上调每升柴油的消费税，涨幅 1 泰铢至每升柴油消费税 4.25 泰铢，这标志着燃料消费税结构调整的完成，此举不会影响柴油的零售价格，只会让柴油消费税与汽油消费税达到同一水平。

（2）地皮及建筑物税务改革。有关地皮及建筑物新法律原定 2017 年 1 月 1 日开始实施，由于经济压力等因素推迟到 2018 年 1 月 1 日实行。内政部正在审研调整征收住屋税及土地税,将逐步调升上述税务,符合新的地皮及建筑物税务,让民众及从业者有时间准备应对,此项改革的目的主要是完善税制,将屋土及地皮主人全部纳入税务系统,减轻地皮及建筑物主人的负担。新法律降低了税率,其中农业性地皮,征税最高不超过 0.5% ;住宅地皮及建筑物,征税不超过 1% ;商业性地皮及建筑物税,征税不超过 4% ;荒芜的地皮征税不超过 4% 。

(3)烟酒税改革。上调烟酒税,从 2015 年 3 月 27 日起,国内香烟出厂价将执行新的涨价方案,每包价格计税部分将从之前的 87% ,提高到 90% ,零售价格将上涨 5~10 泰铢;从量计税部分则由之前的 1 泰铢/包,提高至 1.1 泰铢/包。从中国进口的香烟 20~30 泰铢/包,出现 5~10 泰铢不等的价格上调。价格调整后,香烟每包批发价将上涨 1~2 泰铢,知名香烟品牌每包价格上涨 2 泰铢。提高香烟税的初衷是减少全国烟民群体,并非以增加税收为目的。调整后,烟厂将每年向国家体育发展基金上交 11 亿泰铢的烟酒税税收。[1] 酒水调价后涨幅不超过 1 泰铢,泰国本土啤酒品牌上涨 0.47 泰铢,进口啤酒上涨 0.60 泰铢,白酒上涨 0.7 泰铢,泰国本土非白酒品牌每瓶上涨 2.20 泰铢至 3.26 泰铢不等,外国品牌则每瓶上涨 5.23 泰铢至 8.49 泰铢。

(4)遗产税法案立法改革。从 2016 年 2 月 1 日起,遗产继承超过 1 亿泰铢的被捐赠人必须向税务部门就超出的部分按照遗产税的有关规定申报,可分 5 年缴付。属于遗产的财物包括现金、存款、房地产、汽车、股票债券以及其他类由法律规定的财产。不列为遗产而可以继承的财产包括保育类文物或古迹建筑。针对 2016 年 2 月 1 日后产生的遗产捐赠,支付比率为 5% 。[2]

遗产税有助于缩小社会贫富差距,其税率也比较合理。资产超过 5000 万泰铢的超过 6 万人,遗产税法对绝大多数人没有影响。

(5)企业所得税税率永久设为 20% 。原先企业所得税税率每年都重新评估一次,为了提振长期投资者的信心,自 2015 年 10 月 13 日起,泰国内阁将企业所得税税率永久设在 20% 的水平上。

(6)汽车购置税改革。出于缓解汽车尾气排放给城市造成的污染压力,以及增加税收收入的考量,汽车税改取消以往按汽车发动机排量、引擎马力征税的办法,转而按碳排放量征税,受此影响最重的是引擎约 2000~2500cc 的中型轿车,每公里的二氧化碳排放量 160~170 克,从原来的 35% 增至 40% 。仅有部分品牌的汽车能够改善及降低二氧化碳排放量,使税率降至 30%~35% 。引擎马力较大的高级轿车的税率维持 50% 不变。部分碳尾气排放量超标车辆需要交付更高的税率,特别是皮卡车和改装皮卡或 PPV ,以及排量在 1800cc 的乘用车。CO_2

① 中华日报,http://www.thaizhonghua.com/article-8486-1.html,2015-03-29.

② 泰国世界日报,http://www.udnbkk.com/article/2015/0523/article_127419.html,2015-05-23.

排放量每公里不超过 150 克，税率维持 30%。同时，皮卡车 CO_2 排放量每公里若超过 200 克，税率提高 5%。[1] 新汽车税制于 2016 年 1 月 1 日起实施，预计为财政增收 50 亿～100 亿泰铢。这一征税办法其实已经出台 3 年了，但一直在等待各汽车制造商有时间进行调整。

（7）个人所得税改革。2016 年 1 月 5 日，政府预告拟上调个税起征点至 3 万泰铢，估计 2017 年有望成为事实。目前执行的最低个税起征点为月入 2 万泰铢，新的个税改革除了提高起征点外，可申报减税额度和项目也有新变化，原先每年最高 6 万泰铢的退税限额也将提高，子女支出退税部分也将不再限制子女人数，但具体配额和减税税额尚未最终确定。

目前全国符合上报个税的纳税人人数达 1000 万人，实际申报的人数仅为 600 万～700 万人，其中年收入超过 400 万泰铢的纳税人占 1%～2%。

（8）糖税改革。2016 年 4 月 27 日，泰国改革委员会已经决议通过开征糖税，对含糖饮料超过一定标准者（每 100 毫升 6 克的糖）征收税金。这项举措实施之后，预计每年将可为泰国财政增加近千亿泰铢的税收。同时将使汽水或果汁等饮料的零售价格上涨 20%～25%，当局拟通过价格来抑制民众摄取过量的糖[2]。泰国民众的人均糖摄取量在世界排名第九；泰国人每日摄取量是超出世界卫生组织建议的 6 倍之多，导致糖尿病、肥胖、高血压的盛行率偏高，增加了国家医疗支出。

2. 税制改革的压力

近年来泰国的税制改革力度较大，对烟酒、燃油等税收的调整使得相应税收增加。商品税税制比较顺利，相比之下一部分改革因会增加纳税人的负担而遭到抵制，在经济低迷的时期，政府遭到很大的压力。

（1）房地产税征税延迟。为了增加财政收入，与其未来的大规模支出计划相匹配，2015 年 3 月财政部计划开征房地产税，具体方案一再修改，最近一次的修改提议是住宅税收豁免将由税收津贴替代：估价在 200 万泰铢以上的住房将获得 75% 的税收津贴，转变为每 100 万泰铢需缴纳 250 泰铢的税金；估价在 200 万～400 万泰铢的住房将获得 50% 的税收津贴，业主对超过 200 万泰铢但不及 400 万泰铢的部分，每 100 万泰铢需缴纳 500 泰铢的税金；估价在 400 万泰铢以上的住房，业主必须支付超过 400 万泰铢部分，每 100 万泰铢缴纳 1000 泰铢的全额税金；估价在 150 万泰铢以下的农用土地实行税收豁免；未使用或空置土地价值每 100 万泰铢征收 0.5% 或 5000 泰铢的税金，或者按照业主 0.1% 的税金；农用土地和商用土地将分别被征收 0.05% 和 0.2% 的税金。最终方案至今仍未

---

① 泰国中华网，http://thaizhonghua.com/2015/11/11/，2015－11－11.

② 泰国中华网，http://thaizhonghua.com/2016/04/27/，2016－04－27.

敲定。

（2）土地和建筑物税。自 2014 年以来，泰国经济走下坡路，缺乏经济复苏的动力，来自国内外的压力都很大，尽管新土建税改（土地和建筑物税改）是为了国家未来建设需求，但在目前的经济形势下，广大群众对此项改革相当排斥，于 2015 年 3 月被迫叫停，政府决定推迟新土改的同时，并没有给出何时重启的时间表，只是要求政府各有关部门加强对民众的宣传教育。

三、泰国物价

在政府的宏观调控下，泰国物价的总体保持稳定。泰国大宗商品的物价相对较稳定，日常消费品特别是农副产品受供需情况影响价格上下浮动，油价等能源价格与国际原油价格走势保持一致，橡胶等主要出口产品受国际经济形势的影响出口减少、价格下降，政府出台相关扶持政策，将橡胶转为内销，公路建设中大量使用橡胶以减少存量。

由于泰国家庭负债负担较大以及农民的收入水平下降，消费者的需求受到抑制，虽然出台了较多的消费刺激政策，但国内消费总体增长缓慢。

地价和房价的涨幅较大，尤其是旅游旺地以及交通沿线的地价涨幅明显，不同类型的房屋涨幅差别较大。虽然在曼谷大量提供公寓数量以稳定房价满足需求，但是效果较差。近年来大量外国人有购房的需求，特别是中国的投资者、建筑商和购房者的增多，助长了房价的提升。

（一）泰国物价变动

1. 大宗商品

从 450 种大众商品和消费跟踪商品几个目录看，平均约 160 种商品价格上浮，120 种价格下跌，其余保持稳定。降价的产品如水果和蔬菜、油价等。综合来看，泰国通胀发展趋势基本和国际油价的走势保持一致。2016 年 1 月商务部对日常消费品价格实施监控，将涉及普通大众的日常生活商品的价格稳定在某个水平，提前做好应急准备和方案，并每 3 个月对各方案进行检讨。食品以及非酒精类饮品指数不断上升，而其他非食品和饮料类指数连续下滑，幅度较大。

由于全球经济不景气，中国经济持续放缓，因而减少从泰国进口橡胶，橡胶库存量居高不下，价格下降连累农产品价格指数下滑。2015 年 3 月农产品价格指数整体下降了 7.64%，与上年同期相比下滑 12.35%。另外，受干旱、炎热天气影响，生鲜蔬菜产量减少，价格上涨，产量指数较上年同期下降 11.12%，8 月农产品价格指数环比上涨 2.27%。年底产量增加，价格略有下降。

2016 年 3 月，农产品价格指数同比提高 2.09%，木薯、橡胶、红葱及蒜头价格皆上升，但农产品生产指数却比前 1 个月降低 8.3%，与上年同比 3 月农产品价格降低 1.66%。6 月，农产品价格指数月增 0.27%，价格攀升的重要农产品包括湿度 15% 的粳米稻谷、工业用凤梨、棕榈果和鸡蛋。稻谷和棕榈果价格上升的原因是上市量降低，凤梨供不应求，鸡蛋需求处于高位。价格降低的重要农产品是橡胶，主要是新加坡和东京的期货价格滑落。榴莲、山竹的海外需求暴增，榴莲价格暴增。12 月，部分产品价格增高，首先是烟酒等消费品类，同比提高 12.98%；其次是交通工具和通信类，同比提高 3.01%；食品和非酒精饮品类，同比提高 1.36%；个人健康检查和服务类，同比提高 0.58%；娱乐、教育和宗教类，同比提高 0.52%，服装和鞋袜类，同比提高 0.17%，住房类商品和服务则同比下跌 1.18%。

受到国际油价持续下跌的影响，主要大宗商品价格出现下滑，包括与交通有关的消费和服务出现减弱的情况。2016 年 1 月，柴油、91#95# 等价格较上年同期更是出现了近 15.30% 的下滑。

能源价格下降导致消费品价格较上年同期缩减，2015 年 6 月及 11 月，国内燃油零售价下降，包括柴油、91# 乙醇汽油、95# 乙醇汽油。另外还有燃气价格、公车票价、船务票价、过路费等也都出现下滑。2017 年 1 月，能源政策委员会宣布下调汽油零售价每公升 60 士丁，E20 乙醇汽油 40 士丁。

2. 地价

新的土地估价将比原估价平均上浮 15%。相关年份的土地价格表在 2016 年 1 月 1 日颁布。曼谷市内特别是电车项目沿线地价上涨速度非常高，涨幅超过 75%。特别是电车新线路上涨幅度更是超过 1 倍或 1.5 倍。原电车沿线土地价格上涨则维持在 25%～50%。另外，各地府主城区地价上浮也非常明显，特别是泰南三府的地价上浮高达 20%～25%。那里既有商圈，还有轻轨和地铁等电车交通。

经济特区和高铁沿线已经出现了炒地的现象，预计经济特区土地价格将比 15% 的上浮均值高①。涨价最为明显的是普吉岛，10 年来地价暴涨 400%，2004 年每莱（相当于 1600 平方米）2000 万泰铢，暴涨到 2016 年的 1 亿泰铢，酒店纷纷改建公寓。

3. 房价

2015 年上半年，新推出的公寓单位约 2 万个，与上年同期相比降低了 21%，但每平方米销售均价却从 9.7000 万泰铢涨至 13.1000 万泰铢，升幅高达 35%。2016 年第三季度全国各类住房价格指数都出现了上升。其中，围绕电车沿线公寓住房价格增长最高为 4.8%。按房价区间增幅分布看，价格低于 50000 泰铢/平方米公寓，同比上涨 3.1%；价格位于 50000～80000 泰铢/平方米公寓，同比上

---

① 泰国中华网，http://thaizhonghua.com/2015/09/28/.

涨 4%；价格在 80001～120000 泰铢/平方米公寓，同比上涨 5.9%；价格在 12 万泰铢/平方米以上公寓，同比涨幅 4.7%。曼谷市区价格上涨最高的区域有汇权区、拉差贴威区等。泰国住宅价格仍保持增长势头，公寓套房价格第一季度同前一季度相比增长 4.9%，普通住房价格仅增 1.7%～2.8%。近 2 年来涨幅最高的是房价每平方米在 50000～80000 泰铢的房源。①

（二）通货膨胀率持续 15 个月下降

2015 年 1 月 6 日，政府内阁达成决议，批准财政部和泰国银行提交的通货膨胀新目标，由此泰国正式采用与通货膨胀率挂钩的通货膨胀目标制，通货膨胀目标的中间值为 2.5%，其区间为正负 1.5%，以取代自 2000 年 5 月 23 日起实施的与核心通货膨胀挂钩、通货膨胀目标区间为 0.5%～3.0% 的原通货膨胀目标制。新的通货膨胀率目标综合了各类产品的价格因素，能够更好地反映出与民众生活息息相关的各类商品价格水平的变化，与公众沟通货币政策走向。

相对于泰国银行 2015 年的通货膨胀新目标区间为 1.0%～4.0%（中间值为 2.5%，变化区间为正负 1.5%），之前预估的 2016 年通胀率将上升至 1.8%～2.5%，由于各种数据表现不及预期，预估目标值下调为 0.6%～1.3%，下跌幅度预计达 0.2%～1%，如表 3-5 所示。

表 3-5　2015～2016 年月度物价指标

时间	CPI	通货膨胀率	PPI	PPI：同比	时间	CPI	通货膨胀率	PPI	PPI：同比
2015-01	106.02	-0.41	102.30	-5.37	2016-01	105.46	-0.53	99.90	-2.35
2015-02	106.15	-0.52	102.90	-4.90	2016-02	105.62	-0.50	99.80	-3.01
2015-03	106.33	-0.57	102.90	-4.99	2016-03	105.84	-0.46	100.40	-2.43
2015-04	106.35	-1.04	102.80	-5.43	2016-04	106.42	0.06	101.10	-1.65
2015-05	106.53	-1.27	104.00	-4.76	2016-05	107.02	0.46	102.5	-1.44
2015-06	106.64	-1.07	104.00	-3.70	2016-06	107.05	0.39	102.6	-1.35
2015-07	106.57	-1.05	103.10	-3.82	2016-07	106.68	0.11	102.3	-0.78
2015-08	106.33	-1.19	102.30	-3.76	2016-08	106.64	0.29	101.9	-0.39
2015-09	106.28	-1.07	102.20	-3.58	2016-09	106.68	0.38	101.9	-0.68
2015-10	106.49	-0.77	102.20	-3.13	2016-10	106.85	0.34	101.7	-0.49
2015-11	106.15	-0.97	101.80	-3.05	2016-11	106.79	0.6	101.2	-0.59
2015-12	105.74	-0.85	101.00	-2.70	2016-12	106.93	1.13	102.1	1.09

资料来源：泰国央行。

2015 年生产者价格指数（PPI）同比下降幅度最大，尤其是 1 月，但是随后

---

① 泰国中华网，http://thaizhonghua.com/2016/04/13/，2016-04-13.

逐渐好转。2015 年 1 月通货膨胀率自过去 64 个月来首次为负数，起因是燃油价暴跌，同时生鲜食品盛产而压低价格，比上年 1 月和 12 月分别萎缩 0.59% 和 0.41%。2015 年 10 月促使本月通货膨胀率大幅好转的主要原因，来自九皇斋节期间食品（特别是水果和蔬菜）价格上涨的暂时性因素，该数据连续 15 个月出现负增长，直到 2016 年 4 月才出现好转。

四、就业情况

泰国的失业率不断下降，由自 2000 年的 3.59% 降低到近年的 1% 以内，尤其是 2012 年，达到 0.66% 的最低水平，显示出泰国拥有良好的就业环境。农业从业人口占到总就业人口的 1/3，但受季节变动影响较大。非农业人口比重大，制造业和服务业吸纳就业人数多，受国内外经济波动影响，就业结构变动明显。2015 年失业率为 0.88%，未充分就业率为 0.7%，未充分就业人口需要其他的工作来提高收入水平。2016 年失业率为 0.99%，高于上年水平，未充分就业率为 0.5%。农业就业人口数量受季节影响明显，虽然旱灾等自然因素以及农产品收购价低导致了农民收入水平低，但是 2016 年政府出台了专项补贴政策鼓励了农业就业，如表 3-6 所示。

表 3-6　2014 年 12 月至 2016 年 12 月失业率　　　　单位:%，千人

时间	泰国：失业率	泰国：失业人数	劳动力人口	农业就业人口	非农业人口
2014-12	—			13036.54	25225.51
2015-01	1.06	404.01	38010.41	11229.45	26130.38
2015-02	0.82	315.91	38522.55	11363.63	26573.42
2015-03	0.99	378.07	38370.29	11630.52	25992.25
2015-04	0.85	323.87	38283.85	10613.37	26916.65
2015-05	0.93	354.39	38275.72	11429.68	26143.70
2015-06	0.83	321.80	38707.62	12809.95	25422.74
2015-07	1.00	384.80	38621.15	12131.73	25971.10
2015-08	0.97	377.32	38940.60	13515.51	24976.77
2015-09	0.78	300.14	38652.56	13134.25	25186.78
2015-10	0.85	328.60	38468.20	12089.10	25997.27
2015-11	0.90	346.05	38556.89	12853.81	25261.62
2015-12	0.65	254.67	39164.85	13630.15	25242.62
2016-01	0.91	346.54	38125.89	10820.26	26754.72
2016-02	0.87	335.40	38416.89	11188.49	26682.10
2016-03	1.04	396.95	38352.31	11252.64	26357.95

时间	泰国：失业率	泰国：失业人数	劳动力人口	农业就业人口	非农业人口
2016 - 04	1.04	396.04	38023.66	9862.99	27367.17
2016 - 05	1.2	453.49	37769.93	10274.62	26539.74
2016 - 06	1.01	392.26	38701.10	12562.47	25604.77
2016 - 07	1.01	391.27	38839.56	12432.98	25962.71
2016 - 08	0.93	359.97	38860.14	12916.63	25540.31
2016 - 09	0.87	333.66	38278.33	12523.25	25340.36
2016 - 10	1.19	450.03	37720.34	11214.34	25922.12
2016 - 11	0.99	378.3	38110.99	12410.17	25248.92
2016 - 12	0.8	302.91	37791.78	12566.71	24792.97

资料来源：泰国统计局。

（一）非农业就业

2015 年第一季度，非农业领域的就业率增长了 1.3%，其中，制造业增长了 1.2%；建筑业增长了 1.9%；宾馆和餐馆业增长了 2.3%；运输业增长了 0.2%；教育业增长了 3.5%；批发零售业下降了 2.6%。

2015 年 7 月，非农业就业人口同比增加 69 万人。其中，建筑行业新增 17 万人；制造业新增 10 万人；运输和商品库存业、教育业新增 9 万人；批发零售业、汽车维修行业新增 8 万人。下滑最高的行业是保健和社会服务性行业，失业人数高达 3 万人。

2015 年 9 月，非农业就业人口比上年同期增加 24 万人。其中，酒店及餐饮业新增 16 万人；物流及仓储业新增 8 万人；公务员及国防业新增 7 万人；房地产业新增 5 万人；其他服务行业例如健康保健、宠物照顾服务新增 3 万人；金融及保险业新增 2 万人；保健业新增 2 万人；建筑业减少 8 万人；制造业减少 4 万人；教育业减少 1 万人。

2015 年 11 月，农业就业人口比上年同期减少 30 万人，非农业就业人口同比增加 25 万人。其中，酒店及餐饮业、教育业皆新增 10 万人；其他服务行业例如健康保健、宠物照顾、洗衣干洗服务业新增 8 万人；房地产业新增 5 万人；批发和零售业、汽车和摩托车维修业新增 2 万人；建筑业、金融及保险业、保健业皆减少 6 万人；制造业、公务员及国防业皆减少 1 万人。

2016 年，非农业就业人口 2636 万人，比上年同期增加 37 万人。其中，批发和零售业、汽车和摩托车维修业新增 24 万人；建筑业新增 18 万人；酒店及餐饮业新增 8 万人；物流及仓储业新增 7 万人；保健业新增 6 万人；其他服务行业例如健康保健、宠物照顾、洗衣干洗服务新增 6 万人；房地产业新增 5 万人；制造业减少 37 万人；教育业减少 3 万人；金融及保险业减少 2 万人；公务员减少 2 万人。

2016 年，初级管理人员和项目主管离职率达 14%，意味着他们在企业团队管理方面所遇到的压力在不断加大。

（二）农业就业

2015 年农业受旱灾影响的范围广、时间长，自年初一直到 7 月，造成农业就业率下降 5.8%。自 2014 年 10 月 20 日至 2015 年 5 月 21 日，全国共有 12364 个村庄受旱灾影响，占全国村庄总数的 16.47%，导致农业就业人口减少和农民收入损失严重。2015 年下半年，就业人数有所回升，到了 2016 年又出现明显的下跌。2016 年首季农业领域就业人数因旱灾和政府取消稻米典押计划而减少，农民收入也有较大幅度减少。2016 年 3 月农业就业人口比上年同期减少 38 万人。

政府给予农民增收提供了各种支持，泰国农业及合作社部上调对大片种植农户的贷款额度，最高为 1000 万泰铢；泰国维持和平与秩序委员会（NCPO）推进帮助农民越过中间商，以更好的价格将大米直接卖给消费者；军方帮助农民碾米和收割。2016 年 11 月，巴育总理提出 20 年新计划，打造智慧农民和现代农业，从长远角度解决农民问题。内阁同意拨出 80 亿泰铢的软贷款，鼓励部分稻农在中部种植玉米代替大米。

（三）工作时间

制造业工厂的平均工作时间减少了 2.2%，导致制造行业工作每周超过 40 小时的工人人数减少 2.4%；服务业公司的平均工作时间减少 1.8%。制造业就业人员中，从事低于学历资格工作的人数增加 24.6%，服务业此情况增加 4.6%，这种情况的出现意味着就业人员的收入减少，尤其是依靠在工厂加班以获得更多收入的人群。

（四）工资薪酬水平

2015 年，在民企就业的工人平均月收入为 1.1678 万泰铢，增加 4.1%，考虑到通货膨胀率为负增长 0.5%，实际收入增长幅度可达 4.6%，高于 2014 年同期工人薪酬增长 0.3% 的水平。农业领域与非农业领域工人的薪酬相比，农业领域工人的实际收入减少 0.3%，非农业领域工人的实际收入增加 4.7%。受干旱的影响，农产品产量大幅降低，农民月均收入约 5700 泰铢，不足非农业领域就业工人月均收入的 1.25 万泰铢的半数。

2016 年，各行业薪酬涨幅在 4.7% ~ 6%，其中零售业和医疗器材行业涨薪幅度最高，大概在 6%，而旅游行业涨薪幅度最低，仅在 4.7%。企业年终奖平价中值是 2.6 个月，较上年提高了 4.5%，其中普通职员和中层管理人员年终奖大概是年薪的 18%，即大概是 3.6 个月薪水。

（五）老年人的就业需求

依赖子女支持为主的生活来源款项呈现减少趋势，2007 年，有 52.3% 的老年人生活来源依赖子女供应，至 2014 年，此比例减至 35.7%。2015 年，有 70% 的老年人仍然有工作的需要。未来泰国社会的人口结构将发生变化，工作人口减少将成为制约国家经济增长的因素。据预测，至 2022 年，泰国社会劳务供应约为 4250 万人，但劳务需求量却为 4890 万人，缺口超过 600 万人。而让不断增加的老年人口重新就业，则可减轻这种制约因素的限制作用。

第二节　泰国对外经济

按照世界银行的标准，泰国目前已经属于中等偏上收入的发展中国家，这与泰国实行市场经济，对外开放，充分利用国际贸易，发展国际市场，利用国际资本有着深刻的关联。

一、国际收支

（一）国际收支结构

2015 年泰国国际收支为净收入 58.58 亿美元，从 2014 年的净支出转为净收入，收支状况得到改善。2016 年泰国国际收支为净收入 127.25 亿美元，同比上年增长 139%，增长部分主要来自于贸易顺差。根据 Wind 资讯年度间数据，2010～2016 年上半年，泰国各年度国际收支金额分别为 313.24 亿美元、12.14 亿美元、52.65 亿美元、-50.49 亿美元、-12.1 亿美元、58.59 亿美元、176.91 亿美元。泰国 2010～2013 年国际收支有了较大的回落，2013 年和 2014 年两个年度国际收支为负值，2015 年后泰国国际收入缓慢回升，最高值和最低值分别为 2010 年的净收入 313.24 亿美元与 2013 年的净支出 50.49 亿美元，如图 3-3 所示。

从国际收支的结构上看，2015～2016 年，泰国国际收入主要来自于贸易顺差以及经常项目中的商品与服务收益，2015～2016 年，泰国平均每月贸易顺差收入为 32.02 亿美元；泰国国际支出主要为金融投资项目，包含直接投资和组合投资，央行、政府及其他存款性公司是泰国金融项目支出的三大主体。

2016 年上半年，泰国贸易顺差进一步扩大，国际收支快速增长，上半年总和达到 176.91 亿美元。下半年贸易顺差收窄且金融项目持续大额流出，国际收支呈加速下滑态势。

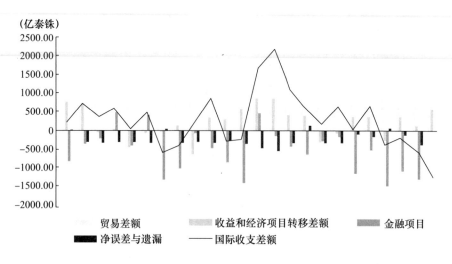

图 3 - 3　2015～2016 年泰国国际收支月度数据线柱图

资料来源：Wind 资讯。

（二）国际储备

2015～2016 年，国际储备触底回升。从图 3 - 4 可以看到，2011 年 1 月至 2016 年 1 月，泰国国际储备总额缓慢下降，最高峰处在 2011 年 4 月的 1898.83 亿美元，最低值出现在 2015 年 1 月的 1554.23 亿美元，在经过近 1 年的震荡后，2016 年泰国国际储备呈现明显回升的趋势。

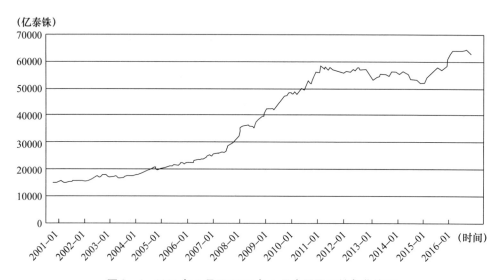

图 3 - 4　2001 年 1 月至 2016 年 1 月泰国国际储备曲线图

资料来源：Wind 资讯。

从储备结构上看，外汇储备依旧是泰国国际储备中的绝对主力，2015～2016年，外汇储备占泰国国际储备的比重呈现缓慢上升的趋势，2016年12月这一占比达到95.52%。货币性黄金是泰国外汇储备中的第二大部分，其总额在55亿～60亿美元徘徊，变动幅度较小，占国际储备的比例在3%～4%。储备头寸和特别提款权（SDR）占比和变动幅度都较小，对泰国整体国际储备水平影响较弱（见图3－5）。

■ 黄金
■ 特别提款权
■ 在IMF的储备头寸
　 外汇储备

图3－5　2016年泰国国际储备结构饼图

资料来源：Wind资讯。

（三）外债变动

2016年泰国外债总体水平高位震荡。自2005年以来外债总额逐年增长，2010年突破1000亿美元，2014年第二季度增长较快，达到1449.1亿美元。2015年以来，泰国逐渐控制了外债水平，债务总额开始呈现下降趋势。2015年第四季度，泰国外债总额已下降到1293.97亿美元，其他存款性公司外债降幅较大，2015年底其外债数额较2014年第二季度的峰值下降了76亿美元。2016年上半年，泰国外债规模略有上升，达到1338.81亿美元，比2015年末增长了44.8亿美元，增量部分主要来源于政府债务及央行债务。2016年下半年外债规模再次下降到上年末水平（见图3－6）。

在泰国外债构成中，非金融公司、家庭和非营利机构服务账户（NPISHs）是最主要的外债债务人，其占比缓慢上升，在2016年第三季度，非金融公司、家庭和NPISHs的外债占泰国外债总额的46.29%。其次是其他存款性公司和一般政府的外债，截至2016年第三季度，泰国其他存款性公司和一般政府的外债分别为313.34亿美元、217.5亿美元，占比分别为22.49%、15.61%（见图3－7）。

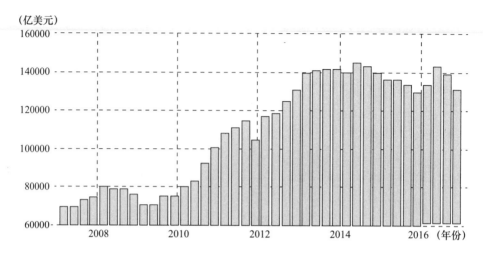

图 3 - 6　2005 年 3 月至 2016 年 4 月泰国外债总额趋势柱状图

资料来源：Tradingeconomics。①

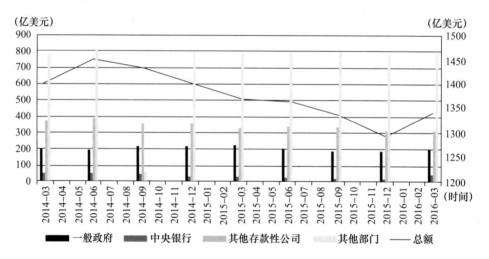

图 3 - 7　2014 年 3 月至 2016 年 3 月泰国外债持有部门结构柱状图

资料来源：Wind 资讯。

　　从债务期限结构看，2015～2016 年泰国长期外债占比稍有上升。2015 年底，短期外债 512.55 亿美元、长期外债 781.42 亿美元。2016 年第三季度末，短期外

---

① http：//zh. tradingeconomics. com/thailand/external - debt.

债 559.93 亿美元、长期外债 833.51 亿美元。从近 5 年间的区间观察，结构变化明显，短期外债占比明显下降，降幅在 5 年间达到 10%，相应的份额由长期外债填补。2015～2016 年泰国偿债水平有所提升。一方面，泰国外债占 GDP 的比重基本稳定在 30%～35%，处于稳定可控的范围内，2015 年末泰国外债占 GDP 比重为 31.81%，较上一年有小幅下降，2016 年末占比为 34.25%，较上一年有小幅上升。另一方面，国际储备与短期外债比率在 2015 年有小幅上升，至 2015 年末，此比率为 305.36%，至 2016 年第三季度，此比率为 319.41%。在还本付息数额上，2015 年泰国需承担的还本付息数额有所增长，但总额较小，当前泰国外债还本付息的压力不大，如图 3-8 所示。

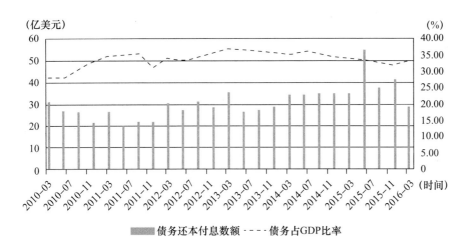

图 3-8 2010 年 3 月至 2016 年 3 月泰国外债债务率、还本付息数额线柱图

资料来源：Wind 资讯。

（四）汇率变动

2015～2016 年泰国对美元稍有贬值，这与近两年美国经济恢复良好，美元逐渐走强有关。实际上，2016 年新兴经济体最大的风险之一就是美国的加息周期，这将导致大量资金出逃甚至货币竞相贬值；2015～2016 年，几乎所有的新兴市场国家货币对美元都出现了不同程度的贬值。

2016 年，泰铢对美元汇率维持了上一年的走势，略有震荡，总体稳定在 1 美元兑 35 泰铢左右。从较长的区间观察，泰铢在 1997 年东南亚金融危机以后快速贬值，自 2001 年开始逐渐缓慢升值，经过 10 来年的时间，目前基本稳定在 1 美元兑 30 泰铢。

在泰铢兑人民币方面，2015 年泰铢对人民币汇率呈现先升后降的形态，以现钞卖出价核算，总体稳定在 1 元兑 5.4～5.9 泰铢，最高峰出现在 2015 年 10 月 2 日的 1 元兑 5.96 泰铢。2015 年下半年至 2016 年上半年，泰铢对人民币呈升值趋势，如图 3-9、图 3-10、图 3-11 所示。

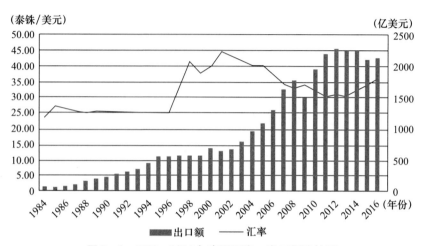

图 3-9 1984～2016 年泰国汇率、出口额线柱图

资料来源：BVD 数据库、盘古银行。

图 3-10 1994 年 1 月至 2016 年 1 月泰铢兑美元汇率走势曲线图①

资料来源：泰国央行。

---

① 数据来源于泰国央行，http：//www2. bot. or. th/statistics/ReportPage. aspx？reportID = 145&language = eng.

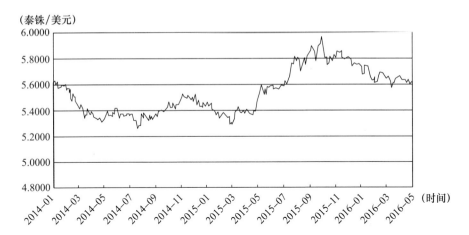

图3-11 2014年1月至2016年5月泰铢兑人民币汇率走势曲线图

资料来源：盘古银行。①

二、国际贸易

泰国是WTO的正式成员，与澳大利亚、新西兰、日本、印度、秘鲁等国家签订有双边优惠贸易安排，并通过东盟与中国、韩国、日本、印度、澳大利亚和新西兰等国签订了自由贸易区协议。

（一）进出口规模

根据BVD数据库的统计，2015年泰国进出口总规模4129.36亿美元，较2014年下降402.55亿美元，降幅达到8.88%，降幅在历史上仅次于1998年和2009年两次因金融危机而导致的下降。另根据泰国海关数据显示，2015～2016年泰国进出口双双下降，其中2015年出口2143.75亿美元，下降5.78%；进口2026.54亿美元，下降11.02%。2016年货物进出口额为4094.4亿美元，比上年（下同）下降0.8%，降幅收窄。其中，出口2136.6亿美元，增长1.3%；进口1957.8亿美元，下降3%。贸易顺差178.8亿美元，增长100.7%。从较长区间看，泰国进出口呈现阶段性上升趋势，其中1997年东南亚金融危机、2008年全球金融危机出现明显的进出口规模下降的状态。2013年后，泰国进出口开启新一轮的下降。其主要原因与全球经济仍未全面复苏、国际油价仍处在低位、全球大宗商品价格普遍较低的状况有关。2016年泰国进出口出现企稳迹象，2017年泰国进出口依旧处于筑底企稳的状态。

---

① 数据来源于盘古银行，http://www.bangkokbank.com.

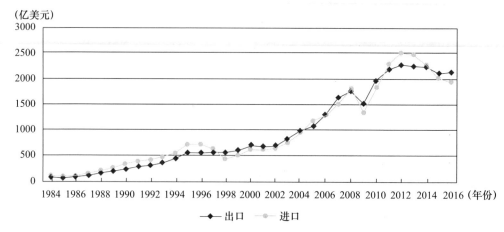

图 3 - 12   1984 ~ 2016 年泰国进出口趋势曲线图

资料来源：BVD 数据库。

从短期数据看，2015 ~ 2016 年，进出口数据在月度间波动性较小，相对比较均匀。以 2015 年 1 月至 2016 年 12 月为区间，计算得到泰国平均每月出口176.96 亿美元，进口 165.7 亿美元，进口趋势线基本处于出口趋势线下方。2016年末，泰国出口呈下降趋势，12 月出口 178.72 亿美元，进口呈缓慢回升态势，12 月进口 171.84 亿美元，较年初增长近 20 亿美元。根据泰国对外贸易指数显示，2016 年以来泰国进出口数量和价格指数均呈上升态势。

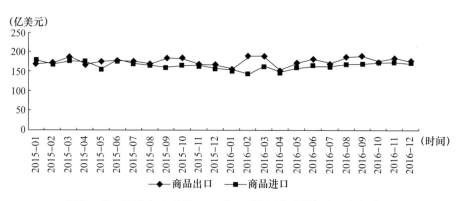

图 3 - 13   2015 年 1 月至 2016 年 12 月泰国对外贸易月度数线图

资料来源：Wind 资讯。

从贸易差额上看，2015 年进出口顺差 89.27 亿美元，扭转了上年贸易逆差的状态，2016 年贸易顺差扩大到 178.8 亿美元。顺差主要来源于中国香港地区、美国、澳大利亚等地，其中，2015 年，与中国香港地区的顺差 100.74 亿美元，较

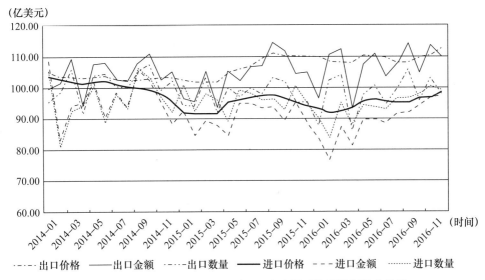

----- 出口价格　——— 出口金额　·-·- 出口数量　——— 进口价格　- - - 进口金额　········· 进口数量

图 3 - 14　2014 年 1 月至 2016 年 11 月泰国对外贸易指数曲线图

资料来源：Wind 资讯。

上年下降 10.7%；与美国的顺差 98.63 亿美元，较上年增长 9.1%；与澳大利亚的顺差 54.13 亿美元，较上年大幅上涨 43.4%；与墨西哥的顺差 20.95 亿美元，较上年增长 48.9%，为顺差来源地中增长最大的国家。中国、日本、阿联酋是泰国贸易逆差的主要来源地，其中与中国的逆差 176.01 亿美元，较上年增长 28.3%；与日本的逆差 113.76 亿美元，较上年下降 19%；与阿联酋的逆差 51.19 亿美元，较上年大幅下降 46.2%，如表 3 - 7 所示。

2016 年，与美国的顺差 122.08 亿美元，较上年上升了 23.8%，美国超过中国香港地区成为泰国最大的贸易顺差来源国；与中国香港地区的顺差 97.88 亿美元，较上年下降 2.8%；与澳大利亚的顺差 67.86 亿美元，较上年上涨 25.4%。泰国与柬埔寨、老挝等国家的贸易虽然还保持顺差状态，但顺差差额呈下降趋势。中国、日本、阿联酋、韩国是泰国贸易逆差的主要来源地，其中与中国的逆差 186.8 亿美元，较上年增长 6.1%；与日本的逆差 104.4 亿美元，较上年减少 8.4%；与阿联酋的逆差 33.47 亿美元，较上年大幅下降 34.6%；与韩国的逆差 33.02 亿美元，较上年增长 10.8%，如表 3 - 8 所示。

表 3 - 7　2015 年泰国贸易差额主要来源国　　　　单位：百万美元

国家和地区	2015 年 1～12 月	上年同期	同比（%）
总值	8927	-3057	—
中国香港	10074	11277	-10.7

续表

国家和地区	2015 年 1～12 月	上年同期	同比（%）
美国	9863	9037	9.1
澳大利亚	5413	3774	43.4
越南	4724	3850	22.7
柬埔寨	4243	3886	9.2
菲律宾	3551	3189	11.4
荷兰	3236	3521	−8.1
老挝	2703	2561	5.6
印度	2591	2510	3.3
墨西哥	2095	1407	48.9
中国	−17601	−13715	28.3
日本	−11376	−14047	−19.0
阿联酋	−5119	−9519	−46.2
中国台湾	−4031	−3586	12.4
韩国	−2979	−4092	−27.2

资料来源：2015 年泰国货物贸易及中泰双边贸易概况 ［EB/OL］．中国商务部网站．①

表 3 - 8　2016 年泰国贸易差额主要来源表　　单位：亿美元

国家和地区	2016 年	上年同期	同比（%）
总值	178.77	89.06	100.7
主要顺差来源			
美国	122.08	98.61	23.8
中国香港	97.88	100.74	−2.8
澳大利亚	67.86	54.13	25.4
越南	48.89	47.24	3.5
柬埔寨	36.64	42.43	−13.7
菲律宾	36.24	35.51	2.1
荷兰	32.07	32.36	−0.9

① http：//th. mofcom. gov. cn/article/d/.

续表

国家和地区	2016 年	上年同期	同比（%）
印度	25.34	25.91	-2.2
墨西哥	22.15	20.95	5.7
老挝	20.79	27.03	-23.1
主要逆差来源			
中国	-186.8	-176.01	6.1
日本	-104.4	-113.92	-8.4
中国台湾	-38.37	-40.31	-4.8
阿联酋	-33.47	-51.19	-34.6
韩国	-33.02	-29.79	10.8

资料来源：2016 年泰国货物贸易及中泰双边贸易概况 ［EB/OL］. 中国商务部网站. ①

（二）商品货物进口

1. 进口结构

机械设备及零配件、原油、电机及零配件、化工品、钢铁产品、汽车零配件、集成电路、钻石金银、电脑及零配件、其他废旧金属、家用电器等是泰国主要的进口商品。图 3 - 15 是 2015 年泰国进口商品结构图，其主要 30 类商品总进口额为 1797.38 亿美元，占泰国总进口额的 88.69%。从产品结构上看，机械设备及零配件、原油、电机及零配件、化工品、钢铁产品、汽车零配件、集成电路是泰国最主要的 7 类进口商品，2015 年进口额分别为 195.48 亿美元、195.21 亿美元、158.23 亿美元、131.07 亿美元、105.54 亿美元、100.05 亿美元、94.36 亿美元。其中 2015 年泰国对原油的进口额锐减，降幅达到 41.23%，主要原因是国际油价的连续走低；同样受此影响，成品油进口额降幅达到 46.34%。

机械设备及零配件在泰国进口中的权重超过原油达到 9.65%，化工品、钢铁产品、集成电路进口需求有所下滑，汽车零配件进口在多年下滑后转为增长，增幅达到 10.42%。2015 年在泰国主要进口类目中，蔬菜水果增幅最大，年增长达 25.78%。

---

① http：//th. mofcom. gov. cn/article/d/.

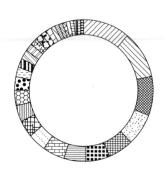

☑ 机械设备及零配件	◪ 原油
▩ 电机及零配件	▢ 化工品
⊞ 钢铁产品	⊡ 汽车零配件
▤ 集成电路	◨ 钻石、宝石、银条、金条
▭ 电脑及零配件	▦ 其他废旧金属
▥ 家用电器	▨ 植物
▦ 天然气	▢ 金属制品
▥ 塑料制品	▨ 科学工具、用具
▤ 飞机及零配件	▨ 成品油
▣ 医药品	◩ 化肥、杀虫剂
▢ 水产品	▨ 光纤、光缆
▨ 蔬菜、水果	▨ 匹布、面料
▨ 纤维、丝线	▢ 日常用品
▤ 其他资本品	▢ 纸张
▣ 船舶	▤ 二极管、半导体

图 3 - 15　2015 年泰国主要进口商品结构图

资料来源：泰国商业部、泰国海关、中国驻泰国大使馆经济参赞处。

2016 年泰国进口商品的结构，机械设备及零配件、原油、电机及零配件、化工品、钢铁产品、汽车零配件、集成电路是泰国最主要的 7 类进口商品，2016 年进口机械设备及零配件为 190.63 亿美元，同比下降 2.48%，占主要进口商品的 9.79%；进口电机及零配件 164.16 亿美元，同比上年增长 3.74%，占主要进口商品的 8.43%；进口原油 151.76 亿美元，同比上年下降 22.26%，占主要进口商品的 7.8%；进口化工品 130 亿美元，同比上年下降 0.82%，占主要进口商品的 6.68%；进口汽车零配件 106.05 亿美元，同比上年增长 5.99%，占主要进口商品的 5.45%。

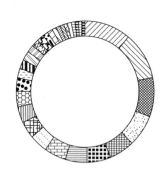

☑ 机械设备及零配件	◪ 电机及零配件
▩ 原油	▢ 化工品
⊞ 汽车零配件	⊡ 钢铁产品
▤ 集成电路	◨ 钻石、宝石、银条、金条
▭ 其他废旧金属	▦ 家用电器
▥ 电脑及零配件	▨ 植物
◉ 塑料制品	▢ 科学用具、工具
▤ 金属制品	▨ 成品油
▨ 天然气	▣ 医药品
▤ 飞机、航空器及零配件	▢ 水产品
▢ 化肥、杀虫剂	▨ 蔬菜、水果
▨ 光纤、光缆	▨ 日常用品
▨ 其他资本品	▢ 匹布、面料
▣ 半导体、二级管	▢ 纤维、丝线

图 3 - 16　2016 年泰国主要进口商品结构图

资料来源：泰国商业部、泰国海关、中国驻泰国大使馆经济参赞处。

从 7 类主要进口商品的变动可以看到，近年来泰国对原油的进口额明显下滑，主要是因为国际油价的连续走低，在进口量相对稳定的情况下，进口额随原油价格的走低而下滑，这导致机械设备及零配件在泰国进口中的权重超过原油并达到 9.79%。除电机及零配件进口额处于稳中有升外，其他品类都出现了不同程度的下降。化工品、钢铁产品、集成电路进口需求有所下滑，汽车零配件进口在多年下滑后转为增长，增幅达到 5.99%。

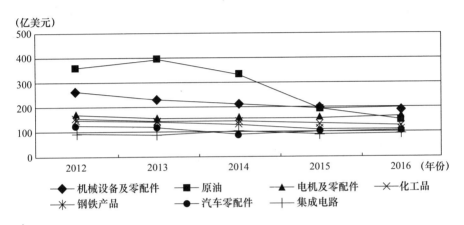

图 3 - 17　2012～2016 年泰国 7 类主要进口商品变动图

资料来源：泰国商业部、泰国海关。

2. 主要进口来源地

从进口来源地来看，2015～2016 年泰国进口商品主要来源于中国、日本、美国、马来西亚等地，中国是泰国最大的进口来源地，2015 年来自中国的进口410.65 亿美元，较上年增长 6.67%，2016 年 420.19 亿美元，较上年增长2.32%，连续 5 年正增长；其次为日本和美国，2015 年来自日本和美国的进口分别为 312.25 亿美元和 138.63 亿美元，较上年分别下降 12.03% 和 4.91%，2016年进口分别为 306.78 亿美元和 120.58 亿美元，较上年分别下降 1.79% 和13.03%，日本连续 5 年负增长，美国则不仅连续负增长，而且呈现加速的态势。如图 3 - 18 所示，2012～2016 年，2014 年中国超越日本成为泰国最大进口来源国，2015 年中国在泰国的进口权重从 16.9% 增长到 20.26%，2016 年继续增长到 21.59%。日本在泰国的进口权重从 15.59% 下降到 15.41%，2016 年进一步下降到 15.76%。

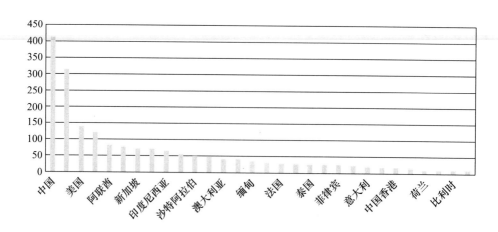

图3-18　2015年泰国进口主要来源地柱状图

资料来源：泰国商业部、泰国海关。

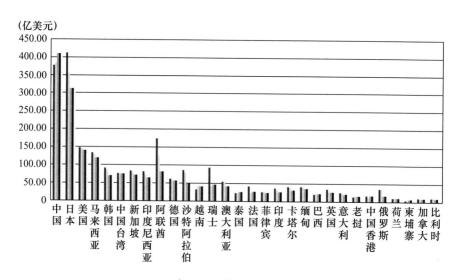

■2013年　2014年　■2015年　　2016年

图3-19　2013～2016年泰国主要进口来源地变动图

资料来源：泰国商业部、泰国海关。

（三）商品货物出口

1. 出口结构

泰国是全球重要的电子产品制造国之一，是东盟重要的汽车制造基地，汽车及零配件、电脑及零配件、珠宝首饰、塑胶粒、集成电路等商品依旧是泰国最主要的出口商品。

根据泰国商业部数据，2015 年泰国出口 2143.75 亿美元，较 2014 年下降 5.78%。[①] 从商品结构上看，汽车及零配件、电脑及零配件、珠宝首饰、塑胶粒、成品油、集成电路等商品依旧是泰国最主要的出口商品，其中汽车及零配件出口 255.92 亿美元，较上年增长 4.25%，占泰国总出口的 11.94%；珠宝首饰出口 109.95 亿美元，增长 9.07%，占泰国总出口的 5.13%；集成电路和钢铁产品出口稍有增长，但增幅不大。

2016 年泰国出口结构稍有微调，其中汽车及零配件出口 262.73 亿美元，较上年增长 2.66%，占泰国主要出口商品的 12.2%，连续 5 年正增长；电脑及零配件出口 167.60 亿美元，较上年下降 5%，占泰国主要出口商品的 7.78%；珠宝首饰出口 142.49 亿美元，较上年增长 29.6%，占泰国主要出口商品的 6.62%，其增幅是 2016 年泰国主要出口商品中增幅最大的；集成电路出口 77.17 亿美元，同比略有下降。

2016 年泰国在电脑及零配件、塑胶粒、成品油、橡胶制品和化工品等大部分产品的出口上存在不同程度的下滑，其中受成品油价格下降的影响，出口额下滑幅度最大，达到 30.91%，且连续 5 年下滑。

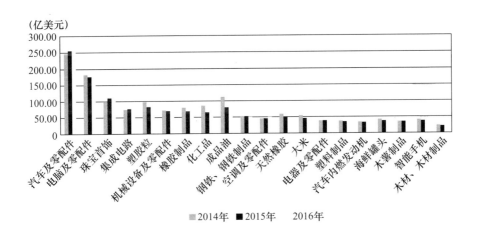

图 3-20　2014～2016 年泰国出口商品柱状图

---

① 泰国海关、泰国商业部及泰国银行提供的 2015 年泰国进出口数据稍有差别，本书根据所描述内容部分数据的翔实程度选用不同的数据来源，并会在文中注明。

表3-9　2014～2016年泰国出口主要商品表　　　　单位：亿美元

商品	出口值			增长率（%）			占比（%）		
	2014年	2015年	2016年	2014年	2015年	2016年	2014年	2015年	2016年
汽车及零配件	245.48	255.92	262.73	0.60	4.25	2.66	10.79	11.94	12.20
电脑及零配件	183.13	176.43	167.60	3.17	-3.66	-5.00	8.05	8.23	7.78
珠宝首饰	100.80	109.95	142.49	-0.05	9.07	29.60	4.43	5.13	6.62
集成电路	74.96	77.28	77.17	4.11	3.09	-0.13	3.29	3.61	3.58
塑胶粒	96.81	82.61	77.07	8.09	-14.66	-6.71	4.25	3.85	3.58
机械设备及零配件	72.17	70.67	69.68	6.33	-2.08	-1.39	3.17	3.30	3.24
橡胶制品	80.06	68.51	65.83	-5.93	-14.43	-3.91	3.52	3.20	3.06
化工品	86.02	64.07	61.07	-5.53	-25.53	-4.68	3.78	2.99	2.84
成品油	113.10	80.61	55.69	-11.15	-28.73	-30.91	4.97	3.76	2.59
钢铁、钢铁制品	52.71	53.18	51.75	-16.98	0.89	-2.69	2.32	2.48	2.40
空调及零配件	46.10	45.94	48.72	2.29	-0.35	6.05	2.03	2.14	2.26
天然橡胶	60.22	50.57	44.45	-26.87	-16.02	-12.10	2.65	2.36	2.06
大米	54.39	46.13	44.01	23.04	-15.18	-4.59	2.39	2.15	2.04
电器及零配件	39.67	38.93	39.00	-9.78	-1.87	0.19	1.74	1.82	1.81
塑料制品	37.59	36.01	37.28	6.10	-4.21	3.55	1.65	1.68	1.73
汽车内燃发动机	33.87	31.76	36.59	1.17	-6.21	15.19	1.49	1.48	1.70
海鲜罐头	43.11	37.35	36.25	-10.73	-13.35	-2.96	1.89	1.74	1.68
木薯制品	35.64	35.08	29.39	9.87	-1.57	-16.22	1.57	1.64	1.36
智能手机	40.15	36.67	28.36	3.27	-8.68	-22.66	1.76	1.71	1.32
木材、木材制品	23.14	21.68	24.59	6.13	-6.34	13.43	1.02	1.01	1.14
化妆品、肥皂、护肤品	26.14	24.50	24.20	-3.42	-6.28	-1.24	1.15	1.14	1.12
成衣	28.57	26.49	24.13	-0.57	-7.30	-8.92	1.26	1.24	1.12
砂糖	27.38	26.71	22.99	-4.27	-2.45	-13.91	1.20	1.25	1.07
传真机、电话机及零配件	18.26	18.69	20.73	4.21	2.37	10.88	0.80	0.87	0.96
鸡肉	19.08	19.81	20.46	-4.47	3.85	3.26	0.84	0.92	0.95
水果罐头	17.31	18.89	20.33	6.26	9.09	7.64	0.76	0.88	0.94
冰箱及零配件	19.32	18.46	18.84	1.80	-4.46	2.07	0.85	0.86	0.88
摩托车及零配件	17.82	16.94	16.96	-14.10	-4.94	0.15	0.78	0.79	0.79
纸张、纸制品	16.58	16.13	16.65	3.68	-2.73	3.21	0.73	0.75	0.77
新鲜水果、水果干	12.68	13.24	15.63	19.96	4.37	18.11	0.56	0.62	0.73

资料来源：泰国商业部、泰国海关。

此外，泰国2016年出口大米总量988万吨，总值约44.01亿美元，其主要竞争对手印度2016年出口大米1043万吨，超越泰国成为全球最大的大米出口国。

2. 主要出口市场

中国、日本、美国是泰国最主要的出口市场。

2015年，泰国对中国、日本、美国三国的出口分别是237.42亿美元、200.75亿美元、240.57亿美元，美国成为泰国第一大出口市场，占泰国出口权重的11.22%，中国仅次于美国，成为泰国第二大出口市场。2015年泰国对美国、澳大利亚、越南、菲律宾的出口均有一定程度的上升，但对大多数新兴市场国家的出口却都有所下降，在前十大出口市场中，出口降幅最大的是马来西亚，下降了20.17%，其次为印度尼西亚和新加坡。

2016年，泰国对中国、日本、美国三国的出口分别是238.1亿美元、244.95亿美元、205.63亿美元，美国继续成为泰国第一大出口市场，占泰国出口权重的11.38%，中国依然仅次于美国，占泰国出口权重的11.06%。泰国2016年向日本出口205.63亿美元，同比增长2.51%，为5年来首次正增长。

2016年泰国对美国、中国、日本、中国香港地区、澳大利亚的出口有一定的上升，其中对瑞士出口增幅最大，2016年泰国对瑞士出口48.48亿美元，同比增长104.28%，连续4年大幅增长；在前十大出口市场中，泰国出口降幅最大的是新加坡，下降了6.18%，其次为新加坡和印度。

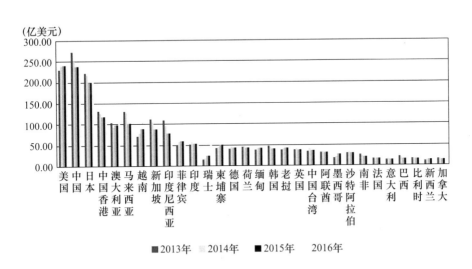

图3-21 2013～2016年泰国主要出口市场柱状图

资料来源：泰国商业部、泰国海关。

从区域合作方面看，泰国同亚太经合组织、东盟的经济联系最紧密，亚太经合组织成员国既是泰国最大的进口来源地，也是泰国最大的出口市场区域。

2015~2016年泰国从亚太经合组织成员国进口额分别达到1458.24亿美元和1436.2亿美元，分别占泰国总进口的72.2%和73.4%；其次为东盟10+6组织，进口额分别为1273.53亿美元和1269.11亿美元，分别占泰国进口总额的63.1%和64.8%，其中来自东盟10国的进口额分别为408.82亿美元和398.39亿美元，分别占总进口的20.3%和20.4%。2015年来自中国、日本、韩国、印度、澳大利亚、新西兰6国的进口总额为864.71亿美元，占泰国进口权重的42.8%。

2015~2016年泰国向亚太经合组织的出口分别是1438.15亿美元和1459.58亿美元，分别占总出口额的68.2%和68.3%；其次为东盟10+6成员国，分别为1174.61亿美元和1189亿美元，占总出口额比重保持不变，均为55.7%。

表3-10　2015年泰国对主要区域组织进出口额

国家和地区	出口额（百万美元）			进口额（百万美元）		
	金额	同比（%）	占比（%）	金额	同比（%）	占比（%）
总值	210865	-6.3	100.0	201938	-11.5	100.0
亚太经合组织	143815	-6.2	68.2	145824	-6.2	72.2
东盟10+6	117461	-6.4	55.7	127353	-5.9	63.1
经合组织	88572	-2.7	42.0	81986	-10.3	40.6
东盟10国	54233	-7.6	25.7	40882	-5.7	20.3
北美自由贸易区	27704	2.0	13.1	15384	-5.0	7.6
欧盟28国	21629	-6.5	10.3	18033	-7.6	8.9
中东15国	10191	-10.2	4.8	18458	-37.1	9.1
南亚区域合作联盟	7555	-4.6	3.6	2877	-13.6	1.4
石油输出国组织	8266	-15.6	3.9	17403	-37.3	8.6
拉美一体化协会	6483	-0.4	3.1	3746	-11.9	1.9

资料来源：2015年泰国货物贸易及中泰双边贸易概况［EB/OL］．中国商务部网站．

表3-11　2016年泰国对主要区域组织进出口额

国家和地区	出口额（亿美元）			进口额（亿美元）		
	金额	同比（%）	占比（%）	金额	同比（%）	占比（%）
总值	2136.6	1.3	100	1957.83	-3.1	100
亚太经合组织	1459.58	1.5	68.3	1436.2	-1.5	73.4
东盟10+6	1189	1.2	55.7	1269.11	-0.4	64.8
经合组织	935.55	5.7	43.8	794.85	-3.1	40.6

国家和地区	出口额（亿美元）			进口额（亿美元）		
	金额	同比（%）	占比（%）	金额	同比（%）	占比（%）
东盟 10 国	541.06	-0.2	25.3	398.39	-2.6	20.4
北美自由贸易区	285.35	3	13.4	137.14	-10.9	7
欧盟 28 国	219.19	1.3	10.3	181.96	0.9	9.3
中东 15 国	90.09	-11.6	4.2	151.03	-18.2	7.7
南亚区域合作联盟	77.2	2.2	3.6	28.39	-1.3	1.5
石油输出国组织	67.82	-18	3.2	146.72	-15.7	7.5
拉美一体化协会	66.72	3	3.1	39.41	5.2	2

资料来源：中国商务部。

三、国际投资

　　作为一个快速发展的国家，泰国拥有较好的投资环境，在吸引国际投资领域中的地位正逐步提高。2015～2016 年，泰国继续推行鼓励外商直接投资的政策，除涉及国家安全、农渔业，以及大众传媒的项目外，其他行业均允许外商投资。2015 年泰国吸收外资流量为 108.45 亿美元，年底吸收外资存量为 1754.42 亿美元[①]。2016 年全年泰国吸收外资流量 5843.5 亿泰铢，约为 166 亿美元[②]。1 月、2 月、3 月、

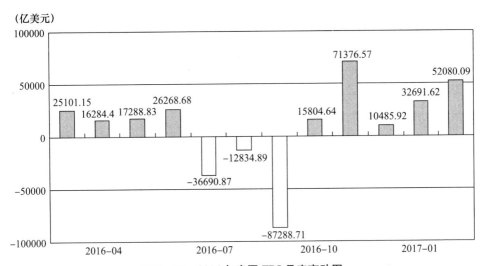

图 3-22　2016 年泰国 FDI 月度变动图

资料来源：Tradingeconomics。[③]

①②　联合国. 2016 年世界投资报告［R］.

③　http：//zh. tradingeconomics. com/thailand/foreign - direct - investment.

4月、8月外资呈净流入状态，5月、6月、7月、9月呈净流出状态；其中7月单月流出872.89亿泰铢、9月单月流入713.77亿泰铢。

2016年，泰国投资促进委员会（BOI）收到申请促进投资项目共计1546项，总投资额为584.35亿泰铢，高于550亿泰铢的预期目标，项目数比2015年同期增加56%，投资额比2015年同期增加196%。在所收到的投资申请中针对产业集群的投资占了51%，这反映了投资者信心的增强以及看好相关产业集群持续增长的趋势。

具体产业投向：汽车和零配件，投资额为88.511亿泰铢；家电和电子产品，投资额为64.918亿泰铢；石油化工，投资额为46.986亿泰铢；农业，投资额为45.892亿泰铢；旅游业，投资额为21.398亿泰铢；医疗产业，投资额为7.8亿泰铢；数字产业，投资额为5.173亿泰铢。

2016年BOI共审批许可项目1688项，投资总额为861.34亿泰铢，其中既有2016年前申请的项目，也有当年度申请的项目，这些项目预计将会在此后的1～2年落地，给泰国带来1.39万个就业机会，创造约697亿泰铢的国内消费以及877亿泰铢的出口额。到泰国投资居前三位的国家分别是日本、新加坡和中国。

（一）净申请国外投资

根据泰国投资促进委员会数据，2015年泰国接收国外投资项目净申请个数559个，较上年减少1014个，降幅达64.4%。其中100%国外投资项目387个，同比下降56.9%，来自东盟国家的申请项目100个，同比下降45.7%。2015年泰国接收国外投资净申请金额1065.4亿泰铢，同比减少9164.56亿泰铢，降幅达89.58%，其中100%国外投资申请金额568.9亿泰铢，同比下降86.7%，来自东盟国家的投资申请金额351.7亿泰铢，同比下降64.7%。主要原因受2014年政治环境不稳的影响。

2015年净申请的559个项目中，主要来自日本、中国、新加坡等地。其中，日本净申请168个项目，占比30.54%，申请投资金额304.62亿泰铢，占总金额的28.59%。中国净申请111个项目（其中香港地区29个、台湾地区24个），占比19.86%，投资金额193.03亿泰铢，占总金额的18.12%。新加坡净申请82个项目，占总项目的14.67%，投资金额181.22亿泰铢，占总金额的17%。

此外，印度尼西亚申请项目2个，但投资金额为157.37亿泰铢，占总金额的14.77%。美国申请项目20个，投资金额69.78亿泰铢，占总金额的6.55%。同比上年，来自日本和欧盟的投资出现了大幅度下滑，降幅在80%以上。

2016年泰国接收国外投资项目净申请个数908个，同比增加371个。其中100%国外投资项目298个，同比增长229个。2016年泰国接收国外投资净申请金额3010.13亿泰铢，同比增长2049.36亿泰铢，增幅达到213.3%，其中100%

国外投资申请金额 1705.92 亿泰铢，增幅明显，主要原因受政治环境稳定和投资政策优惠的影响。

2016 年净申请的 908 个项目中，主要来自日本、中国、新加坡等地。其中，日本净申请项目 264 个，申请投资金额 574.66 亿泰铢。中国净申请项目 183 个（其中香港地区 37 个、台湾地区 42 个），投资金额 593.54 亿泰铢。新加坡净申请项目 107 个，投资金额 372.28 亿泰铢。

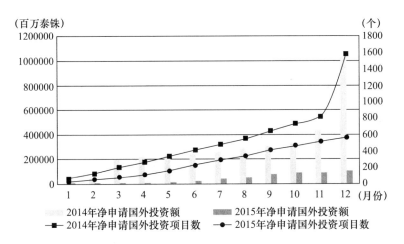

图 3 - 23　2014 ~ 2015 年泰国净申请国外投资线柱图

资料来源：泰国投资促进委员会 BOI[①]。

（二）已获批国外投资

2015 年泰国已获批准的国外投资项目 1151 个，比上年增加 239 个，增长 26.2%，其中 100% 由外资投资的项目 698 个，比上年增长 18.5%。获批申请的投资金额 4936.9 亿泰铢，同比微增长 2.1%，其中 100% 由外资投资项目的投资金额为 2358.5 亿泰铢，同比上年下降 11.79%。月度间，每月新增获批项目数和投资金额较均匀，无太大波动。

已获批申请国外投资中，主要来自日本、美国、中国和东盟国家，其中日本依旧是对泰国投资的主力。2015 年日本获批申请项目 451 个，占总项目数的 39.18%，投资金额 1489.64 亿泰铢，占总投资金额的 30.17%。中国获批项目 81 个，同比增长 102%，投资金额 281 亿泰铢，较 2014 年下降 26.5%。

2016 年泰国已获批准的国外投资项目 925 个，比上年减少 226 个，其中 100% 由外资投资的项目 594 个，比上年减少 104 个。获批申请的投资金额

---

① http：//www.boi.go.th/index.php? page = form.

3581.09 亿泰铢，其中 100% 由外资投资项目的投资金额为 1392.1 亿泰铢。月度间，每月新增获批项目数和投资金额较均匀，无太大波动。

已获批申请国外投资中，主要来自日本、美国、中国和东盟国家，其中日本依旧是对泰国投资的主力，获批申请项目 284 个，项目数下降幅度较大，投资金额 795.99 亿泰铢。中国获批项目 184 个（其中香港地区 32 个、台湾地区 46 个），投资金额 704.01 亿泰铢。

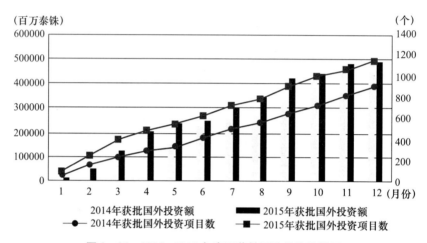

图 3 – 24　2014～2015 年泰国获批国外投资线柱图

资料来源：泰国投资促进委员会 BOI①。

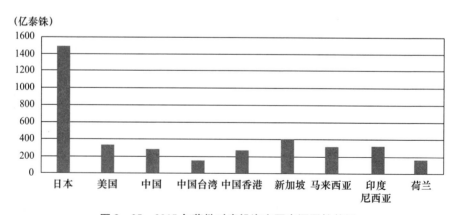

图 3 – 25　2015 年获批对泰投资主要来源国柱状图

资料来源：泰国投资促进委员会 BOI②。

①② http：//www.boi.go.th/index.php? page = index.

（三）已发放促进投资证书国外投资

2015 年泰国通过增加发行促进投资证书缓解 2014 年因政治原因导致的外国投资下滑。2015 年已发行促进投资证书项目 901 个，同比增长 6.37%，其中纯外资项目 595 个，同比增长 12.9%；来自东盟国家的投资项目 135 个，同比增长 28.6%；来自中国的投资项目 47 个，同比增长 30.6%。在投资金额上，获得促进投资证书项目涉及投资金额 3485 亿泰铢，同比增长 11.04%，其中纯外资项目涉及金额 1747 亿泰铢，同比增长 20.9%，来自东盟的投资金额增长 280%，来自中国的投资金额减少 24.4%。

（四）外资吸引力

过去 10 年中，泰国国际投资竞争力指数排名保持在第 25～第 33 位[①]。2015 年泰国排名全球第 30 位，比上年滑落 1 个名次，在东盟诸国中位列第三，次于新加坡的全球第 4 名和马来西亚的第 14 名。新加坡、马来西亚、中国台湾、日本、中国及韩国等国家和地区的排名一直优于泰国，印度尼西亚的排名也在不断的提高。泰国在基础设施项目的竞争力与其他项目相比退步最大，教育、健康、环保等项目的排名指数也在多个项目之后。

泰国投资经营环境的优良程度处于中等水平，其优势主要在于政府的财政措施和财政基础，其社会结构、社会准则，以及与企业经营相关的法律法规的排名有所下降。泰国最低日薪标准的上调超过了同地区的越南、印度尼西亚、印度及中国等国家，导致价格方面的排名自 2011 年以来同样出现后退。从投资税务和投资环境方面来看，泰国的税务政策与亚洲地区其他国家差别不大。[②]

（五）主要投资政策

泰国继续推行鼓励外商直接投资的政策，除涉及国家安全、农渔业，以及大众传媒的项目外，其他行业均允许外商投资。根据有关法规，外商在特定行业如电讯、银行或保险的持股量比重仍受限制。在泰国，泰国投资促进委员会是负责推进投资的主要政府机构，为了吸引外商直接投资，该委员会推出多项税务优惠，包括免除企业所得税 13 年；在免税期后可减税 90%，为期 10 年；双重扣减交通费、电费和水费；减免 25% 的设施安装或建造成本；若进口原材料或基本物料用作制造出口货物，可免除进口关税。这些优惠适用于 7 个领域，即农业和农产品；矿业、陶瓷和基本金属；轻工业；金属产品、机械和运输设备；电子产品和电动设备；化学、纸和塑料；服务业和公用事业。

2015 年，泰国投资促进委员会制订了"七年投资促进战略（2015～2021）"，借以推动高增值产业、投资集群、边境地区的经济特区以及泰国海外投资，提升

---

① 瑞士国际管理发展学院（International Institute for Management Development, IMD）的数据。

② 中华人民共和国驻泰王国大使馆经济商务参赞处. 泰国的外国直接投资近况及趋势［Z］.

国家竞争力。根据新的投资促进策略，泰国将向投资者提供税务优惠及非税务优惠（例如保证或保护措施）。外商投资于高科技和创意产业、有助发展数码经济的服务业、善用本土资源的行业等，予以优先考虑。外资主要投资领域为：电脑、电子及光学产品制造业。①

四、国际经济及相关合作大事

（一）澜沧江—湄公河合作机制

被誉为"东方多瑙河"的澜沧江—湄公河发源于中国青藏高原，依次流经中国、缅甸、老挝、泰国、柬埔寨、越南六国，养育着大湄公河次区域3亿多民众，是连接六国的天然纽带。澜沧江—湄公河区域山水相连，人文关系密切，合作基础深厚，领域广阔，潜力巨大。大湄公河次区域国家与地区的交通状况正在改善，中方已出资10亿美元用于支持该区域互联互通建设。

2015年4月6日，首次澜沧江—湄公河（以下简称澜—湄）对话合作外交高官会在北京举行，会议主题是"六个国家，一个命运共同体：建立澜—湄对话合作机制，促进次区域可持续发展"。澜—湄合作机制已得到相关六国的共识，各国希望加强次区域国家的政治互信、经贸合作和社会人文交流，促进次区域的可持续发展。2015年8月21日，六国在泰国清迈举行了第二次高官会（唐奇芳，2016）。

2015年10月中下旬，由中国前驻泰国大使张九桓、前驻柬埔寨大使张金凤率领的"澜—湄合作机制专家媒体交流团"分别赴泰国、缅甸、越南、老挝、柬埔寨五国进行考察交流，期间与五国的官员、学者、媒体人士以及中资企业代表广泛接触、深入对话，宣介即将建立的"澜—湄机制"的基本情况，听取这些国家的关切与建议，为首次"澜—湄机制"六国外长会营造了良好气氛（郑玮娜、王晖余，2016）。

2015年11月12日，澜—湄合作首次外长会议在云南省景洪市召开，会议讨论了"澜—湄机制"的目标、重点领域及早期收获项目，一致同意正式启动"澜—湄合作"进程，宣布"澜—湄合作"机制正式建立，并发表了《澜沧江—湄公河合作首次外长会联合新闻公报》。这个机制最大限度地聚合了沿岸国家的共同利益，有助于加强相互间的政治互信，推动本区域不同发展程度的经济体之间资源互补、平衡发展，促进务实合作，增进相互了解，实现互惠共赢，成为打造中国—东盟命运共同体和亚洲命运共同体的重要依托。

---

① 泰国市场概况［EB/OL］. HKTDC, http：//emerging - markets - research. hktdc. com/business - news/article/% E4% BA%9E% E6% B4% B2/% E6% B3% B0% E5% 9C% 8B% E5% B8% 82% E5% A0% B4 E6% A6% 82% E6% B3% 81/mp/tc/1/1X000000/1X003IMW. htm.

2016 年 3 月 23 日，澜—湄合作首次领导人会议在中国海南三亚召开，会议的主题是"同饮一江水，命运紧相连"。中国国务院总理李克强、泰国总理巴育、柬埔寨首相洪森、老挝总理通邢、缅甸副总统赛茂康和越南副总理范平明出席，共商澜—湄合作发展大计。

2016 年是澜—湄合作机制的开局之年，也是中国与东盟建立对话关系 25 周年，澜—湄六国通过澜—湄合作机制确定从互联互通、产能合作、跨境经济合作、水资源合作、农业和减贫合作五个方向优先推进，如改进六国之间的"软硬连通"，这既包括在硬件上加快构建公路、铁路、水路、港口、航空、电网、电信、网际网路等基础设施网络，也包括促进各国之间的文化沟通和民心相通（卢光盛、金珍，2015）。

泰国是"澜—湄机制"的最早倡议方。澜—湄流域经常发生旱涝灾害，泰方几年前建议流域六国就水资源开发与治理问题进行合作。中方认为，单纯就水资源设立机制合作领域较窄，顺势提议建立涵盖各领域合作、由六国共同主导的机制，获得其他五国积极响应。2014 年 11 月，在缅甸首都内比都召开的第 17 次中国—东盟领导人会议上，中国国务院总理李克强发表讲话时指出，为促进东盟次区域发展，中方愿积极响应泰方倡议，在 10＋1 框架下探讨建立澜沧江—湄公河对话合作机制。

随着互联互通不断取得实质性进展，大湄公河次区域国家间实现铁路、公路以及海陆联运的无缝连接指日可待，区域合作也将继续深化。中泰两国在经贸、金融、投资等方面有着坚实的合作基础，并在这一合作机制中发挥着重要的作用。中泰两国正在拟建的铁路将贯穿泰国南北，深入大湄公河次区域，预期将带来庞大经济效益（储殷，2015）。与此同时，泰中两国政府及时修订相关法规条例，积极鼓励两国间经贸、金融、投资等方面的往来合作，促进了两国经贸的蓬勃发展。

（二）欧盟取消对泰国的普惠制关税（GSP）待遇

普惠制，即普遍优惠制（GSP），是一种关税制度，是指工业发达国家对发展中国家或地区出口的制成品和半制成品给予普遍的、非歧视的、非互惠的关税制度。欧盟普适性优惠关税制度（GSP）的新标准于 2014 年 1 月 1 日起正式实施。根据新的标准，被欧盟认定享有 GSP 开发中或低度发展之国家，若连续 3 年被世界银行列入"高收入"（人均国民所得在 12476 美元以上）或"中高收入"（人均国民所得在 4036 美元及 12476 美元之间）的国家，则将自动取消 GSP 优惠待遇。

根据欧盟最新公布的 978/2012 号规定，中国、厄瓜多尔、马尔代夫以及泰国 4 个国家被列为取消 GSP 优惠待遇的国家。因为根据世界银行的报告，自

2011～2013年，以上国家收入已经达到中高收入国家水平。

此外，欧盟规定被取消GSP待遇国家有1年的适应期，自2015年开始，泰国不再享受GSP待遇，这将对泰国出口欧盟产生一定的负面影响，根据泰国海关数据，2015年1～12月泰国对欧盟28国出口216.29亿美元，同比下降6.5%。

（三）美延长对泰GSP待遇

2015年7月泰国商务部表示，美国批准延长泰国普惠制关税（GSP）4年零5个月，泰国食品、陶瓷制品及卫生洁具等出口商将受益。

（四）泰日加强合作

泰国是日本21世纪以来的五大投资目的地之一，是泰国第二大贸易伙伴。日本是泰国最大的外商投资来源国，2015年泰国和日本在经济领域进一步加强合作，泰国总理对日本进行了国事访问，并签订了铁路建设和促进投资的相关文件。此外，泰国还充当日本投资者促进第三市场贸易的跳板，两国在农业和制造业的技术转移方面保持着合作。

（五）泰国老挝加强发展边境贸易

泰国、老挝两国同属东盟国成员，且两国有着漫长的边境线，近年来双边经贸合作逐步深化，2014年泰国成为老挝最大的贸易伙伴。2015年泰国、老挝两国同意设立全方位推进经济合作的机制——双边联合委员会，期望依次大力推进双边的贸易、投资、物流、零售与批发和服务的更大增长。双方还签署了关于开展贸易、投资、旅游、泰方在老挝沙湾舍诺边境经济特区设立医院等4份合作备忘录，并定下目标，在2015～2017年的3年内将双边的边贸总额翻1.5倍。

（六）泰印升级经贸合作关系

印度是泰国重要的贸易伙伴之一，泰国出口印度的商品主要有化工产品、塑料颗粒、珠宝和首饰、铁、钢及其产品、发动机、汽车及其配件和制品、空调及其配件和零配件、电视接收器及其他设备、橡胶等。主要从印度进口的商品有化工产品、机器和配件、银和金条、汽车零配件和设备、珠宝钻石、其他金属、农产品和农作物、船和水上建筑设备、铁、钢材以及成品油。两国计划提升双边经贸合作的等级和深度，正在加速泰印自贸区谈判的进程。

（七）泰国伊朗合作

2015年4月，伊朗与伊核问题六国、欧盟就全面解决伊核问题达成框架协议，伊朗同意收缩核活动，美欧同意在核查后解除制裁。随着对伊朗制裁的解禁，伊朗巨大的市场暴露在世界面前，泰国总理在与伊朗外长会谈时表示双方应扩大各方面特别是经贸的合作，双方在大米、农产品、廉价优质食品、旅游、投资等方面合作意愿强烈。

（八）中老泰推进三国跨境运输便利化

2016年6月12日，GMS（大湄公河次区域）现代物流产业合作论坛暨GMS

物流行业合作委员会第四次会议在昆明举行。会议期间，云南跨境运输与国际物流协会、老挝物流集团、泰国运输与物流协会联合签署了旨在创新多国间物流行业组织合作模式、推动三国跨境运输便利化的《合作框架协议》。

（九）泰缅加强合作

2016 年 6 月 24 日，泰国总理巴育在与缅甸国家顾问昂山素季的会晤中，双方就劳动力合作等方面展开深入讨论，签署了劳动力合作备忘录、劳动力雇佣协定和跨境协定的合作协议。

（十）逐渐放开市场准入

如果非东盟成员国的企业和个人目前已在其他东盟成员国经营，而且到泰国投资是其区域拓展计划的一部分，泰国将对其开放受限制的农业、渔业、林业、矿业和工业 5 个行业的投资许可。

2016 年泰国对外发布了商业银行、外资银行代表办事处、人寿保险和非人寿保险 4 类业务获豁免《外商经营法》的外商经营许可证规定。

第四章　泰国国家安全

泰国实行义务兵役制，服役期 2 年。国家武装力量为"泰国皇家军队"，泰王国宪法规定："国王为武装部队最高统帅。"自 19 世纪中叶起，泰国即开始仿效西方国家建立现代的陆、海、空三军，目前三军总兵力约 37 万人，预备役 5 万人。其中陆军 24.3 万人，分为四个军区，辖 7 个步兵师、2 个装甲师、2 个特战师、2 个炮兵师等共 18 个师；海军 7.96 万人（包括海军航空兵和海军陆战队），编为 1 个作战舰队、1 个陆战队司令部、5 个海军基地，在东南亚国家中是唯一拥有直升机航母的国家；空军 4.71 万人，编为 4 个航空师、11 个飞行大队；预备役部队建制为 4 个步兵师。此外还有警察 18.7 万人①。

泰国南部的分离主义历史悠久，派系复杂，是泰国国家安全的重要隐患。就目前来看，国际恐怖分子与泰国境内的分离主义分子暂时未现合流的迹象，但从长远来看，泰国未来的反恐局势不容乐观。

第一节　泰国传统安全

一、泰国现代军队的发展简史

泰国皇家军队的前身为暹罗王国军，从 19 世纪中叶开始，暹罗军队随着整个国家的维新运动走向近代化，成为一支东南亚地区实力强劲的武装力量，也为泰国大半个世纪的军人政权统治史埋下了伏笔。

拉玛五世对泰国进行的改革是亚洲近代史上最负盛名的改革之一，其中对泰国军队实施的改革，主要是向西方国家学习，借助西方先进的军事训练理论方法

---

① 泰国方面到底有多少军队［EB/OL］. 百度网，http://zhidao.baidu.com/question/651696275638666805.html，2016 - 12 - 18.

以及精良的武器装备，着重改革泰国军队的建制和装备，提高泰军的作战能力。

泰国最初实行的是临时募兵制，遇有战事了才临时招募兵士，因而军队普遍缺乏基本训练，战斗力较为低下，而且没有统一的指挥机构和规章制度，军权分散，常常是对外难以抵御强敌的入侵，对内不能有效地镇压国内叛乱。

为了改变泰国军队上述软弱、落后的面貌，拉玛五世采取了以下措施：

（1）1887 年建立陆军部，加强对军队的统一指挥；

（2）1905 年，颁布征兵令，改募兵制为征兵制；

（3）聘请欧洲军事教官训练泰国军队；

（4）增加军费，购买欧洲先进的武器装备；

（5）每年派遣军事留学生去国外留学；

（6）创办陆军、海军军事院校，培养军事人才。

拉玛六世哇栖拉兀本人就曾被送往英国桑赫斯特皇家军事学院学习，并在英国军队中服过役，1902 年被任命为国王卫队长和国家警察总监。1910 年继位后，拉玛六世沿着其父亲走过的道路，继续推进各方面的军队改革。

基于亲身的军旅经历，拉玛六世尤为重视军事方面的革新，深知要巩固和加强君主政权，必须加强军事力量建设，并使之牢牢地掌握在自己的手中的道理，因此，他在泰国创建了"猛虎团"和"童子军"，前者由其本人亲自训练，以培养团员"热爱民族、忠于国王、崇敬佛教"的信念，后者则是仿照英国军队模式建立的准军事力量。拉玛六世还创建了泰国空军，拉玛六世在位期间，泰国的各军兵种力量得到很大程度的提升。

1918 年，拉玛六世还曾派出由机动运输部队、医护、飞行员组成的 850 人规模的远征军加入协约国一方，参加第一次世界大战，在战后获得战胜国待遇，极大地提高了泰国的国际地位（虞群，2010）。

泰国近代以来的历代国王为维护泰国主权独立和领土完整，均在军事改革方面进行了长期不懈的努力，采取了很多得力措施，对泰国近现代历史的发展产生了极为深远的影响。

这些措施有力地推动了泰国国家军事力量的发展，使泰国的军事实力得到了较大程度的提高。到 19 世纪末，泰国新建的军队总计有 3 个骑兵团、2 个炮兵团和 8 个步兵团，1877 年，泰国军队总兵力达 1.5 万人。海军也初具规模，拥有两艘各备有 8 条枪炮、100 匹马力的小型护卫舰，若干艘炮艇和卫岸快艇；一艘小型"蒙固"号巡洋舰和一艘"却克里"号巡洋舰以及一艘 2400 匹马力、配有四挺 0.47 英寸口径机枪和可发射六磅重炮弹的八门大炮的战列舰①。1910 年，泰

---

① 中山大学东南亚史研究所．泰国史［M］．广东人民出版社，1987：194.

国军队已达到 10 个师的建制，其力量可与法国在印度支那的军事力量相衡，法国军官也承认，泰军是"一支真正的现代化军队"①。

上述改革措施也为泰国军人成为泰国政治舞台上一支独立的力量发挥了重大作用，奠定了基础。

创办高等院校培养军事人才及文职人员，使军人集团成为了社会各阶层中文化素质最高、精英人才最多的一支力量。拉玛五世先后于 1885 年、1904 年在曼谷创办了泰国的陆军学校和海军学校，在办学的几十年内，就为泰国培养了近千名接受了良好教育的高素质军官。此外，拉玛六世为提高军政人员素质，还进一步开办了各级教育事业，大力培训各类人才，如 1916 年创办的文职官员学校和朱拉隆功大学，为泰国培养了大量的精英人才，朱拉隆功大学至今仍在泰国高校排名中名列前茅。在经济落后、工业水平低下的泰国社会，接受了良好高等教育的泰国精英阶层也大多选择进入军队工作。

拉玛五世执政期间，每年派遣数十人去国外接受军事训练，在英国、德国、丹麦、俄国以及奥地利、法国、意大利和日本的军队中实习，之前有机会被派遣者大多为王室贵族子弟。拉玛六世执政期间，则进一步增加了从平民子弟中择优录取出国留学生名额。这些留学生在国外学习期间，既学到了国外先进的科学文化，又接触了西方民主思想，一旦接受了西方民主理念，学成回国以后，自然地就成为引领泰国社会变革的一支力量，成为日后泰国军人集团长期积极执政的人力资源。

近代泰国历代君主出于巩固自身统治、抵御外侮的需要，大力扶植军队力量，从而使泰国军人集团逐渐成为泰国政坛上一支最强大、最具组织性、文化层次最高和视野最广阔的政治力量。当泰国封建统治者为实现自身目的不断加强军队建设时，西方民主思潮的广泛传播以及泰国上层社会与下层社会不可调和的矛盾，反而使封建统治者精心培育的精英阶层成为推翻封建君主专制的领导力量和封建王朝的掘墓人。

根据泰国的相关法规，只有王室成员才能被授予中将以上军衔，这就意味着平民出身的中下层军官通往上层之路已被封死。这对于那些接受了良好教育、胸怀抱负的中下层军官无疑是一道永远不可逾越的鸿沟。20 世纪初，正是西方资产阶级民主思潮广为传播之时，接受了民主思想的中下层军官大多希望实行国家宪政，改变现实状况，实现人生抱负。

1911 年 3 月，泰国警方破获了一个自称"罗梭 130"的反政府秘密组织试图发动政变，推翻君主专制政体，建立君主立宪制甚至是共和制国家。警方共逮捕

---

① 梁志明. 殖民主义史（东南亚卷）［M］. 北京大学出版社，1999：421.

了 92 名"罗梭 130"成员，其中 80% 都是年龄在 20～25 岁的军人①。此次政变虽然流产，但可被视为军人集团为实现自身目标的初次尝试，意味着当时军人集团的利益与泰国绝对君主制之间的矛盾已经到了非常尖锐的程度。

1929～1933 年，爆发了席卷全球的经济危机，已被纳入世界资本主义体系的泰国未能幸免，工农业生产停滞不前，国民生活每况愈下，甚至连中下层政府官员和军官的生活都遭受了巨大的影响，深受简政、裁员、减薪、增税的威胁，其不满情绪日益滋长。

经济危机的持续使得泰国社会潜在的各种矛盾不断尖锐化，要求改变君主专制政体的呼声越来越高，最终导致了泰国君主统治的政治危机。1932 年 6 月 24 日，在由知识分子、青年军官、中小官吏和一些与统治者有矛盾的高级官员组成的"民党"的领导下，爆发了一场旨在推翻泰国数百年的君主专制、建立君主立宪制的革命。

在这次革命斗争中，少壮派军人发挥了决定性作用。1933 年 6 月，民党推举在党内拥有崇高威望又手握兵权的披耶帕宏出任内阁总理，在当时的社会条件下，泰国的军人政权并未真正形成。披耶帕宏上台以后，从政治、经济和军事等方面采取各种措施和手段，巩固军人集团地位，为泰国日后走上军人独裁统治铺平了道路。

披耶帕宏执政期间（1933 年 6 月至 1938 年 12 月），泰国政变迭起，内阁几经更替，在混乱的局面下，于 1932 年革命及与保皇派斗争中屡立奇功的銮披汶羽翼渐丰，政治地位日益加强。1938 年的大选使以銮披汶为首的军人集团在议会中占据了优势地位，銮披汶当选为政府总理。銮披汶执政意味着少壮派军人取代元老派军人执掌政权，军人政权首次得到确立。

泰国军人政权得以确立，主要有以下几方面原因：其一，确立的议会民主制空有其壳，不能有效地解决泰国内部的政治纷争。由于泰国近代民族工商业发展缓慢，直到 1932 年革命，泰国依然是一个传统的农业国家，国家经济命脉掌握在贵族高官等少部分人手中，资产阶级没有在国民经济中起主导作用，资产阶级议会民主制与当时泰国的政治经济状况严重脱节。面对接踵而来的政治危机，议会民主制无能为力，从而使得军人集团这支最强有力的政治力量轻易地占据了政治领导地位。其二，政党制度未能真正建立。1932 年革命后，领导革命的民党由于其内部派系斗争及其自身较低的组织程度，未能进一步发挥其应有的政治功能，为军人集团的掌权提供了便利。其三，銮披汶军人集团的政治纲领迎合了泰国社会各阶层的需要。銮披汶在担任国防部长期间，利用泰国国内民族主义高涨

---

① 中山大学东南亚史研究所．泰国史［M］．广东人民出版社，1987：235.

的形势，公开宣称泰国应摆脱对英国的依赖，仿效日本、德国法西斯国家的军人专政，建立"强有力"的政府，受到了当时相当一部分人的支持。

銮披汶军人集团执政地位的确立，是泰国近代社会发展的结果，是符合当时泰国国情的一条道路，为日后军人集团长期执政奠定了基础。此后，军事政权历经"二战"，至冷战时期达到高峰，最终在20世纪90年代初期的"第三波民主化浪潮"当中成为强弩之末。然而令人扼腕的是，在经历了20年失败的民主化转型之后，泰国在2014年再次进入军政府执政时期，泰国军人对泰国的塑造史仍远未有穷期。

二、泰国军队编制与综合战力

（一）泰国军队概况

泰国皇家军队以皇家陆军为绝对主力，除了象征性的"三军最高统帅"外，陆军总司令实际上掌握最高军事实权。现任陆军总司令提拉差上将，在政治上就与巴育属同一派系。

泰军常驻各地的基本军力包含10个步兵师、3个轻装甲师、4个工兵师，及第31伞兵团。建制上，泰军以国土四个大区为界限，划分为四大军区：第1军区（中部地区），下辖第1步兵师、第2步兵师、第9步兵师、第11步兵师、第2骑兵师（轻装甲师）、第1工兵师、第31游骑兵团（隶属于陆军的伞兵部队）；第2军区（东北部地区），下辖第3步兵师、第6步兵师、第3骑兵师、第2工兵师；第3军区（北部地区），下辖第4步兵师、第7步兵师、第1骑兵师、第3工兵师；第4军区（南部地区），下辖第5步兵师、第15步兵师、第4工兵师。

此外，泰国还拥有包括9个步兵师、1个重装甲师、3个骑兵师（轻装甲师）、1个特种兵（第1伞兵师，以小单位训练及装备进行伞兵作战）、1个野战炮兵师、1个防空炮兵师、8个独立步兵营、3个空中机动连（提供地面作战部队战场支援）在内的战术机动部队。全军总兵力37万人，实行义务兵役制。①

（二）泰国警察机构概况

泰国皇家警察是主要的执法维安机构。1860年拉玛四世皇蒙固大帝成立"暹罗巡逻局"，首创现代泰国警察体系，1998年改组为泰国警察总署，成为直属泰国总理的部委级机构，全国警察力量约为18万人。

泰国警察系统，参照军队建制，共划分为14种警衔，最高警衔为"警上将"。其警队高级警官均毕业于1901年建立的皇家警察学院，警方高层内部普遍存在以毕业年级为基础的派系划分现象。现任警总长节贴警上将，政治立场偏向

---

① 泰国皇家武装力量官网，http：//www.schq.mi.th/EN/vision_mission.htm.

中立，与巴育政府合作密切。

在执法分工上，警队原则上分为"中央调查局"及"中央征缴局"两大分支，理论上实行调查与缉捕分离的人事原则，但在实际工作中人事分工并不明确。

（三）军警体系的实际掌控能力及内部冲突

泰国自 1932 年君主立宪制革命至今已有 80 余年，在此期间的大部分时间里，均处于"军事独裁"的模式下。泰国军方素有"监国干政"的传统，80 余年里共发动了 18 次政变，在 1992 年之前及 2014 年之后，泰国军方掌控着国家大权，对社会各方面具有极强的控制能力，是泰国历史上以及当下实际的执政机构。

由于泰国军队在历史上过于强势，因此泰国君主和历届的文官总理，都有意将泰国警队培养成一个抗衡军方强权的"准军事力量"。尤其在前总理他信执政期间，泰国警队在资金、权限、装备和政治地位等各方面均得到了爆发式扩张，首次拥有武装直升机、装甲车等重型装备，并成立了专属的情报机构，与军队之间矛盾逐渐加深。

巴育军政府上台后，开始调整泰国警队，将首都地区警队高层全部更换，连续任命 2 名"亲军方"的警总署长，并将前任的警察中央调查局局长及其党羽送入监狱，基本完成了对泰国警队的改造，由此警方对社会局势的掌控能力已大不如前。然而即便如此，泰国警队内部存在着仍有相当部分持不同意见，军警之间的矛盾仍然存在。

第二节　泰国非传统安全

一、泰国涉恐组织概况

泰国国内近年来涉及暴力袭击的政治团体，主要为"泰南极端分离主义团体"和"他信政治集团旗下红衫军"。其中，泰南分离主义历史悠久，派系复杂，暴力袭击频仍是泰国国家安全的重要隐患。

（一）南部分离主义的历史成因

泰国南部三府（北大年、陶公、也拉）原为信奉伊斯兰教的"北大年苏丹国"故地，1786 年被暹罗却克里王朝攻灭。1909 年英泰两国签订条约，将北大年王国 60% 的领土划归泰国。因此，泰南四府过半居民皆是使用马来语的穆斯林，随着马来西亚独立建国，泰南地区的政治团体分离主义情绪高涨，并逐渐走向暴力化。

北大年苏丹国，于 12 世纪皈依伊斯兰，15 世纪曾是伊斯兰教在东南亚传播的中心之一。1855 年英泰《鲍林条约》共同瓜分马来半岛的穆斯林小国，由于文化的差异和泰王扩充版图企图，1902 年北大年国王与泰国爆发武力冲突，泰国正式兼并北大年王国，将其纳入泰国的行政管理体制内，并开始加强同化政策。

穆斯林在泰国属少数群体，但在泰国南部却是多数群体，约 81% 的穆斯林居住在接近马来西亚北边相邻的北大年、也拉、陶公和沙敦四府，其 4/5 为马来族，语言、文化均与泰国的佛教徒不同。

泰国政府以中央法律取代了伊斯兰律法，所有的儿童必须进入以泰语讲授的公立小学学习，行政机关加强南部各府的"改土归流"，将地方的长老统治更改为泰国政府管理。上述一系列的同化政策招致当他民众的强烈不满，1947 年马来当地首领向联合国提出求助，要求北大年独立，当地民众向泰国政府请愿，结果遭镇压。

20 世纪六七十年代，泛马来主义思潮极大地促进了泰国南部分离主义运动，分离运动组织的活动不断发展，并纷纷向暴力恐怖组织进行转变。到了八九十年代，泰国政府在保持强势武力压制的同时，相应地推出了政治、经济、宗教、教育等方面的改善政策，大规模的暴力冲突方才渐趋缓和。1997 年的亚洲金融风暴及"9·11"事件爆发之后，东南亚地区的极端势力有所抬头，泰南问题也随之再度走强，虽然泰南从泰国成功独立的可能性极小，但随着极端主义在全球的兴起，外部势力的直接或间接的介入，将使泰南问题变得更加的棘手和复杂。

（二）泰国伊斯兰分离主义组织概况

1. 早期活动

1946 年，"北大年人民运动"（Patani People's Movement，PPM）独立组织在北大年伊斯兰教理事会主席哈芝苏隆的领导下成立，成为北大年独立运动的开端。1946～1969 年，泰南的分离主义成立了各式各样的组织，如 1947 年成立的北大年民族解放阵线（National Liberation Front of Patani，NLFP，1960 年瓦解）、1963 年成立的民族革命阵线（Barisan Revolution Nasional，BRN，支持者苏加诺 1966 年倒台后归于沉寂）、1967 年成立的北大年联合解放阵线等。在此期间，泰国正处于亲美军事独裁政权的统治下，军方对泰南采取严酷的弹压和民族同化政策，要求泰南地区"改文改教"，强行在学校推广佛教教育，并大规模向泰南输送泰族移民。这一系列同化政策激起了泰南民众的强烈反弹，也催生了一系列立场更为极端的分离主义组织出现，使泰国对马来族群的同化努力实际上以失败告终。

从 20 世纪 80 年代末到 90 年代，泰国军人政府退出政坛，对泰南的高压态度趋向缓和，原有的几个主要分离主义派别因内部发生了一系列分裂和重组而进入低谷，温和派别开始与泰国政府合作，激进派别纷纷从大派系脱离出来，以此寻求新的联合。

2. 2004 年后泰南分离主义运动的再次兴起

美国"9·11"恐怖袭击爆发后，带动了泰南分离主义的复兴。进入 21 世纪以后，泰国南部的分离分子得到境外恐怖组织提供资金和战术培训，实力有所壮大。他信政府执政期间，一度通过马来西亚马哈蒂尔政府居中调停，与北大年联合解放阵线及国民阵线等主要派别开展和谈。然而，2004 年发生的三次大规模事件，彻底打断了泰南的和平进程，让泰南地区重新陷入动荡之中。

2004 年 1 月 4 日，一群手执武器的人在黎明时分袭击了邻近陶公府内的一个军营，杀害了 4 名军人并抢走 300 多支美制自动步枪，该事件标志着泰南地区暴乱的开始。

2004 年 4 月 28 日，100 多名武装暴乱分子在黎明时分冲击位于宋卡府、北大年府与也拉府中的 10 所警署，由于泰国警方事前得到线报而有所防范，暴乱分子遭到镇压，112 名暴动者被击毙，剩余的暴乱分子退入北大年府中历史最悠久的库塞清真寺（Krue Sae Mosque），驻扎在泰南的第四军团包围了清真寺。鉴于此事件涉及宗教及民族纠纷十分敏感，副总理兼国防部长差瓦立·永猜裕上将（Chavalit Yongchaiyudh）曾指令军队务必克制，努力寻求和平的方式解决，但在对峙长达 7 小时之后，双方谈判破裂，第四军团长官下令强攻，将困守其中的 32 名武装暴乱分子全部击毙，再次种下了日后泰南三府局势急剧恶化的"祸根"。

2004 年 10 月 26 日，当地大批示威民众在陶公府楠拜区（Tak Bai）与警察发生激烈冲突，警方召来附近驻军逮捕了近 700 名示威民众，用军车押解至也拉府关押，因为捆绑过紧及军车后厢拥挤不堪，78 名示威者在押解途中窒息死亡，此即为"楠拜惨案"，再度招致民愤。

在泰国执政当局内部，面对如何解决泰南民族问题，历来存在着意见完全相左的以泰爱泰党政府高层为代表的"鸽派"和以军警高层指挥官为代表的"鹰派"之争，前者主张怀柔应对，后者则主张"以毒攻毒"。1 月"劫枪事件"发生后，时任总理的他信一度曾采用了鹰派的主张，大军南下，在泰南三府实施军管，搜查民居和清真寺，搜捕宗教领袖。结果局势开始失控之后，撤换鹰派将领，转而"以抚代剿"，否认袭击事件与境外恐怖组织相关，指责政治反对派和贩毒集团幕后保护伞"故意挑起事端打击他信"。外界普遍认为此轮泰南问题的突然恶化，是本土分离主义组织得到"伊斯兰祈祷团"、"自由亚齐运动"等大型恐怖组织资金武器战术支持的结果。

自 2004 年以来，据不完全统计，泰南地区所发生的暴力事件已上万起，共导致 6000 余人死亡，1 万余人受伤。他信政府下台后，泰南局势依旧动荡，原有主要派系分裂出五花八门的激进派系，以至于泰国政府想与之谈判都无法找到固定可靠的谈判对象。

巴育军政府上台至今，泰南局势依旧没有出现重大改观，军方与南部分离主义组织联盟"马拉北大年"虽有数次接触，但收效甚微。军政府出于国际形象和外交独立性的考量，坚持否认泰南之乱与境外组织有瓜葛。

3. 目前泰南主要分离主义组织概况

（1）北大年联合解放阵线（PULO）。成立时间：1967 年初创，1997 年改组。主要领导：Hajisama – ae，Kasturi Mahkota。分支机构：北大年马拉王国军（Nampra Army）、北大年联合解放阵线玛科塔派（KMP）、北大年解放军（PLA 与北大年伊斯兰圣战组织合作建立）。组织规模：高峰时期自称成员超过 20000 人，600 名武装人员。政治诉求：建立独立北大年民族国家，以世俗价值观建国。通过包括武装斗争在内的各种手段谋求北大年解放。

袭击事件：

·2012 年 3 月 31 日也拉府连环袭击事件。

·宋卡府合艾蠡园大酒店袭击事件。

组织概况：

1967 年，"北大年联合解放阵线"（Patani United Liberation Organisation，PU-LO）在著名的伊斯兰分离主义领袖的领导下成立，该组织建立之初与西亚一些国家有联系，甚至有训练基地。

1987 年，泰国炳·廷素拉暖政府允许北大年人民享有文化与宗教的自主权，且承诺提供更大的经济援助和赦免犯事的分离主义分子。在此协议下，20000 名 PULO 成员重返社会。PULO 成为政府与敌对阵营达成和平协议的代表。

然而妥协姿态引起了组织内部激进派的不满。1997 年，阿都拉曼巴佐成立"新 PULO"，恢复北大年争取独立的斗争。自 2001 年以来，立场偏向世俗化的 PULO 受到萨拉菲圣战主义的强烈冲击，反叛分子很可能属于前 PULO 成员，但立场比 PULO 更为激进和极端。近年来 PULO 的领导已经在很大程度上失去了对下属武装力量的控制。[①]

（2）北大年伊斯兰圣战运动（GMIP）。成立时间：1995 年。主要领导：那沙里·锡山（Nasoree Saesang）、阿卜杜勒·拉赫曼·艾哈迈德（Jehkumir

---

① 北大年联合解放阵线组织官网，http://puloinfo.net.

Kuteh）。组织规模：不明。

袭击事件：

·2004 年 1 月陶公府军营劫枪事件。

·2006 年合艾爆炸事件。

·2012 年泰国南部系列的爆炸案。

组织概况：北大年伊斯兰圣战运动（Gerakan Mujahidin Islam Patani）是泰南激进程度较高、历史较为悠久的分离主义武装派别。在 20 世纪 90 年代期间，该组织的宗旨是建立一个由严格伊斯兰教法统辖的北大年国，其否定北大年联合解放组织的"世俗化建国"主张，指控世俗化穆斯林为异教徒。[①]

在北大年联合解放阵线立场趋向温和之后，该组织已成为泰南地区最为极端的分离主义派别之一。该组织 2001 年与马来西亚圣战组织合作后，转变为立场更为极端强硬的原教旨主义派别，而非早期单纯的民族主义分离组织。其组织中部分成员同情基地组织和伊斯兰国，但组织本身是否与两者有同盟关系，尚还没有明确的表态。

不同于该地区的其他伊斯兰叛乱团体，北大年伊斯兰圣战运动的特点是"主张武力攻击，但不会出面负责"，其武装行动往往秘而不宣，外界甚至无法确定其实际领导人的身份，也不知道其领导核心的分布与构架。目前所能确定的是，虽然它的总部地点无法确定，但活动范围以农村为主，主要攻击手段是在乡村小道上伏击巡逻军警及其车辆。

（3）民族革命阵线（BRN）。成立时间：1963 年初创，1984 年分裂。主要领导：哈吉·阿卜杜勒·卡里姆·哈桑，穆尼尔·阿卜杜拉，Sapaeng Basoe，Dulloh Waeman，Abroseh Parehruepoh，Abdulkanin Kalupang，Arduenan，Bororting Binbuerheng 等。分支派别：BRN – Kongres，BRN – Uran 及 BRN – Coordinate。组织规模：自称成员人数超过 20 万，实际武装力量或不超过 300 人。

袭击事件：

·2013 年 5 月北大年餐厅枪击事件。

·2014 年 11 月佛诞日袭击事件。

组织概况：1963 年 BRN（民族革命阵线）成立，在千禧年后分裂成 3 个分支，分别称为 BRN – Kongres，BRN – Uran 及 BRN – Coordinate。其中最后 1 个"BRN – C"的组织较严谨，而且拥有最多武装人员，十分引人注目。

目前，BRN – C 是泰国最大、最活跃、最有组织能力的分离主义组织，其成员倾向于萨拉菲圣战思想，并通过非法在伊斯兰教学校中广泛传播极端主义

---

① 维基百科"北大年伊斯兰圣战运动"词条，http://en. wikipedia. org/wiki/Gerakan_ Mujahidin_ Islam_ Patani.

思想。

BRN－C 的兵源主要招揽青少年穆斯林，其领导多为宗教教师出身，从阿富汗战场退伍的军人也大批参加其武装组织。BRN－C 通常对泰国政府采取强硬立场，拒绝进行谈判，并反对与其他叛乱团体与政府对话，在南部分离主义省份有较大的群众基础。

据调查其旗下成立的武装小组 RKK 是最近 10 年当中大部分小规模袭击事件的肇事者。其惯用的袭击策略是在同一个位置设置两枚炸弹，用第二颗炸弹杀伤前来处理现场的军警人员，手段极其凶残。

（4）民族革命阵线"巡逻小队"（RKK）。成立时间：2002 年。主要领导：Ustaz Rorhing。组织规模：500～3000 人（包括妇女）。

袭击事件：

·2013 年 5 月北大年餐厅枪击事件。

·近年来大部分针对泰国"军公教僧"人员的小规模袭击骚扰。

组织概况："巡逻小队"（Runda Kumpulan Kecil，RKK）在名义上属于民族革命阵线（BRN－C）下属的武装部门（类似于"敌后武工队"），是近年来泰国南部动乱中最残酷无情的武装组织。

由于它成立时间最晚，因此受伊斯兰极端主义影响最深，大部分成员受萨拉菲伊斯兰圣战思想影响，行动残忍激进。RKK 神出鬼没，行踪诡异，经常在马来西亚与泰国边境线两侧来回穿梭，在陶公、也拉、北大年等地发动袭击后，迅速遁入马来西亚境内，让泰国军方束手无策。

尽管一些 RKK 成员在过去 10 年中被泰军剿灭，但由于该组织的隐秘性和流动性，使得军方始终无法重创其组织核心，难以对其造成结构性的打击。

由于 RKK 训练有素，战术成熟，组织严密，并且部分成员被查出曾在印度尼西亚接受训练，因此一直有人怀疑 RKK 并非是由 BRN－C 独立组建的武装组织，而是活跃在印度尼西亚的国际恐怖组织自由亚齐运动和伊斯兰祈祷团以 BRN 名义建立的"泰国分队"。[①]

（5）马拉北大年同盟（Mara Patani）。2014 年，BRN 新老派别协商建立新的合作框架，以便以集体化的身份与泰国政府展开谈判，其余各派别担心在谈判当中受到边缘化，因此纷纷加入这一临时同盟。到 2015 年 3 月，包括 BRN（民族革命阵线）、BIPP（北大年伊斯兰解放阵线）、PULO（北大年联合解放阵线）、GMIP（北大年伊斯兰圣战运动）在内的几个泰南主要分离主义派别，全部都加入到这个松散的谈判同盟当中。这个组织命名为"MAJLIS SYURA PATANI"，

---

① 泰国：伊斯兰极端主义方兴未艾［Z］//无人幸免（第二章）. 人权观察组织出版，Thailand：Islamist Insurgency with No End，No one is safe，p. 2，Human Rights Watch.

MARA PATANI（意为"北大年协商委员会"）。

泰国巴育军政府上台后，沿用了 20 世纪 80 年代以来对南部问题的羁縻怀柔政策，通过马来西亚作为中间人，与南部分离主义团体开展和谈。2015 年以来，军政府和谈的对象正是"马拉北大年"。

马拉北大年并非一个同盟组织，而是为了与泰国政府谈判而临时成立的协商机构，本身没有固定的领导、成文的纲领、明确的诉求，以及对成员团体也没有强制性的约束机制，参与者提出的条件往往彼此差异甚至矛盾，各成员间关系极为松散。

各参与方唯一的共同点是都要求泰国政府承认自身合法性、给予北大年充分的自治权并从泰南撤出驻军。往往在谈判启动时，袭击事件便有所收敛，一旦谈判陷入僵持，泰南便会再次传来爆炸声。巴育政府至今没有接受马拉北大年提出的这些条件，也坚持否认部分分离运动与境外恐怖组织挂钩的可能性。至今，南部袭击事件也仍在频繁发生，泰国政府与马拉北大年的讨价还价，整个泰南动乱问题的解决仍遥遥无期。

泰南叛乱组织本与中国素无瓜葛，但因中国政府对发生在中国境内的分裂主义、极端主义的严厉打击，以及与泰国政府保持着亲善的关系，从立场上讲各泰南分离主义团体对中国均有不同程度的不满。因此，我国必须谨慎对待泰南问题，不妨未雨绸缪，预先接触，以便为我国将来参与泰南地区的建设奠定基本的安全保障。[①]

二、"8·17"曼谷四面佛爆炸案对泰国反恐战略的影响

2015 年 8 月 17～18 日，泰国曼谷市中心四面佛广场、巴吞码头等地遭遇连环炸弹袭击，包括中国游客在内的各国民众在袭击中伤亡惨重。袭击共造成 23 人死亡，123 人受伤。经过泰国警方三周时间的调查，两名直接参与袭击的疑犯被捕，这一事件并被泰国政府定性为"跨国偷渡集团对泰国政府实施报复"。

曼谷四面佛广场爆炸案，是泰国自冷战以来境内发生的最严重恐袭，此事件对泰国安定的国家形象造成了冲击，于泰国民众及海外游客心中投下阴影，并让泰国既有的外交移民政策遭遇广泛质疑。

传统上，泰国本不是 IS、基地等恐怖主义大牌们的直接攻击目标，其本国分离主义武装的主流派别意识形态相比而言烈度较低，迄今为止还没有"参与全球圣战"、深入攻击泰族腹地的明确案例。泰国现阶段面临的恐怖主义威胁是恐怖组织有可能在泰国境内对外籍游客发动袭击；同时，作为地区交通枢纽，泰国将

---

① 非营利性组织"泰南深度观察"官方网站，http://www.deepsouthwatch.org/dsj/contact，http://www.deepsouthwatch.org/ms/node/7211.

成为极端分子从中亚地区通向东南亚以及从中亚通往西亚的中转站。

而"8·17"曼谷爆炸案的发生，正是上述两个恐怖威胁因素相互作用的结果，一些极端分子的偷渡走廊被泰国政府切断之后，为威慑泰方，索性就地发难，在华人集中的四面佛安放炸弹。截断的极端组织人流在泰国境内形成"堰塞"之后"溃决"，殃及原本作为中转站的泰国。

"8·17"爆炸案的发生，并没有改变泰国在反恐方面的谨慎态度，事件过后，泰国对其南部伊斯兰组织的怀柔对话政策一如既往，并以极力否认国内外极端分子有勾结迹象的方式，避免卷入相关的国际问题之中。

第五章　泰国对外关系

在对外关系上，奉行独立自主的外交政策是泰国的一贯传统，重视周边外交、积极发展睦邻友好关系、维持与大国之间的平衡关系是其外交政策的基本理念。重视区域合作、经济外交，推动贸易自由化，谋求在国际维和、气候变化、粮食安全、能源安全及禁毒合作等地区和国际事务中发挥积极作用，是近年来泰国外交活动的主要目标。

第一节　泰—美关系

一、泰国与美国的外交简史

美国和泰国的交往历史可以追溯至 1818 年首位美国人抵达暹罗，3 年后，首艘美国船只抵达曼谷，首批来到暹罗的美国人大部分是商人或传教士。

这批美国人的到来对泰国的未来构成了深远的影响，如在泰国进行的首次手术就是由旅居暹罗的美国传教士完成的，而在泰国领土上的首家新教堂亦是由美国传教士于 1837 年 7 月 1 日建成的。

最早移民美国的两位暹罗人是一对来自夜功府的连体婴昌·邦克和恩·邦克兄弟，他们于 1828 年移居美国，当时亦有一位暹罗人参与了美国的南北战争，并以美国公民的身份返回暹罗。

1833 年 3 月 18 日，暹罗国王拉玛三世接见美国使者埃德蒙·罗伯茨，两天之后，美国和暹罗两国在曼谷签订了《暹美友好通商条约》，两国建立了外交关系。1856 年 5 月，斯蒂芬·马顿牧师被任命为美国首任驻暹罗领事。暹罗于1881 年委任驻英专员布里斯当王子兼任驻美专员，其后在 1884 年在美建立驻美大使馆。

1903 年，暹罗委任美国人爱德华·亨利·斯特罗贝尔担任总顾问。1920 年 12 月 16 日，美国与暹罗签订《礼宾条约》，废除美国在暹罗的治外法权。1927 年 12 月 5 日，后来成为泰国国王的普密蓬·阿杜德在美国马萨诸塞州剑桥出生。1931 年，暹罗国王拉玛七世成为首位访美的泰国国家元首。1937 年 11 月 13 日，暹罗与美国在曼谷签订《友好、通商及航行条约》。

1942～1945 年，暹罗更名为泰国，并加入轴心国，向身为同盟国成员的美国宣战。当时为泰王拉玛八世担任摄政的比里·帕侬荣却在美国战略情报局的协助下秘密组建抵抗日本人的自由泰人运动，并获得泰国民众的广泛支持。当时的泰国驻美大使社尼·巴莫拒绝正式通知华府泰国已对美国宣战，美国政府亦对向泰国宣战表示抗拒。1945 年 8 月 21 日，美国主张不将泰国当作敌军处置。

二、冷战时期以来泰国以美国为安全后盾的"同盟时期"

"二战"结束后，美国为了帮助泰国保持独立和恢复国际地位，介入了战后初期的英泰勾结谈判和法泰领土谈判，为泰国能够签订有利的英泰和平条约以及泰国加入联合国提供了帮助，整个冷战期间，美泰关系良好。

亚洲冷战格局形成后，美国实行遏制中国、争夺对印度支那控制权的冷战政策。泰国因其在东南亚的特殊地缘位置，成为美国亚洲冷战战略所倚重的国家。泰国的国家安全和国内政治斗争需要美国的军事和经济援助。两国出于相互的利益需要结成了安全同盟。

1950 年，泰国为支持美国的亚洲政策，承认越南保大政权，并派兵参加朝鲜战争。美国从 1950 年开始向泰国提供军事和经济援助。1954 年日内瓦会议召开前，泰国支持美国军事干涉印度支那的"联合行动"。美、泰两国通过 1954 年签订的《东南亚集体防御条约》和根据该条约成立的"东南亚条约组织"结成同盟。1962 年 3 月 6 日，泰国外长和美国国务卿在华盛顿发表《他纳—腊斯克公报》，两国进一步结成双边同盟。

此后，泰国坚定地支持美国发动侵越战争，并成为美国侵越的重要基地。直到越战末期，美国准备从越南战争的泥淖脱身，开始改变其对亚洲实行的政策，泰国这才开始考虑调整完全倒向美国的对外政策。

1976 年，随着越南战争的结束，美军全部撤出泰国，泰国政府也完成了对外政策的调整，恢复传统的灵活外交，与中国建交，改善同邻国的关系，美泰关系随之步入一个新的时期。

（一）美泰之间的军事合作

美泰两国作为军事上的盟友，长期以来一直保持着密切的军事合作关系。两国之间的军事合作在越南战争期间一度达到了高潮。自冷战结束以后，本地区的安全环境得到了很大的改善，两国之间的军事合作仍然保持着较高的水平。美泰合作的形式主要有：美国向泰国提供了军事援助、双边联合军演，以及泰国为美国提供军事基地、相关设施和后勤保障等方面。

两国军事合作的重要内容是美国对泰国提供军事援助。泰国从 20 世纪 50 年代起，就已经开始从美国获得军事装备、人员培训、后勤供应和装备维护等方面的支持。在冷战时代，美国向泰国提供了大量的军事援助，为泰国修建飞机场、空军基地和公路设施，向泰国提供了大量的先进武器装备，泰国军队的硬件和软件都来自于美国，其部队编制、训练及作战思想等均以美军为模式。

目前，美国主要通过"国际军事教育与培训"（IMET）、"对外军事销售"（FMS）和"对外军事资助"（FMF）等项目对泰国进行军事援助和支持。作为享有"非北约主要盟友"待遇的泰国，可以优先从美国手中获得军事物资以及美国的二手海军舰船和飞机。

中国曾于 20 世纪 80 年代以"友谊价格"向泰国提供各类轻武器装备，随着 20 世纪 90 年代之后来自越南方面威胁的解除，泰国向中国订购武器装备的活动迅速减少了。由于中国制式武器的规格型号与占主流的美式武器装备并不通用，在弹药和武器补给方面存在问题，而且中国的武器系统在性能上不如美式装备，因此泰国政府增加了从美国那里进口武器装备，尤其是泰国的高端军事装备，如 C－130 大力神运输机、F－16 战斗机等均出自美国之手。

美泰两国的联合军演于 20 世纪 80 年代起步，逐步走向制度化。通过双边或多边、多军种的联合演习来加强彼此间的军事联系和协同，其中较为著名的有如"金色眼镜蛇"军演、"卡拉特"海上联合军演、"合作对抗虎"军演等。在泰国举行的这些联合军事演习为美军进行丛林作战提供了理想的演练环境。

"金色眼镜蛇"联合军演是美泰联合举行的混合兵种联合演习，该演习从最早的美泰双边演习，渐渐演变为东南亚乃至亚太地区规模最大的多国联合军演。2002 年"金色眼镜蛇"演习是"9·11"事件后美国在东南亚举行的规模最大的联合演习，参演人数顶峰时曾多达 22 万人。此后演习人数通常保持在 10000 人以上，演习内容由传统安全领域扩展到非传统安全领域，增加了如维和、反恐、非战斗人员撤离、人道主义救援及灾难救援等非常规作战和非战争军事行动的演练。演习每年举行一次大规模的实战化演练，隔年举行一次主要致力于维和的小规模演习。军演具有计划周密、部队联合程度较高和美军主导等特色。

冷战期间，泰国的军事基地在美国对印度支那战争中发挥了重要作用，尤其是乌塔堡空军基地，该基地在越战期间作为美军最重要的运输和加油基地，B－52 轰炸机日夜频繁地在这里起降去执行轰炸越南北方的战斗任务，堪称最繁忙和最重要的基地。1976 年越战结束，美军撤出泰国，一度热络的两国间的军事合作关系随之有所降温。20世纪80年代，双方签订协议允许美国在泰国建立战争物质储备库，1991年海湾战争期间，泰国本土曾作为美国军舰和战机的加油站，为美军的行动提供后勤支援。1993年，美泰签署后勤协定，允许美国在必要时可以使用泰国的相关设施。①

（二）美泰同盟面临的挑战

美泰之间的同盟关系是非对称性的同盟关系，美国的实力远远超过泰国，而且美国属于进攻型国家，泰国属于防御型国家。在同盟关系的存续中，两国之间始终心存"被抛弃"和"被牵连"的隐忧。其与美国的结盟行为使其极易成为周边共产主义国家报复的对象，因此在整个冷战期间，出于对自身安全的考量，美国对泰国做出的安全承诺的可靠性一直是泰国方面最为关注的问题，一再要求美国或东南亚条约组织对保护泰国作出承诺。比如，在老挝危机的初期，泰国要求美国和东南亚条约组织出兵干预，认为保护老挝就是保护泰国，泰国对"被抛弃"的担心说明同盟国对保障泰国国家安全的重要性。

奥巴马政府实施"亚太再平衡"战略以来，尤其是随着南海问题的升温，出于维护其海上霸权的需要，美国加大了对"印太"的海上部署，与中美同时保持良好关系的泰国担心面临选边站的困境，使泰国在加强与美国军事关系的同时，也谨慎地照顾中国的感受，从而对美泰同盟的强化构成一定程度的制约。

站在美国的立场，美国亦心存"被牵连"的担忧，这种担忧在一定程度上也会成为左右其对美泰同盟政策设计的因素。在同盟成立之初，为了避免因承担更大的义务而被盟国拖下水，影响其全球战略部署，美国在同盟义务上故意模糊处理，即便是在老挝危机中，当泰国要求美国履行其安全承诺干预危机时，美国也以需要协调盟国之间的分歧为由，对老挝采取了中立化的态度，当泰国威胁要抛弃同盟时，美国才不得不满足泰国的要求，给予泰国双边防务承诺。冷战结束后，整个东南亚地区的安全环境有了极大的改善，和平与发展成为该地区内各国的共识，美国对"被牵连"的概率大大减少，双方对同盟的管理变得更加容易。

美泰之间的同盟关系之所以能够维持稳定的机理，其实就在于美泰双方都有维持同盟的意愿，尤其是同盟中实力强大的美国具有约束泰国的能力，泰国也愿意保持同盟关系。在同盟的存续过程中，两国对"被抛弃"和"被牵连"的恐惧形成张力，推动同盟进行或强或弱的调整，未来只要双方保持同盟的意愿不变，同盟管理就相对简单。

美泰同盟的进一步发展也受到来自多方的牵制。首先，泰国国内政局持续动荡，尤其是2014年泰国军事政变及美国对此的反应，给同盟的深化带来负面影

---

① 美国国务院，美国国际开发署. 转引自 Emma Chanlett-Avery & Ben Dolven. Thailand: Background and US Relations［J］. Congressional Research Service, 2014（19）.

响。泰国 2006 年和 2014 年发生军事政变，国内政局持续动荡，一方面，泰国各届政府因更关注自身的政治生存而相对降低了对同盟的关注；另一方面，美国在政治上公开批评泰国现政权并暂停对泰国的军援，也给两国的同盟关系蒙上了阴影。其次，泰国向来奉行大国平衡外交政策，在保持美泰同盟关系的同时，非常重视与中国的关系，尽量避免因与美国靠得太近而损害其与中国的关系，例如泰国拒绝美国在乌塔堡基地进行"气象和云层研究"，就是考虑到中国的反应。反之，在东盟国家中泰国是与中国发展军事合作最多的国家，对此美国也非常警惕。

总之，对于美国而言，其与泰国的同盟关系依然具有很高的战略价值，战略位置重要、基础设施良好的乌塔堡基地的地位是无可取代的，加强双边的同盟关系符合美泰双方的利益，预计未来美泰军事合作的重点是如何进一步提高两国军队的互操作性和泰国海上安全能力，且双方将以温和的步调向前推进。如何有效地管理双边关系，避免因泰国政变削弱同盟的战略价值，是摆在双方面前的重要任务。

三、巴育军政府军事政变后，泰美关系急降

随着巴育军政府的上台，泰国与美国之间的关系骤然疏远。

2015 年 1 月 26 日，负责东亚和太平洋事务的美国助理国务卿丹尼尔·拉塞尔在曼谷一所大学发表讲话时声称：军方政府所谓政治改革行动，以及在一场中止民主的政变中夺取政权且在 8 个多月后保持戒严令这一做法缺乏"包容性"。泰国军方大为不满，泰国外交部召见美国驻曼谷最高级别外交官，就美国国务院对泰国军方统治发表的批评言论表示抗议。

此后，泰美两国政府之间频繁爆发口角，2015 年 9 月戴维斯出任美驻泰大使后，双边关系不仅毫无改善，同年 11 月，戴维斯在外国记者俱乐部抨击泰国的冒犯君主法，12 月戴维斯因其 11 月的不当言论涉嫌侮辱泰国国王遭到泰国方面的调查。

2016 年 5 月，戴维斯与泰国外长敦·巴穆威奈举行会谈，会谈内容未谈及人权话题，但会谈结束后，戴维斯向泰国媒体宣读声明时称，美国对近来一些泰国人因网络言论被捕等事件表示担忧。这一做法再次引起泰国政府的批评，官方舆论认为他不直接跟泰国外长讨论人权问题，而是在记者会上宣读声明，没有展示良好的礼仪。泰国总理巴育也曾公开表示，泰国不是美国的殖民地，戴维斯的言论会适得其反，美国大使的言论反映出他对泰国现状的无知，大使可能是基于美国民主原则和从媒体报道中收集的信息得出结论的。

此外，美国和欧盟以泰国存在渔业奴工问题为由对泰国进行制裁，作为回

应，泰方在不断向中国外交示好的同时，也启动了一些反制措施，如泰国交通部新提议将乌塔堡机场改为商用机场，终结或削弱美军对这些跑道的使用权。

泰国于2014年5月发生军事政变后，美国国务院随即宣布重新评估对泰国的军事援助，立即中止470万美元的对泰援助，取消一系列军事演习和泰国军官的访问向泰方施压，敦促泰国早日进行民主选举，回归文官统治的民主轨道。美国虽然依旧参加了2015年2月举行的"金色眼镜蛇"军演，但参演的人数由2014年的4300人下降到3600人。

面对泰国近10年来的政局动荡和泰国王位继承带来的不确定性，美国国内在对泰政策上出现两种声音：一是主张借泰国政变降低泰国在其东南亚外交中的地位，加强与其他坚定的支持美国"亚太再平衡"战略的国家，如缅甸、菲律宾和越南的关系。持此立场的代表为美国战略与国际问题研究所（CSIS）东南亚问题专家默里·希伯特（Murray Hiebert）。2014年6月11日，希伯特在众议院小组委员会听证会上提出，如果巴育政府推迟2016年9月选举的话，美国应把美国国际开发署、联邦调查局和禁毒行动的地区中心由曼谷迁往邻国。另一种主张是不要因政变而影响与泰国的传统盟友关系，导致泰国更多地倒向中国。持此主张的代表人物主要来自军方，如美国驻泰国高级军事代表（2012～2015年）德斯蒙德·沃尔顿（Desmond Walton）在《华尔街日报》上撰文指出，美国对泰国民主的关注已经损害了两国的军事关系，而对泰国这一战略盟友的不必要的疏远可能削弱"再平衡"战略的效力。美国对泰国的制裁将导致泰国加强与中国的安全关系，对美国对泰军事准入施加限制。过多地在民主问题上对巴育政府施压，可能导致泰国更多地转向中国。

从目前总的情况来看，美国政府内部支持泰国民主化改革，降低对泰国外交的重要性乃至于为了彰显美国的价值观而坚持对泰惩戒的观点暂时占据上风。这种"价值观"高于实用性的外交方针与"阿拉伯之春"当中美国的外交选择一脉相承，在短期内泰美关系将因此而陷入持续低迷，除非奥巴马的继任者对美国的亚太外交方针彻底转向。

第二节　泰—欧关系

一、泰国近代与欧洲殖民帝国的外交简史

19世纪下半叶，西方殖民主义列强开启了其在东南亚划分势力范围、瓜分

殖民领地的争夺。1886 年 1 月，英国通过第三次英缅战争吞并缅甸，完成了对整个缅甸的殖民占领，将缅甸并入英属印度版图；1887 年 1 月，法国完成对越南南部、中部、北部的侵占，并将所占领土与柬埔寨合并，组成法属"印度支那"。暹罗由此陷入了英法两国在东南亚领地的包围之中，在此夹缝中求生存的拉玛五世想方设法巧妙地利用英法之间的矛盾，最大限度地成功维护了泰国主权及民族的独立性。

根据 1855 年签订的第二次《英暹条约》和 1856 年签订的《法暹条约》，英法两国在暹罗均享有领事裁判权，两国的商品关税待遇不得超过 3%，两国公民可以自由进入暹罗，军舰可以自由驶入湄南河口，直抵曼谷。此后美国、德国、俄国也纷纷效仿，与暹罗签订了类似的条约。

其后，英法两国多次就暹罗的领土问题进行谈判，双方都希望维持暹罗作为一个主权独立的国家，充当英法两国领地之间的缓冲国，但双方在暹罗的明争暗斗以及对暹罗主权的蚕食，仍旧贯穿了整个 19 世纪下半叶。

1893 年，法国驻暹罗公使指责拉玛五世的英国顾问雅克敏挑拨暹法关系，法国与暹罗的边境摩擦愈演愈烈，双方都指责对方侵犯边界、进行杀戮和绑架。1893 年 4 月 6 日，法国以反击暹罗军队越界侵犯法属领地为由，举兵进攻湄公河东岸地区，要求暹罗割让湄公河以东的全部领土，并严惩越境的军官。7 月 13 日，法国炮舰以庆祝法国国庆日为借口驶入湄南河口，河口的暹罗炮台向法国军舰开炮，法舰开火还击，法暹战争就此爆发。

1893 年 10 月 3 日，暹罗战败，被迫将湄公河东岸和河中全部岛屿割予法国，暹罗军队撤出河西岸的尖竹汶府，暹罗不得在马德望府、暹粒府（今均属柬埔寨）和湄公河西岸 25 千米范围内建设军事设施。

暹法冲突结束后，英法两国就双方在中南半岛划分势力范围事宜进行多次谈判，为了避免在东南亚爆发直接对抗，法国政府首次明确向英国当局提出暹罗中立化的建议——"维持一个强大、独立的、两边都有明确国界的暹罗王国，使大不列颠领土和法国在印度支那半岛的领土之间有一个固定的屏障防止两国之间有可能发生的那些麻烦"①。

为了自身利益，英国表示"赞赏"建立一个中立的暹罗王国的做法，并在通知法国大使的复照中附上一张地图，英国外交当局未经暹罗政府的同意，在地图上划定了暹罗的边界。1896 年 1 月 15 日，英法两国在伦敦签署了《关于暹罗王国和其他事项的声明》（又称《伦敦条约》，以下简称《声明》），该声明中规定："湄公河以西属英国的势力范围，以东属法国的势力范围；英法两国有责任

①　尼·瓦·烈勃里科娃. 泰国近代史纲（下册）［M］. 商务印书馆, 1974: 311.

维持暹京曼谷所在的湄南河河谷的独立与完整；双方均不得签订足以使第三国能在该地区采取任何行动的任何单独协定。"①

1907 年 3 月，暹罗又以割让马德望、暹粒、诗梳风三府为条件，换取法国放弃在暹罗的治外法权，法国将丹赛府和达叻府归还给暹罗，并从尖竹汶府撤军。这样一来，泰国以割让边远属地和附属国土地为代价，换取了法国从暹罗领土上撤军以及放弃法国公民在暹罗的治外法权，从而维护了暹罗在行政和法律上的独立性。1909 年 3 月，暹罗对英国如法炮制，以放弃马来省（包括吉打、吉兰丹、丁加奴、玻璃市四个土邦）的主权为条件，换取英国取消其公民在暹罗的治外法权。

1897 年 4 月，拉玛五世作为东亚和东南亚国家首位出访欧洲的君王，先后访问了法国、俄国、德国、英国、奥匈帝国、意大利、瑞典和比利时等国，会见了法国福尔总统、英国威尔士亲王及年事已高的维多利亚女王。

"二战"期间，泰国銮披汶政府大力宣扬民族主义，对泰国实行法西斯化的独裁统治，并借助日本的力量攻击法属印度支那。日本战败后，泰国脱离日本直接的军事控制，在随之而来的冷战当中与欧洲各国重建关系。

二、欧盟成立后泰国与东盟之间的外交关系

"二战"之后的泰国与欧洲各国均保持着良好的合作关系，但从合作的规模上看，欧洲各国与泰国合作的规模远远比不上日本、美国、中国以及经济发达的东盟国家。泰国与欧盟国家之间合作的开展与升级基本上都是通过"东盟"这一整体性角色的组成部分而开展的。

20 世纪 70 年代，东盟主动提出发展与欧共体的关系。1972 年东盟成立了由东南亚国家联盟各国驻欧共体外交代表组成的"东南亚国家联盟布鲁塞尔委员会"，寻求就欧洲事务在布鲁塞尔与欧共体展开磋商。这两个区域合作组织开始了正式接触。1979 年，双边贸易量比 1971 年扩大了 10 倍。欧洲在东南亚的投资加速，还曾一度超越美国和日本的投资增长。双边贸易结构也发生了显著的变化。

进入 20 世纪 90 年代，为了应对冷战后国际形势的变化和经济全球化趋势的加速所带来的新问题，东盟和欧盟都加快了区域一体化的步伐。1993 年 11 月 1日，欧盟成立，且制订了《走向亚洲的新战略》，加强对亚洲的贸易和投资，扩大双边合作。

泰国自身与欧盟各国之间存在相当大的差距。由于长期以来东南亚对欧洲的

---

① 东南亚历史词典 ［M］．上海辞书出版社，1995：254．

经济价值远不如欧洲对东南亚那样巨大，因此双方在合作中的地位常常出现不平等的姿态，欧盟也的确曾经在一些问题上对泰国采取过居高临下的态度和做法，而且其激烈程度比起美国而言，显然更胜一筹。

欧洲委员会1991年发布报告强调，同发展中国家发展合作关系要与促进其民主和人权相结合，并提出要在这些发展中国家人权受损害的情况下对其实行特殊制裁。欧盟往往利用其经济优势不断地向泰国输出其政治理念和价值观，并通过双边合作机制多次向包括泰国在内的东盟国家就其存在的民主、人权问题提出指责，并动辄祭出制裁大棒，造成泰国当局的反弹，也使双方的政治互信始终无法得到深入的发展。

他信—英拉政党集团执政以后，泰国与欧盟的合作关系曾一度有所改善，欧盟委员会主席巴罗佐在曼谷与泰国总理英拉会晤，对强化泰国与欧盟合作伙伴关系、加深东盟与欧盟互信合作、共同应对挑战等问题达成一致。双方承诺扩大和加深伙伴关系，促进地区和平与繁荣，并积极推动签订泰国—欧盟伙伴合作协定，在推动双边贸易和投资、支持发展旅游业的同时，也在打击人口走私、跨国犯罪及洗钱等方面展开合作。

三、巴育军政府上台后与欧盟之间的关系

巴育军政府上台后，欧盟对军政府的反对立场最为激烈。2014年6月，欧盟外交事务委员会发布声明称，在泰国民主选举政府产生之前，欧盟停止与泰国的一切官方往来。双方的《伙伴与合作协定》也未能按原来所计划的日期进行签署。欧盟声称，其行动都是为了敦促泰国早日返回民主和宪政的轨道上来。与会各国外长还对泰国局势表示"严重关切"，并强调，泰国军方应立即"通过具有可信性和包容性的选举，重建合法民主进程和宪法"。

欧盟敦促泰国军政府尊重人权、自由权，同时警告说，将重新审视其与泰国的关系并随着泰国局势的变化而不排除"采取更强烈的制裁"，同时强调，"只有面向尽快恢复立宪制度而举行具有可信性和包容性的选举"才能恢复欧盟与泰国的正常关系。

直到2016年，泰国与欧盟之间的外交关系仍未恢复到军政府上台之前的正常水平。欧盟对泰投资从2014年的867亿泰铢，暴跌至2015年的20亿泰铢，跌幅将近98%。

欧盟同时还对泰国的渔业非法劳工问题、航空业规范问题等采取严厉的制裁措施。而泰国军政府对欧盟的批评态度表示严重不满，陷入僵局的欧—泰双边关系何时才能走向缓和，仍有待观察。

第三节 泰—日关系

一、"二战"期间泰国与日本的同盟及斗争史

日本与泰国在 1887 年 9 月 26 日签署友好通商宣言，开启了双边正式的外交关系。随着 20 世纪 30 年代泰国军人集团成为泰国实际统治者，泰国开始学习日本的道路，并借日本在亚洲扩张的机遇，向英法发动挑战，一度取得了第二次法暹战争的军事胜利，收复了 19 世纪末割让给英法的部分领土。泰日关系迅速升格为军事同盟关系。

"二战"爆发后，日本对东南亚的野心逐渐超出了泰国所能接受的底线，泰日关系开始演变成宗主国与仆从国的关系。在失衡的天平上，泰国无奈地选择了与日本站在同一战线上，以曲意逢迎来换取国家的独立自主。"二战"后期，泰国实际上遭到日本的军事控制，国家独立完全丧失。1941 年 7 月 29 日，日本外务省代表加藤外松与法国维希傀儡政府签订了《关于共同防御法属印度支那的议定书》，作为轴心国成员，日本军队进驻印度支那，进一步逼近了泰国边境，在泰国水域和领空内开始时常出现擅自越境的日本军舰和飞机。

兵临国门的日军打破了泰国"与虎谋皮"的天平，泰国上下各阶层都预感到日本占领泰国的一天早晚要到来。泰国銮披汶政府中的"亲英美派"和"亲日派"日益决裂。

12 月，日本完成战备，日军由于缺乏在东南亚战区的两栖登陆作战能力，因此"借道"泰国，从陆路南下攻击马来半岛就成为最佳选择。为此，日本大使坪上贞二奉命对泰国递交通牒，要求泰国允许日军使用泰境内铁路机场，日军同时在泰柬边境集结两百架战机、两个陆军师团，随时准备强行越境。

泰国拒绝了这一要求后，日本迅速完成了对泰国的完全控制。12 月 7 日夜——"珍珠港事件"前一天，日本驻泰国大使馆举办晚宴，到宴的泰国内阁要员、议会议员、军方首脑及其家眷全部被扣押。日本大使坪上贞二再次威胁泰国外长接受日方条件，并称"无论是否接受，日军都将入境"。曼谷城中所有的日本侨民以"看电影"为名，穿上日本军服，占领各车站码头。日军战机飞临曼谷，击落泰国空军的老式双翼战机，在城市上空抛撒传单。

12 月 8 日（夏威夷时间 7 日）凌晨 1 点 30 分，日本海军"川内"号巡洋

舰，"天雾"、"朝雾"、"白云"号驱逐舰炮击泰国海岸，先遣部队开始在宋卡、北大年、万伦、华欣、曼谷等七个地点登陆。与此同时，由饭田祥二郎指挥的日本第十五集团军主力也越过法属印度支那与泰国的边境长驱直入。泰国总理銮披汶连夜乘车赶回曼谷，于当日上午下令各地守军停止抵抗。

1942年12月11日上午，銮披汶与日本大使签署了临时攻守同盟协定，并于12月21日在曼谷玉佛寺内签署了正式的《日泰同盟条约》，由此，泰国被日本绑上了轴心国的战车，成为轴心国的第四位同时也是最后一位正式成员。

泰国政府对英美宣战的当日，拉玛八世皇的摄政大臣比里·帕依荣和外交部长乃里禄·猜耶南等人愤而辞职，驻美大使社尼·巴莫拒绝向美国政府递交宣战书，并以驻英美使馆为中心，在西方各国组建了流亡抵抗组织"自由泰人运动"。泰国的海外留学生以及驻外使节，纷纷加入抵抗运动，无数泰国青年接受英美特种部队的训练，携带美式装备空投泰国山林，在各地组建地下抗日武装。

爱国华侨青年组织了2000人的部队，从泰北进入中国，与重庆国民政府并肩抗战。銮披汶政府的警察总长亚伦·却克特，秘密加入了"自由泰人"反抗军并担任副总指挥，在其授意下，各地警员纷纷配合盟军，将外府的军用机场全部变成了盟军空投物资的中转站。

在比里的领导下，不愿与日本合作的泰国贵族、政府大臣、军方将领在全国组建反抗武装。到太平洋战争后期，"自由泰人"在国内已经拥有了近十万人的地下反抗组织，密谋在1945年底发动全国性起义，帮助中美英盟军反攻泰国本土。结果还没有等到起义爆发，日本已宣布投降。战后美国出于冷战的需要，并没有把泰国当作战败国处理，没有追究其入伙轴心国的责任。与此相应，泰日关系在战后得到了快速地重建。

二、"二战"后两国之间密切的经贸往来

长期以来，日本将泰国视为东南亚最佳的海外投资基地。日商在1970～2012年对泰投资获准的促进投资案申请共计7302个，累计投资价值高达2.7兆泰铢。其中所占比例最大的产业为汽车及零配件生产、钢铁及机械设备，促投案申请累计2689个，累计投资价值为9570亿泰铢；其次为电子电器产业，共计1750个，涉及投资价值6647亿泰铢。上述两大产业的投资价值累计超过1.5兆泰铢。

2012年，到泰投资获准的促进投资案申请共计1584个，与2011的1059个相比增长49%，累计投资价值6455.34亿泰铢，在2011年的3963.48亿泰铢的基础上飙升62%；其中日商获得的促进投资案872个，占总体比例的50%，涉及投资价值为3739.84亿泰铢，日本已成为泰国最大的海外投资来源国。

日本投资泰国的主要产业为汽车及零配件、机械设备及电子电器业，此三大

产业占据日本商家投资泰国总额的 60%，其他投资行业主要包括食品业和服务业等。

由于日本国内市场接近饱和，日商对投资海外有迫切需求，赴泰投资的日本中小型企业（SME）趋增，投资额不断增加。刺激日本商家赴泰投资的因素包括泰国市场近年来不断成长，在泰国进行生产的成本要低于在日本生产的成本，日商在泰国建立生产基地，可充分利用泰国作为东盟市场中心的优势，所面临的市场更加广阔。

日本贸易振兴机构重申泰国仍是日本合适的投资中心，将进一步增加在泰国的投资，目前在泰投资的日本企业多达 1500 余家。

然而，近 10 年来泰国政局的长期动荡，重创了日本对泰国投资的信心与步伐，据泰国投资促进委员会的数据显示，2015 年泰国吸引的外国投资大幅度下跌。2015 年 1～11 月，外国投资者对泰国的投资额比一年前暴跌 78%，只有 938 亿泰铢（约合 170 亿元人民币），曾经是泰国最大投资来源地的日本 2015 年对泰投资急剧下滑 81%。

随着巴育政府执政局面的逐渐稳定，日本对泰投资正在稳步回升。就长远而言，日本仍将稳居泰国最大投资国的位置，其他国家欲赶超日本在泰投资的绝对优势，还需要漫长的时间去努力。

三、巴育政府上台后两国之间的铁路建设合作进展

巴育政府上台后，与中日两国同时商讨在泰国合作修建高速铁路的计划。最终东北线通向呵叻的铁路由中方承建，曼谷—清迈线已确定引进日本新干线技术，拟于 2018 年初开工建设。曼谷—清迈高铁时速约为每小时 250 千米，总长度约 660 千米，工程总造价估值为 2730 亿泰铢。

泰国交通部长巴金上将于 2016 年 5 月 27 日在东京与日本国土交通相太田昭宏共同签署了泰日铁路合作备忘录。该备忘录涵盖了泰日进行政府间合作、引进日本新干线技术承建从清迈—曼谷高铁的内容，日方将向泰方提供低息软贷款，预计利率不会超过 1.5%。

合作备忘录的内容除了高铁外，还包括由日方升级北碧府（Kanchanaburi）—曼谷—沙缴府（Sakaeo）的复线米轨铁路，涵盖曼谷—兰差邦港口（春武里府）的铁路支线，该路线长 574 千米，从西到东贯通泰缅、泰柬边境并连接主要港口和工业区。

泰国政府将两大高铁工程分别交给中日两国，体现了其平衡外交主义的一贯方针，也是诱导两国彼此竞争、分散项目风险的一种手法。泰日高铁目前虽大体确定，但如同一波三折、中途"缩水"的中泰铁路一样，也面临着巨大的不确

定性，各种拖延和争议将随时出现，是否能够顺利按时开工和完工，尚不得而知。

第四节　泰国与周边主要国家的双边关系

越南、柬埔寨、老挝等三国在历史上与泰国有着深厚的渊源，彼此之间关系复杂。泰国地处中南半岛的中心位置，与周边几乎每一个邻国都曾爆发过漫长的民族战争，彼此之间的恩怨情仇如果用"剪不断理还乱"来形容不足为过，各国之间的关系自东盟成立后总体上趋向缓和，彼此间的合作大于争执，相互之间爆发重大军事冲突的可能性为零，可以确定地说现阶段泰国与其邻邦的双边关系正处在历史上最良好的时期。

一、泰—老关系

泰国与老挝的民族亲缘关系最为深厚。两国之间的密切关系最早可以追溯到1560年泰国的阿瑜陀耶王朝时期，为了共同对抗西部强国缅甸的入侵，暹罗和老挝缔结成同盟，缅军屡次入侵和围攻暹罗首都阿瑜陀耶城的时候，老挝国王塞塔提腊曾先后于1564年和1569年两次派兵远征援救暹罗。

18世纪，老挝分裂为琅勃拉邦和万象两个王国，琅勃拉邦王国亲泰，万象王国亲缅。1778年，暹罗出兵攻陷万象，把万象置于自己的军事占领之下，同时强迫琅勃拉邦接受其宗主权。1778年以后，暹罗先后征服了老挝各个王国并统治老挝长达115年。

老挝沦为暹罗的属国之后，为了争取独立和民族尊严，老挝反抗暹罗统治的斗争不断，但悉数遭到暹罗镇压。19世纪60年代，法国殖民主义者占领了交趾多那、柬埔寨之后，又继续向外扩张。1883年，越南的顺化王朝成为法国的保护国，法国又进一步以老挝是越南的属国为"理由"，把侵略矛头指向老挝，要求继承越南对老挝的宗主权，制造各种事端，迫使暹罗屈服。

1888年、1893年和1903年，法国先后从暹罗手中夺去了西双朱泰及湄公河东西两岸的领土，其中包括占巴塞和马诺派地区，泰国失去了在老挝的29.25万平方千米领土的控制权。

冷战时期，泰国担忧老挝一旦变成为共产主义国家，将会导致泰国东北部轻而易举地被共产主义渗透和分裂，于是派遣"猎虎"志愿军和一部分正规军赴老挝参战。1975年，在老挝人民民主共和国成立前夕，泰国与老挝关系日趋紧张，且在不断恶化。1975～1989年，两国关系随着东南亚地区局势的变化而时好时坏。双方之间发生的大的冲突事件会通过报纸、杂志、电台、报道宣布，没有见诸报端的零星边界冲突事件据泰国的学者统计，1979年有42起，1980年有37起，1981年有33起，1982年仅前10个月就有43起，且大都发生在与老挝、柬埔寨接壤的乌汶府和与万象省相接的廊开府。

自20世纪80年代末至90年代初，随着柬埔寨问题和平解决取得进展以及泰国内阁及总理的更迭，泰国调整了对柬埔寨、老挝、越南的政策，老挝也从向苏联、东欧、越南一边倒转向全方位外交。泰老关系迅速得到改善，纠纷事件日渐减少，两国边境趋于平静。1989年泰国政府全部开放了泰老边境口岸，此后两国领导人来往频繁，1992年1月老挝的凯山·丰威汉主席访问泰国，2月坎代总理访问泰国，2月19日两国总理在曼谷还签署了《泰老和平友好条约》，该条约的主要内容包括以和平方式解决两国的争端，两国和平共处，友好合作。3月泰国副总理抛·沙拉信、5月泰武装部队总司令甲社、6月泰王储哇集拉隆功、9月泰商业部长阿马勒、10月诗琳通公主先后访问老挝。同年11月泰王储哇集拉隆功、诗琳通公主、巴颂外长、西帕依副议长和金素达总理等赴老参加凯山·丰威汉主席的葬礼。这一年两国领导层的互访几乎月月都有。1992年两国定期举行了两国维护边界委员会例会，并联合清剿泰境内的老挝反政府武装，10月两国警方合作破获泰国罪犯抢劫老挝国家银行200万美元案并归还全部赃款。1992年是两国关系进入和平友好、密切合作、稳定发展新阶段的标志年。

二、泰—越关系

古越南在中南半岛东部崛起后，由于文化与暹罗差异较大，且两国并不接壤，因此双边文化交流较为薄弱。军事实力强大的越南对古代暹罗造成了巨大的军事威胁，两国历史上为了争夺老挝和柬埔寨的控制权，曾一度爆发战争。

柬埔寨长期以来一直是暹罗的属国，但它的东部一些省份为越南所控制。1769年，柬埔寨国王安侬的兄弟发动政变，在越南支持下拒绝向暹罗进贡引起暹罗的不满，1771年，暹罗国王郑信便遣兵东进，从海、陆两路进攻柬埔寨，占领班迭密等地，迫使越南支持的傀儡国王乌失出逃，柬王安侬重掌朝政，向暹罗臣服。但是越南再次出兵干预，重扶傀儡登位。1773年，越南人再次被暹罗人打败，安侬重新登上王位，此后柬埔寨跟越南断绝关系，成了暹罗的属国。

法国殖民者占领越老柬后，印度支那三国之间的联系日益密切。法国撤出中南半岛后，越南实际掌控老挝，入侵柬埔寨，再次与泰国在泰老边境地区爆发"特种战争"，使冷战时期的泰老关系长期处于敌对状态。

越南战争期间，美国对泰国提供大量的经济援助，带动了泰国经济的极大发展、城市繁荣和最初旅游业的兴旺。在这个短暂的时期里，泰国的城市发展吸纳了大量的农民，也有助于军政府的精英和华裔商业精英之间在社会和经济上形成相互依存的关系，共产主义意识形态从越南、老挝向泰国的渗透，也在一定程度上推动了泰国 20 世纪 70 年代反独裁民主运动的兴起。

泰越关系自 20 世纪 90 年代起步入关系正常化的轨道，两国在各个领域的合作稳步开展。2013 年两国建立战略伙伴关系之后，双方各级互访和高级代表团互访频繁，两国各部委、行业、地方合作不断扩大并发挥积极作用。双方国防安全合作为增进双方之间的互信做出了贡献。双方在经贸、投资等合作日益活跃，为两国带来实实在在的利益。双方制定了于 2020 年实现双边贸易额达 200 亿美元的目标。两国一致认为文化、教育、体育、旅游等领域的合作是两国合作关系的重要基础。双方相互配合举办了 2016 年越泰建交 40 周年纪念活动，双方在活动中分享旅游领域的经验，加强旅游领域的合作，并推动签署越泰旅游合作计划（2016～2018 年），在泰国那空帕农府设立了胡志明主席纪念区，旅居泰国的越南人社团也逐渐在泰国东部形成影响，为越泰多方面合作关系以及两国人民友好关系的发展起着桥梁作用。

三、泰—柬关系

柬埔寨历史上最强盛的时期是吴哥王朝时期，当时古暹罗的各部均是高棉民族的属国。高棉帝国自 14 世纪衰落后，暹罗与越南开启争夺柬埔寨控制权的争斗，柬埔寨轮番成为泰越两国的弱小臣属，整个古泰柬关系史就是一部充满着征服与反叛的历史。

暹罗在 15 世纪攻陷吴哥王朝都城，将数千高棉农民、熟练工匠、学者及僧侣强行带回首都阿瑜陀耶，造成了柬埔寨国因人才资源的严重流失，元气大伤，被迫迁都至洛韦以南的乌栋。在乌栋王朝时期，柬埔寨的君主们只有更替成为暹罗和越南的附庸才能幸存。

18 世纪中叶，暹罗取得了对缅复国战争的胜利后，立刻乘胜入侵和控制柬埔寨，在暹罗王宫中长大的"质子"高棉国王昂恩，被暹罗部队在乌栋拥立为君主。同一时间，暹罗悄悄地吞并了柬埔寨最北边的 3 个省，西北的马德望省和暹粒省的地方统治者，也成为了暹罗国王的臣属，被归入了暹罗的影响范围内。

法国占领越南后，柬埔寨被从暹罗的控制中剥离出来，并入法属印度支那。然而，由于文化的原因，暹罗人与越南人对柬埔寨有着根本不同的态度。暹罗与高棉有着共同的宗教、神话、文学。曼谷的却克里王朝仅是要求柬埔寨的效忠和少部分领土，并不打算去改变柬埔寨的价值观或生活方式。越南则视高棉人为野蛮人，要通过越南文化来使柬埔寨"走向开化"，甚至将柬埔寨国土视为越南殖民开拓的基地。

在冷战结束后的短暂时期内，泰柬关系得以逐步恢复正常化。但从 2003 年开始，两国关系由于领土争端再次受到重创，两国人民之间对彼此的负面感滋生，为双边关系蒙上了挥之不去的阴影。

2003 年，泰国女影星有关吴哥古迹归属问题的言论，引发柬埔寨国内的反泰骚乱，导致泰国驻柬使馆被焚烧，泰国商人财产被严重损毁。自 2008 年以来，泰柬双方至少有 7 人在柏威夏寺的几次冲突中丧生。

两国久拖不决的陆地边境划分和重叠海域油气资源开发等问题也阻碍双边关系发展。泰柬双方前几年签署的一些有关边境问题和重叠海域石油资源开采问题的谅解备忘录，8 年来几乎没有得到实质性贯彻。

在他信执政时期，泰柬关系大为改善，泰国沙玛政府、英拉政府在领土问题上主动让步，深得柬埔寨赞许。泰国民主党短暂执政时期，柬埔寨洪森政府出于对两国领土争端的不满以及对他信本人的认同，高调聘请他信为柬埔寨政府顾问，引发泰国反他信群体大为哗然，两国关系再次陷入低谷。

巴育政府上台后，对两国领土争端采取搁置政策，泰柬关系再次趋向正常。

近年来，柬埔寨与泰国在发展中一直都保持着友好稳定的合作关系，而柬埔寨也与泰国展开各项经贸合作，通过联合修筑铁路及部署公路网络、扩大各型桥梁等，为相邻成员国的交通运输提供了较大的发展便利。此外，两国的双边贸易以及旅游相关产业也因此不断扩大加深。双方利用人力资源的互补优势，发展加工业，带动就业补给，弥补市场建设的各项空白区域。

两国在国际贸易及对外投资领域的合作也得到加强，双方各边境安检部门及海关、移民局等机构在东盟合作框架下密切配合，对两国间影响最大的跨国劳工输出和边境经济特区建设，起到了一定的促进作用。

第五节　泰国外交的总体战略

综合泰国对世界大国和东盟邻邦在历史上的外交表现，泰国外交的基本原则，即是对区域外强国中立平衡，对区域内各国收束整合。

泰国对外依旧奉行中立原则，在中国、美国、日本等地区关键性力量之间保持平衡，灵活应变，不轻易选边站，远离纷争，趋利避害，在国际事务中争取充当居中协调、左右逢源的角色，以此保证泰国自身的独立自主。

百余年游走列强之间的外交史，既为泰国留下了深刻的教训，也深化了泰国保持独立自主的决心与智慧。作为东南亚地区的主要国家，泰国拥有独立自主的政治传统，虽然国民性与总体战略基调趋向温和，但举国上下对被来自于外部势力的掌控与干扰极为敏感与厌恶。任何来源于外部、将泰国视为"局部"而非"主体"、不由泰国掌控之下的一体化议题，泰国都会对其抱持高度的戒心。

然而，毕竟受其自身国力的限制，在世界大国反复拉锯的中南半岛，其奉持的中立外交政策并非百试百灵。比如，在英法殖民帝国瓜分中南半岛时，泰国虽然侥幸保持独立，但仍不得不忍痛向英法两国割让了大片领土。又比如在太平洋战争前夕，泰国"亲日反法"擦枪走火，最终反遭日军实际占领，被迫披上轴心国的战袍。

依赖外部力量之间的彼此制衡来获取自身独立的"以夷制夷"式外交战略，其前提是"外部力量"之间的势均力敌，一旦外部角逐的天平失衡，仅凭自身的一己之力，泰国是无法抗衡"羊入虎口"之虞的。在惨痛的历史教训和现实的战略需求下，泰国选择了"聚拢东南亚，抱团自做大"的区域一体化之路。

冷战时期，"东盟老六国"成立东盟的主要初衷是防范来自北方的革命输出，同时保持地区国家相对独立于北约，具有在冷战两大阵营之间别树一帜、抱团自立的色彩。

冷战结束后，东南亚十国全部加入东盟，成员国彼此之间意识形态的差异、利益矛盾的复杂、全球安全局势的缓和，使得东盟本身逐渐演变为成员国内部的沟通机制，其功能局限于经济、文化层面，既无法对外部挑战做出反应（如罗兴亚难民问题、IS恐怖主义蔓延等），也无法对成员国内政的失序（如泰国历次政变、缅甸废除大选、印度尼西亚排华暴乱等）做出任何干预。东盟一体化进程的减速实际上早于中美两国的"重返"，国力崛起的中国与"重返亚太"的美国在东南亚角力的加剧，的确大大加快了东盟体系分裂的速度。

在安全方面，中国在南海地区的强硬态度，以及美国随之而来的军事警告，迫使东盟各国"选边站"。在美国的幕后支持下，越南、菲律宾等国一度与中国展开强硬对抗，新加坡、马来西亚、印度尼西亚立场也较为偏向美方；而老挝、柬埔寨等一穷二白的内陆国家则更愿意通过对中国的"仗义执言"来换取可观的经济利益。泰国、缅甸则明哲保身，从不对此议题发表明确看法。

近年来的每次东盟国家重要会议上，在会后声明中是否提及南海问题，变成了各方角力的焦点。连续数年的东盟外长会议联合公报，都因措辞强烈的原稿遭遇老挝、柬埔寨等国的反对而屡经修改，甚至"习惯性流产"，东盟之间的裂痕已明显地呈现在世人面前。

在经济上，东盟自身内部的经济互通，始终因为新老成员国内部关于贸易壁垒、劳务流动等议题的分歧而停滞不前。东盟主导推动的 RCEP（即"10 + 6"

的区域全面战略伙伴框架协议）又因为东盟总体经济实力的孱弱而陷入"小马拉大车"的窘境，在美国和中国主导的一体化进程中存在感稀薄。

作为东盟的创始国，以及本地区经济较为发达的国家，泰国在东盟的地区一体化进程中占据上游优势，是东盟一体化深入推进的最大受益者与推动者。因此对于有可能影响或取代东盟合作框架的外部因素都会引起泰国的担忧和警惕。

这些"外部因素"包括TPP，大湄公河次区域合作，甚至包括俄罗斯主导的欧亚经济同盟——自然，也包括声势浩大的"一带一路"。

泰国在各个领域都有意识地优先强调东盟整体身份。相比于直接对华接触，泰国在经贸、外交、军事安全领域往往更愿意以"东盟"的大旗亮相，以一个集团化的姿态与中国协商。

在对泰国解释"一带一路"倡议时，必须注意强调东盟一体化与"一带一路"的并行不悖，相互补充，彼此促进关系，应当以泰国的视角和东盟的视角为立足点，将"一带一路"倡议描绘成为东盟一体化的引擎和催化剂，把以泰国为主导的东盟视作与中国"等量齐观"的合作者，而非一个宏大计划中的被动参与者。唯有如此，才能消除芥蒂与隔阂，使泰国在维持其自我定位的基础上，真诚地加入到"一带一路"倡议中来。

第六章　泰国社会文化

宋干节（公历四月十三日至十五日）、水灯节（泰历十二月十五日）是泰国最为重大的民俗节庆日。

泰国的媒体以私营为主，泰文媒体是主流媒体，英文、华文媒体居辅助地位。有 230 多家广播电台，其中由政府民众联络厅管理的有 59 家。泰国广播电台为国家电台，设有国外部，用泰、英、法、中、马来、越、老、柬、缅、日等语言广播。无线电视台共 6 家，都设在曼谷，大部分电视节日通过卫星转播。地方有线电视公司 86 家。电视网覆盖全国。

泰国教育行政管理制度的总方针在于发展现代教育以适应现代社会的需要。实行 12 年中小学义务教育制。中等专科职业学校为 3 年制，大学一般为 4 年制，医科大学为 5 年制。

泰国有"黄袍佛国"的美名，佛教是泰国的国教，90% 的人信奉佛教。泰国年历为佛历年（亦称泰历年），是以释迦牟尼去世当年为计算基准。换算方法：泰国的本国纪年 − 543 = 公元年。

第一节　泰国社会文化概况

一、泰国社会文化的发展背景

泰国文化的历史源远流长，根据历史学家的考证，目前生活在马来西亚的小黑人和沙盖人，就是泰国原住民族的后裔。泰国目前最大的民族是泰族，一般史料记载，他们源于中国的南部，与中国汉藏语系壮傣语族（壮侗或者侗傣语族）的民族关系密切，在向南部迁徙的过程中，势力不断扩张，最终摆脱高棉族和孟族的统治，从公元 1238 年开始成为统一国家。之后，泰国先后经历了素可泰王朝、大城王朝、吞武里王朝和曼谷王朝。

泰王国实行君主立宪制，皇室在泰国民众的心目中地位极高，拉玛九世是泰国有史以来在位时间最长的君主，他勤政爱民，赢得了"泰国最勤奋的人"的称号。

二、泰国文化概述

（一）语言文化

泰文是素可泰王朝时期的国王兰甘亨于公元 1283 年根据孟文和吉蔑文创造而成的，历经 700 多年发展至今。泰语有 5 个声调，由 44 个辅音、28 个元音字母组成。随着泰国历史的发展，泰语吸收了其他语言的元素。目前，泰语中的许多词汇来源于巴利语、梵语、高棉语、马来语、英语和汉语。

泰国历来重视其语言文化的发展，与泰国的社会阶层发展相一致，泰语被分成世俗用语、王族用语和僧侣用语三种。

在漫长的民族演化进程中，为了稳定国家政治，促进经济发展，加强执政党的政治领导，泰国的语言政策近年来经历了一系列的变革。早期的泰国推行泰语为单一国语，这导致了不同民族之间强烈的语言冲突和麻烦的民族认同问题，近年来，由于认识到全球化和语言经济的意义，英语作为泰国的通用语言的地位越来越高。英语是泰国的第二语言，泰国教育部的现行政策是在全国 500 所标准学校开设英语课程。

在经历了自由发展、限制打压和迅速发展的几个不同阶段，汉语已经成为紧随英语之后的泰国的另一门重要的外国语。

（二）宫廷文化

泰国的宫廷文化包括绘画、建筑、雕刻、文学、戏剧和音乐。泰国的宫廷文化具有浓厚的佛教色彩。

1. 绘画

泰国的古典绘画多限于寺庙与宫殿里的壁画，其主题大多都与佛教有关，例如释迦牟尼佛的生活；天堂、地狱的故事及有关的传统习俗。绘画的主旨是传扬佛教，促进佛教的发展，启发人们心中包容、忍让、利他、向善的道德要素。

2. 建筑

人们除了在皇家宫廷，还可以在佛教场所——宝塔、寺庙等看到泰国的古典建筑。泰国人民借鉴印度、中国和缅甸等国的建筑艺术，创造了自己独特的建筑风格——多层屋顶、高耸的塔尖，用木雕、金箔、瓷器、彩色玻璃、珍珠等镶嵌装饰。在阳光照耀下，这些建筑物都发出灿烂的艺术之光。

3. 雕刻

泰国的雕刻集中在对佛教人物和大象的表现上，在泰国，佛教人物非常多，这些人物是用木头、金属、象牙或稀有石器和灰泥制成的。

4. 文学

早期的泰国文学以诗歌的形式表现出来，内容与宗教、皇家、贵族的生活有关。后期的泰国文学也反映了平民的生活。在 20 世纪早期，拉玛六世王对泰国的文学做了改革，散文从此成为泰国作家喜爱的一种写作形式。泰国最主要的文学作品之一是《拉玛坚》，深受泰国人喜欢。

5. 戏剧

泰国的戏剧和舞蹈是密不可分的。舞蹈起源于印度，但泰国人将其改变成动作舒缓、优美的形式。在大城王朝时代，主要有泰南舞剧、民间戏剧和宫廷戏剧。到了拉玛王朝第五世王时期，受西方戏剧的影响，增加了古剧、杂剧、唱剧和话剧。早些时候，戏剧通常是在宫廷和贵族官邸上演，普通百姓只能在佛教节日才能看到。

泰国的戏剧最高奖项为皇家戏剧奖，2015 年是第六届泰国皇家戏剧奖，最大赢家是 CH3 台，几乎囊括了最具分量的几个奖项，如最佳导演、最佳泰剧、最佳男女主角、最佳男女配角、最佳剧本等。

6. 音乐

泰国的古典音乐使用自然音阶，曲调清新委婉，节奏鲜明缓慢，音域宽广低沉。乐器分弹、拉、敲、吹四种。弹的乐器有古筝、拉的有弦、敲的有鼓和钹、吹的有双簧管和笛。在宗教仪式、传统仪式和传统节目表演上，都演奏古典音乐。泰国的古典乐曲有 1200 多种曲调，根据各自的作用分成悲曲、愤曲、娱乐曲和佛事曲几大类，并且大多是"拉玛坚"剧的伴奏音乐，内容丰富、曲调缓和柔美。

（三）传统文化

泰国物质文化中的建筑文化、工艺品文化和装饰文化独具特色。非物质文化中的节日文化、礼仪文化、佛教文化别具一格。

建筑文化是社会文化的集中体现，建筑文化的精神特征是人类社会上层建筑领域内容和层次的表现。泰国的建筑文化深受佛教文化的影响，同时也吸纳了中国、印度、欧洲文化的积极进取元素。佛寺和佛塔是泰国建筑的典型代表，佛寺由一些复杂的建筑和宗教性的建筑聚合而成的，是泰国人的宗教中心和重要的社交场所。泰国佛塔由四部分组成：塔刹、覆钵、塔身、基座。覆钵为圆形锥状，塔身由下至上逐层收分。基座一般为折角亚字形台面，犹如我国"天圆地方"的传统概念一说。泰国的佛寺建筑设计精细、造型精巧，不管是高层建筑，还是低层建筑，都很注重建筑细节的处理，如门窗、柱子、阳台、屋面等都做得很精细，从而使每一栋建筑都有各自的特色，也都是一个精品。

因为民众笃信佛教，泰国全国有 25000 多所佛寺，佛塔达 10 万座以上，平均每一个乡就有一座寺塔。

泰国佛教建筑上的装饰色彩不但是由其民族生活审美习惯、适用的环境、部位的不同而决定，而且它还具有不同的感情色彩，如红色代表厚重、金色代表富丽、黄色代表高贵、白色代表洁净、蓝色代表肃穆、绿色代表宁静、黑色代表威严等。另外，泰国佛教建筑的壁画在色彩的运用上也有其本土特色，强调对比，讲究色彩艳丽，追求金碧辉煌的效果，并用点金或其他中和色统一画面。

泰国的装饰文化讲究精雕细琢，无论是街头巷尾的花圃造型，还是供旅客住宿的酒店，都能让人感受到这个国度人们的精细与用心。

泰国的手工艺品是泰国人心境平和、做工精细的集中体现。在泰国的各个地方到处都有琳琅满目的工艺品商店，摆放在桌上的花瓶、蜡烛、刺绣、雕刻等工艺品无不充满着浓郁的泰国气息。手工艺品是泰国民族文化艺术的一部分，也是泰国很多地区的人民赖以生存的重要产业。家庭作坊式的生产是泰国传统手工艺品生产的一大特色。驰名于世的手织泰丝，切割工艺精湛的宝石生产（泰国、斯里兰卡、巴西、南非、缅甸被誉为全球最重要的五大宝石之国，泰国盛产红宝石和蓝宝石，是世界有色宝石之都），工艺精巧而柔韧的草编，别具特色的泰国木偶，设计大胆、刺绣图案丰富的泰国蜡染，铸造技术娴熟的锡器、陶器和漆器，以大象为主题的木器雕刻与颜色鲜艳、图案多样的油纸伞都特别受国际游客的欢迎。

泰国文化一方面受佛教中南传小乘佛教的长期熏陶，另一方面西方列强自19 世纪以来几乎将整个东南亚都变成了殖民地，唯独泰国得以幸存，在西方列强的夹缝中求生存，亦不可避免地受其文化的影响。在东西方文化的长期渗透和融合下，形成了独特的泰国文化。

泰国传统宗教文化盛行，大部分人信奉小乘佛教，并对佛教保持着虔诚的信仰，传统上每个成年男子一生中必须出家一次，为期一周到半年不等。僧侣在泰国地位优越，受到广大民众的顶礼膜拜，泰国人在谈论佛像和僧侣时通常需要使用特殊的敬语。民众生活的各方面无不受到佛教文化的影响，以至于人们无法分清哪些是宗教的，哪些是世俗的。

泰国人还崇拜原始宗教，如土地神、花神、月神等自然神灵，相信万物有灵，相信神灵和亡灵对人有帮助，人对神灵的祭奠供奉多少，决定了神灵对人帮助的多少。

泰国社会中的等级观念强烈，一般分为上等阶层、中等阶层和劳动阶层，每个等级都有其自身独特的语言和行为标准，泰国人的日常交流用语视说话对象和社会地位的不同而不同。泰国家庭中也有地位的顺序，一般是父母的地位高于孩子、丈夫的地位高于妻子、年长子女高于年幼子女，但经济大权和子女教育一般由女子决定。

泰国人的人生价值观受传统文化影响很深，虔诚的佛教徒一般都相信今生的积德行善是为了来生的幸福。同时，他们热爱和平，讨厌各种形式的暴力，尽力避免冲突。

泰国是一个注重传统道德和礼仪的国家，大部分的儿童从小学起就开始接受各种礼仪和宗教知识的教育。在佛教的影响下，泰国人的礼仪修养良好，如双手合十的礼貌礼节、在寺庙中端庄得体的穿着等为泰国赢得了"礼仪之邦"的美誉。

总之，泰国人的社会观、艺术以至于饮食观大多建立在佛教文化的基础之上，具有平和、活泼而不失庄严的特质。

三、泰国文化发展近况

泰国政府十分重视泰国的传统节日，希望通过这些节日来维护泰国的传统文化习俗，同时提振旅游产业。宋干节、水灯节、春节等是政府隆重庆祝的民俗节日。2015 年 3 月在素可泰府历史公园举办的泰国遗产和世界遗产日，泰国政府主打泰拳比赛和园艺展览等活动，宣传泰国的独特传统和秀丽美景①。

（一）泰国传统文化国际化

宋干节是泰国人的新年，相当于中国人的春节，是泰国排名首位的民俗节日，届时全国放假 3 天，第一天除夕，第二天新年热身（Wan Klang），最后一天才是传统意义上的新年（Wan Taleung）。在宋干节期间的传统活动是相互泼水，意在洗去过去一年的不顺利，重新出发，因而宋干节又常常被人们称为"泼水节"。为了借助传统节日提振旅游业，从而拉动经济的发展，近年来已经演变成国际游客的狂欢节日，且深受欧美游客的喜爱。2016 年 4 月 11 ~ 15 日，泰国曼谷、普吉、清迈、苏梅、芭提雅、班武里等最受国际游客欢迎的府县同时庆祝宋干节，本地居民与国际游客普天同庆。

水灯节是泰国排名第二位的传统民俗文化节日，近年来每年都有约 200 万的国际游客赴泰国体验水灯节盛会。为吸引更多民众参与 2015 年的水灯节盛会，普密蓬国王及王后特派公务处副秘书长迪萨，携带专属御赐水灯，于 11 月 25 日水灯节当天在诗里叻码头的湄南河中漂放，与民同庆。总理巴育也于当晚 6 时，在总理府旁的拍仑军甲森港一带参与水灯节盛会。2015 年 11 月 21 ~ 26 日，曼

①　驻泰国经商参赞处.泰国总理巴育上将称春节曼谷唐人街耀华力路为亮点［EB/OL］.http：//chinaaseantrade. com/news/show. php？itemid = 8009.

谷、清迈、来兴、夜功、大城、叻丕府 6 个地方政府分别在各自辖区的著名景点举办大型水灯节盛会，据媒体报道共有约 200 万泰国人、约 7 万外国游客参加了水灯节盛会，创收 37.5 亿泰铢，是 2013～2015 年来最热闹的一年。

被皇室赐予水灯是无上的荣耀，也表示皇室对民众的关怀。素可泰府2014 年、2015 年连续遭遇大旱缺水，因此 2015 年，皇室在水灯节之际，恩赐两盏吉祥水灯给素可泰府，作为泰历 2558 年水灯节的"镇节之宝"，素可泰府府尹比迪率领地方高官和众多民众共同参加了隆重的赐灯仪式。

（二）泰国反贪博物馆开馆

泰国在全球行贿排名中位列第 85 位，为了惩治涉嫌贪污舞弊之人，于 2015年底建成了反贪污舞弊博物馆，2015 年 11 月 24 日，枢密院主席炳上将出席博物馆的揭幕仪式，政府希望通过该博物馆让普通民众了解贪腐贿赂带来的危害，尤其是让孩子们有机会从小培养起远离贪腐的观念与意识，从源头预防腐败的发生。

（三）儿童节

1 月 9 日是泰国的儿童节，泰国教育部以"好儿童、勤奋、好学、准备迎接挑战"为主题举办了儿童节的庆祝仪式，巴育总理在主持仪式的讲话中希望泰国的少年儿童都是父母的好子女，都能成为国家未来的正义力量；要求家长们要成为好榜样，勿制造社会纷争矛盾；建议孩子们督促父母不要酒驾，也不要介入社会政治分歧活动。巴育希望民众能以 1 月 9 日作为一个全新的开始，特别是教师，力求在教育上做出新的突破，为国家未来贡献力量。

此外，在活动中巴育总理与前往参观的少年儿童一起玩各种游戏，参加泰拳表演队进行泰拳对打。巴育陪同为国争光的优秀儿童代表、南疆地区儿童代表、孝顺儿童代表和贫困儿童代表在内的 29 人参观总理办公室，让代表们轮流坐上总理办公椅，体验一下当总理的感受。

巴育表示发展国家要树立成为有道德的好人思想，作为一个好人，首先要尊重法律、以仁待人、不给他人制造麻烦，更不应该制造社会分歧矛盾。政府推行学生减负政策，不是让学生提前下课回家，而是希望学生通过自我学习提高多方面的能力，自主学习，形成独立思考和分析的能力。举办儿童节庆祝活动是一件非常有意义的事情，因为少年儿童是推动国家按照政府计划进行改革的力量之一，男生要吃苦耐劳，成为保护女生的力量；女生要爱得清清楚楚，不能只看外表。

（四）对泰国社会文化发展的评价

泰国重视其民族传统文化，希望通过上至皇室、下至平民百姓的活动加强传统文化教育，通过皇室和政府的直接参与，提升旅游产业的发展，使之成为一种文化经济。

在佛教文化影响下的泰国主流文化讲究无欲无求、包容平和，慢悠悠、重享受。在重要的节日文化里，国家和平民等自然希望尽情享受传统文化，得以放松，而不想因工作受到影响和忽视，这是泰国传统节日文化氛围浓厚的原因之一。

泰国近年来社会动荡，南部的民族分裂活动猖獗，民众抱怨之声时有出现，皇室和政府自然希望借助传统文化节日，与民众亲密接触，增加亲民形象，以维护社会的稳定。

近几年间泰国的旅游业在东南亚已经稳居榜首，几乎成为泰国国民经济最重要的支柱产业，近一两年泰国政局逐渐趋于稳定，政府趁着和平的节日大力宣传，以吸引更多的国际游客前来泰国旅游度假，以此拉动经济的增长。

自从与中国建立外交关系以来，泰国一直与中国保持着紧密的文化交往。两国间有着悠久的传统友谊和相似的历史遭遇、相同的文化根基，近年来中国—东盟经济圈活动的日益频繁给文化交流提供了契机。同时，文化与经济交流交相辉映，增加了中国—东盟自由贸易区的活力，也为地区的和平发展创造了稳定的周边环境。随着未来"一带一路"经济带建设大潮的到来，中泰文化交流会更加频繁。

第二节　泰国的文化传媒

泰国的文化传媒比较发达，无论是传统媒体，还是新媒体，都走在东盟国家的前列。

一、泰国的传媒

（一）新闻报纸

泰国的新闻报纸按照语种的不同，可分为泰语、英语和中文报纸。主要泰文报纸有《泰叻报》、《每日新闻》、《泰国日报》、《民意报》、《暹罗早报》、《一针见血报》、《经理报》等。

《泰叻报》是泰国发行量最大的泰文日报，在曼谷出版。1948 年 1 月 1 日创办，原名《考拨周报》，1958 年 10 月 20 日停刊，1959 年 5 月 1 日以《祥安通》的报名复刊，1962 年 12 月 25 日改用现名。该报提供大量的日常、经济、社会、政治新闻，另外还有体育版和娱乐版，日发行量达到 100 万份。

《每日新闻》（http：//www.dailynews.co.th/）享有"泰国人自己的报纸"的光环，该报以泰国人民的发言人为其使命，向读者提供容易理解的新闻报道。该报占泰国报业市场份额的35%，2015年其发行量为75万份，大约有1800万读者。该报生产中心在曼谷，向全泰国发行，每周7天，每天早上7点开售。

《民意报》（Matichon）是泰国主要的泰文报纸，创刊于1978年，每日发行，在2005年世界日报发行量前100名排行榜中排第97位。

《一针见血报》（Kom Chad Luek）（http：//www.komchadluek.net/）是泰国发行量较大的民营泰文日报，也是进入全球日发行量排名前100位的综合性大报，主要提供政治、体育、娱乐、经济、旅游等方面的内容。该报的娱乐版每年年初都会对上年泰国娱乐圈的情况进行传媒评奖，奖项分为电影、电视剧、流行音乐与民歌音乐四大类。

泰国主要华文报纸有《新中原报》、《中华日报》、《世界日报》、《星暹日报》、《京华中原联合日报》和《亚洲日报》。

《世界日报》的总部位于曼谷，是泰国发行量最大的中文报纸。该报纸实际隶属于中国台湾联合报系，报社领导和主创人员多来自中国台湾地区，政治立场偏向于国民党。对泰国新闻多采取中立立场，而对于中国新闻的态度则与一般中国台湾地区媒体无异。

《星暹日报》是泰国历史最为悠久的华文报纸，近年来编辑人员中吸收了较多的大陆留学生及中国新侨民，风格接近大陆报刊，且最早开设了微博、微信公众号，影响日益扩大。但经历改组之后的风格再度向传统华文报纸回归。

《京华中原联合日报》、《新中原报》等其余报刊，均为传统华文报，主要刊发泰国新闻和与中国相关的新闻及中国新闻，采用中国中新社的文稿和图片，正面报道中国所取得的各项成就。也多开设"潮汕乡情"、"梅州乡情"、"大埔乡情"等刊登介绍侨乡风土人情的文章，注重中泰文化交流。

泰国华文传媒界还有一报两刊：《中华青年报》（《中华日报》的子报）以及《时代论坛》（时政类月刊）和《泰华文学》（泰华作家协会创办的文学类季刊）。

泰国的主要英文报纸有《曼谷邮报》、《民族报》、《国家报》等。

《曼谷邮报》（Bangkok Post）（http：//www.bangkokpost.net/）是泰国英语报刊的老大，主要在曼谷发行。自1999年起，每年都提供半年份的泰国经济报告。通过该报纸，每天数以万计的各国读者获得关于泰王国的政治、财经、教育、交通、旅游、就业信息，以及增进自己的英文水平。

《民族报》（The Nation）创办于1971年，总部位于首都曼谷，主要提供政治、经济、生活、旅游、体育、科技等相关内容。该报读者群定位在年轻的精英阶层，在泰国具有广泛的影响力，日均发行量 7 万份。该集团总编辑和总裁均为"亚洲新闻联盟"的创始人。2006 年 1 月开始，该报与《中国日报》实现合作，随泰国《国家报》一起发行中国日报的《中国商业周刊》。

（二）电视台

泰国第 5 电视台（Royal Thai Army Channel 5）是泰国的第二家电视台，由泰国皇家陆军于 1958 年开播，主要播放反映泰国军队情况的内容，亦播放政治新闻及娱乐节目。

泰国国家电视台（National Channel，NBT）（http：//www. nationchannel. com）是泰国的主流媒体，原泰国 11 频道，总部位于首都曼谷，每天 24 小时不间断地播出各类节目。

泰国国际中文电视台（外文：http：//www. tcitv. co. th/，中文 http：//www. tcitv. co. th/ch）。泰国国际中文电视台（TCITV）即泰华卫视。是目前泰国唯一使用中文播出泰国时事新闻的电视台，于 2011 年 5 月 1 日正式开播，影响力局限于当地中国新侨民。

泰国中文电视台（Thai - Chinese Television Co.，Ltd.，TCTV），作为泰中建交 30 周年庆典的重要项目，于 2005 年 12 月 18 日创播。

iTV（全称：iTV Public Company Limited）是泰国的民间电视台。从属新集团（Shin Corporations），由前总理他信创播于 1995 年，2006 年军事政变被接管后，被重新命名为独立电视台（Thai Independent Television——或 TITV），在政府的监控之下继续运营。

泰国电视剧电视台。泰国电视剧影响较大的电视台（频道）包括泰国 CH3 台、CH7 台、ONE HD、GMM25、Workpoint、CH8 台、MCOT 9 等，其中在电视剧综艺及造星方面最为突出的 CH3 台、CH7 台、GMM25，可谓是三足鼎立。

（三）广播电台

泰国的广播电台有 230 家之多，由政府民众联络厅掌管的有 59 家。泰国广播电台为国家电台，用泰、英、法、中、马来、越、老、柬、缅、日等语言广播。

泰国的无线电视台共 6 家，都设在曼谷，大部分电视节目通过卫星转播。地方有线电视公司 86 家。电视网覆盖全国。最著名的是泰国广播电台国际台（Radio Thailand World Service），开播于 1938 年，属于政府宣传电台，采用泰语、英语、马来语等播出节目，发射台位于泰国东北的乌隆府，在中国大部分地区都能接收到泰国广播电台国际台的节目[1]。

---

① 在 2005 年世界日报发行量前 100 名排行榜中排第 97 名［N/OL］. 民意报（Matichon），http：//www. baike. com/wik.

（四）网络

泰国商业新闻（Thai Business News）成立于 2004 年，采用英文和泰文进行新闻报道，内容涉及时事新闻、娱乐、时尚、财经、体育和科技等。

MSN 泰国（http：//th. msn. com），是微软于 2004 年 6 月 30 日正式宣布开通的 MSN 泰国门户网站，从而使泰语成为 MSN 支持的第五种亚洲语言。MSN 泰国是泰国曼谷银行、手机制造商三星电子泰国公司以及资产公司 Land & Houses 公司都已签约作为 MSN 泰国门户网站的战略合作伙伴，它们为本地化的 MSN 提供财经频道、移动频道以及家居频道。

Sanook 是泰国的第一大门户网站，由非洲最大的媒体公司 Naspers 的全资子公司 MIH Group 旗下的子公司进行维护，主要提供娱乐、资讯、商务以及社区方面的服务。早在 2010 年腾讯公司就收购 Sanook 网 49.9% 的股份，Sanook 网可以代理 QQ 软件，方便中国网民认识泰国朋友。

MThai 是泰国的综合门户网站，集新闻、旅游、电影、女性、游戏、音乐、相册、视频、博客等内容于一体。

泰国展会官方网站，每年提供当年及其下一年度在泰国举办的所有官方展会信息，其名称、类型、举办时间和地点、单位等内容详尽。

Gmember 是泰国 GMM Grammy 集团下的音乐网站，提供众多泰国流行歌曲、MV、相册等内容。

Thai Second Hand 是泰国二手商品交易网站。在该网站上，用户可以出售、交换自己的商品，同时购买别人的商品，还能够将自己的商品出租给别人使用。

Thai Focus 网站是 1997 年创建的，为方便赴泰国的游客提供各种信息，包括泰国天气、交通工具、预订酒店和购物等。

二、泰国的出版和印刷业

近年来，泰国的出版业不断走向国际化及多元化。据泰国出版商与书商协会（The Publishers and Booksellers Association of Thailand，PUBAT）的统计数据，自 2003 年以来，泰国出版业每年以 10% 左右的增长率持续增长。2006 年泰国政府推出一系列出版业的利多政策，包括降低印刷机械及新闻用纸、印刷网版、油墨等相关耗材的进口关税，带动了出版业的成长。此外，皇室赞助文化艺术和出版活动是泰国特有的传统，泰皇、皇后等皇室成员都是作家，由此皇室和政府能大力推动出版业的发展。

（一）出版业

据不完全统计，2015 年泰国出版社的数量为 500 多家，出版业主要由年收入超过 1 亿泰铢的大型出版商控制，他们所占的市场份额超过六成，连锁书店占泰国图书零售渠道的五成以上。

泰国的大型出版社有南美有限公司（Nan Mee Co.，Ltd.）、民意报公共有限公司（Matichon Public Co.，Ltd.）、国家多媒体集团旗下出版公司（Nation Book）。

南美有限公司创立于1949年，拥有66年的历史，是一家经营广泛、规模庞大、实力雄厚的文化产业集团，拥有泰国规模最大、品种齐全的中文书店。该公司拥有一家生产、销售自主品牌的文化用品与办公用品公司。公司还建立了"南美语言学院"和"陈式金出版社"（该出版社以翻译汉语图书为主，内容包括介绍中国的文化、美德、风俗、中医等，同时也出版一些泰国本土的小说），一直在泰国传播中国文化，推动泰国人学习中文。2013年与广西出版集团在曼谷南美书店合办"2013泰中图书展销会"。2012年至今，南美有限公司已举办三届青少年汉语技能大赛，2016年6月29日，中国外研社社长蔡剑峰到访泰国南美有限公司，外研社将在汉语出版和汉语师资外派方面与南美有限公司展开合作，参与承办汉语技能大赛，扩大赛事规模与影响，助推南美公司拓展品牌的影响力。

南美出版的图书种类繁多，每年出版的新书品种有1500种以上，大部分为引进版权的图书。该社出版了诗琳通公主的《云雾中的雪花》、泰文版《哈利·波特》，在东南亚与韩国和中国台湾的合作也很紧密。

泰国民意报出版公司（民意社），也是泰国出版界的领军企业，其出版的内容主要集中在人文历史传记文学领域。对中国文化比较感兴趣，出版了若干中国历史书。民意社在引进版权和出版本土作品方面平分秋色，覆盖面广，以文学、历史、生活类图书为主要出版方向，培养了若干泰国本土的畅销书作者。也出版了很多有关中国的人物传记和电视剧改编的小说。

泰国国家多媒体集团旗下出版公司（Nation Book）以电视、广播等多媒体产业为主，出版方面以杂志期刊、报纸及全国外版报纸的出版为主，图书是该集团的一小部分业务。该公司发行的外文报纸有《华尔街日报》、《中国日报》等，公司引进了若干欧美畅销小说和励志书，还有韩国和日本的漫画作品。整个图书板块占其集团业务的份额较小，且以各式各样的各国菜谱书为主，种类齐全繁多，配有高清视频，并与电视台达成了长期合作关系。

另外，泰国还有一些专业型的出版社，如泰国农业大学出版社以农业科普图书和教材为主，对园艺和草药类也有涉猎。2015年11月，湖北科学技术出版社考察该出版社，双方商定将在版权方面进行相关合作。

在数字出版和电子出版物方面，泰国出版业的数字化进程比较落后。网络购书和电子书的普及程度比较低，少数的出版公司建立了网站。许多网站提供公司的信息，并且为公司的产品做广告。它们中的一些网站提供在线书籍，以及在线购买服务和信用卡支付功能，顾客可以预订图书。

泰国与出版业相关的组织还有泰国出版商与书商协会（The Publishers and Booksellers Association of Thailand，PUBAT）和泰国印刷行业联合会（The Thai Printing Federation）。前者成立于1959年，是曼谷国际书展和泰国国家书展的主办方。后者成立于1993年，其成员包括泰国印刷业协会（The Thai Printing Association）、泰国包装业协会（The Thai Packaging Association）等9个行业组织。

（二）图书销售贸易

泰国几家主要的连锁书店集团为日商纪伊国屋（Kinokuniya）连锁书店、SE－ED（以教育类出版物为主）、Asia Books（英语图书及杂志专卖店）、Nai Indra Bookstore、Book Smile（7－11连锁商店经营的连锁书店）等。其中SE－ED和Nai Indra Bookstore分别是SE－Education出版社和Amarin出版公司旗下的连锁书店。这些连锁书店大多开设在城市的大型购物中心。

泰国图书市场的畅销书以娱乐、人文和生活方面的书籍为主。泰国国民喜欢娱乐读物，因此各类杂志、报纸在泰国的销量显著。为了推广阅读，泰国出版商与书商协会与30多家公共和私营机构合作推出了"鼓励人们阅读"的活动，这已经成为了泰国政府年度工作的一部分。

在人文领域，泰国大型出版集团注重培养泰国本土的畅销书作者，引进欧美版权的畅销书稍落后于中国市场。中国古代文学、人物传记和网络文学的销量不错，同时紧贴中国时下的流行电视剧潮流，电视剧改编图书的销量相当不错。

在生活书方面，佛教、禅学、星座、算命等类书籍的市场很广，悬疑和玄幻类图书也不错，同时各国各类菜谱和烘焙书的销量也比较稳定，尤其以泰国本土菜谱的销量最好。

在青少年读物方面，引进大量的韩国和日本漫画，科技类图书的出版远远没有达到普及的程度，引进了少量的中国版权图书，如南美出版集团引进了21世纪出版社的《名人学校》。

图书进出口贸易方面，泰国的出版业多元文化共存，美国和英国是泰国最大的图书引进国，出于语言翻译的困难，外国出版商（包括英国和美国在内）大多直接将图书的翻译权和出版权全部直接销售给泰国的出版商，因而泰国的许多出版公司目前只从事翻译图书的业务。

（三）印刷业

泰国的书籍和印刷品出口大部分是按外国订单进行生产的，各类印刷品的出口额持续增长，近五年来年均增长率均超过10%。印刷品出口量大增，让泰国成为东盟最大的印刷品出口国和亚洲地区的印刷中心。

泰国印刷业现有 5000 多家印刷企业和相关企业，其中大型企业约占 30%，中型企业约占 45%，小型企业约占 25%。从业人员约 12 万人，拥有各类型印刷机 4000 多台，有 300 多个网站提供印刷服务咨询，每年纸张消耗量超过 200 万吨。泰国印刷设备主要从德国、瑞士和日本进口，纸张在进口的同时也在出口，且出口量大于进口量①。

泰国的印刷技术教育机构主要有秋拉隆考姆大学和苏格泰坦玛拉特大学。

三、泰国的文艺表演及影视业

(一) 泰国的文艺表演

泰国是一个有着深厚视觉文化艺术传统的国家。曼谷作为泰国的文化中心，汇集了全国技艺最精湛、舞台布景最华丽、视觉效果最突出的各种娱乐和文艺演出。曼谷有名的文艺表演剧场如下：

暹罗梦幻剧场 (Siam Niramit) (http：//www. siamniramit. com)，又名暹罗梦幻秀，位于曼谷市区东北，是全泰国规模最大的舞台演出剧场。其表演分为历史回溯、宗教信仰和现今泰国人的生活三部分。室外还有泰国传统舞蹈、大象表演、民间各种手工艺表演和泰国小吃品尝，是游客娱乐休闲的首选之所。每晚 17：30～22：00，上演精彩的节目，150 余位舞者精彩的表演、华丽的服饰和美妙的舞台效果令人沉醉。

国家剧院 (National Theatre)，是观赏泰国古典舞蹈的好去处，其内部装饰极具泰国传统风情，与表演相得益彰。国家剧院的演出周三、周五至周日第一场 14：00 开始，第二场 17：00 开始。演出中最著名的宫廷舞蹈为 "Khon"，该剧是泰国改编的印度史诗《罗摩衍那》，由带假面具的男性舞者表演，装扮成温文尔雅的传统泰国女性，倾情演绎唯美的经典历史传说。

传统木偶剧主要表演场所在阿克斯拉剧场 (Aksra Theatre)。泰国的传统木偶剧充满了古朴艺术的精致和迷人的魅力，目前，泰国最著名的小木偶剧表演艺术家为 Sakorn Yangkhiawsod，他所传承下来的木偶剧有着无可比拟的艺术魅力和价值。泰国传统木偶剧的表演时间为每天 7：30am～8：30pm。

(二) 泰国的影视业

1. 泰国的影视公司

泰国比较大的四家电影公司是佛像国际电影公司、GTH (GMM Tai Hub (GTH) Co. Ltd.) 公司、五星电影公司、RS 电影公司。其中佛像国际电影公司和五星电影公司都是成立于 20 世纪 70 年代的老牌电影公司，是泰国华人的家族

① 持续增长的泰国印刷业［EB/OL］. http：//www. cqvip. com/qk/90564A/200412/11376372. html.

企业。佛像国际电影公司是泰国最大的电影公司，其次是 GTH 公司。

GTH 公司虽然成立于 2003 年，但发展迅速，成为泰国最具影响力的电影公司，近年来泰国许多优秀的青春爱情片和恐怖片都出自 GTH 公司，比如《鬼夫》、《鬼影》、《季节变幻》、《爱久弥新》、《亲爱的伽利略》、《音为爱》、《曼谷轻轨恋曲》、《争钱斗爱》、《你好，陌生人》、《教师日记》、《我很好，谢谢我爱你》等。近年来该公司与中国影视公司合作频繁，2015 年曾经买下《琅琊榜》原著的改编权，拍摄泰版《琅琊榜》。据 GTH 影业人员透露，泰版《琅琊榜》既忠实于原版，又有泰国元素加入，翻拍时对戏中的背景、人物等不做更改，台词尽量保持原汁原味。令人遗憾的是 GTH 公司已因内部管理层方面的问题于 2015 年 12 月 31 日解散。

2. 泰国电影发展

泰国的电影题材大多以青春爱情片为主，兼有同性恋片、恐怖惊悚片、动作片和其他讲述亲情、友情的电影。

《晚娘》是 2001 年打响泰国电影知名度的首部影片，其后，有多部电影上映。如《爱在暹罗》（是泰国青春片中里程碑式的电影）、《O 型血》、《情书》、《初三大四我爱你》、《床边侦探》等。

一些影片关注中年人甚至是老年人的爱情故事，如《花花公子》讲述三位"妻管严"的中年男子，是一部表现两性爱情的都市喜剧片。影片《爱久弥新》（又名《爱比记忆更长久》），是经典的老年人的爱情故事，该片代表泰国报名参加角逐 2010 年奥斯卡最佳外语片奖。《卡车烂漫旅》是 2010 年上半年泰国票房冠军，Mario 出演的首部喜剧片，上演一段人鬼情缘。

经典的泰国同性恋片有反映女同性恋恋情的故事片"Yes or No"和反映男同性恋恋情的《曼谷爱情故事》（《曼谷之恋》），后者是泰国电影史上第一部在影院上映的同性恋影片。

讲述成长、家庭温情、友谊的经典影片有《小情人》（获 2003 年泰国票房总冠军）、《亲爱的伽利略》（《旅逃愉快》）、《我的老师》（《三竹》）、《大男孩》、《我家乐翻天》等。

泰国流浪狗很多，一些影片关注泰国流浪狗数量有增无减的社会事实，创造出温情的人与动物关爱、动物之间温情、友情的影片。经典的有《再见！流浪犬》、《寻找狗托帮》。后者由 6 只流浪狗和两只纯种苏格兰牧羊犬主演，是一部融合了狗狗间友情、爱情甚至三角恋的有趣电影，狗演员全部由街头的流浪狗训练而成，其动作和表情与台词搭配得天衣无缝，2009 年引进中国内地公映，由杨紫、张一山参与配音。

动作片中经典的有《泰国大盗》、《怒火凤凰》、《我的最佳保镖》（由余文乐和乌汶叻公主主演)、《爱4狂潮》等。其中《爱4狂潮》涵盖了泰国电影近年崛起的所有风格,4段故事分别有青春、动作、喜剧和音乐剧。《盗狗小队》是结合黑色幽默和黑帮片元素的一部风格迥异的喜剧片。

《湄公河满月祭》以湄公河每年11月满月出现火球喷射的真实事件不动声色地阐述了变革时代宗教信仰与世俗生活之间的关系,充满哲学韵味的同时画面尤其美丽。此片也吸引了不少西方观众的关注。2002年荣获泰国各大奖项共12顶桂冠。《最后的木琴师》以后世人的视角对当时泰国政府实行"文化管制"的政策进行评价和抨击。

2015~2016年上半年,泰国有多部新影片上映。这些影片在喜剧、青春爱情、恐怖惊悚、同志恋情、动漫、纪录、社会方面都有所涉及。

2015年10月上映的《顽皮鬼5》、《电击女孩》是喜剧片,《想爱就爱2.5》是2015年6月上映的爱情片,讲述摄影师Wine和发小兼日料厨师Pii住在一起,但Wine一直忘不了大学里的初恋,Pii看着她痛苦,对爱情也产生了抵触情绪的故事。同期上映的《灵蛇爱》是一部爱情片。《一瞬snap》2015年12月24日上映,由空德·扎度蓝拉密导演,电影聚焦泰国军事政变下的一群年轻人,通过社交平台用照片谱写对青春的回忆,借网络定格流逝的时间。

2015年11月上映的《邻家有爱2》(Love Next Door 2)是一部关于爱情、友谊和性的大尺度喜剧电影,电影重点反映社会的多元化和性别认同方面的问题。2015年12月,泰国上映了又一部同性恋题材的《与父同行》(Farther and Son)。

由青春校园恐怖小说改编的《我的鬼学长》,2015年12月全泰影院上映,是一部恐怖片。2015年11月由Atsajun Sattakovit导演的《老虎的女人》是一部恐怖片。2015年10月上映的《尾行狐妖》是由邦沙敦·西宾达和措恩·金达科特主演的喜剧恐怖片。2015年10月上映的《神秘的寺庙》(又名《因果轮回》)是一部惊悚片。

2015年12月3日上映的《三只流浪狗》是一部制作精良的3D动画片,由泰国三个顶级动画工作室花费两年时间制作完成的。真人表演与动画结合是本片的一大特色,而影片讲述的三个不同时空、相互独立的小狗故事,反映了这些可爱动物的勇敢、坚强、忠诚等品质,更是治愈人心。

2015年9月上映的《暹罗之战》是一部动作片。

2016年上半年泰国上映的电影有讲述同性恋情的Fanday和Sweet Boy,另外The Promise以爱情为主线,《旅馆情雾Motel Mist》讲述了政治与冒犯相关的故事。《拳击爱之》是一部爱情片,《变鬼之魂飘东京》于2016年5月5日上映,是一部喜剧恐怖片,《网红惊魂》是2016年初上映的惊悚片。

同时,泰国也引进美国、欧洲、中国、日本、韩国和印度的电影,并以美国片为主。美国的好莱坞大片几乎占据了泰国引进电影的版图，其后才是欧洲及中国、日本、韩国电影。

3. 泰国电视剧简况

泰国电视剧主要由本土拍摄、引进外国电视剧和翻拍的中国电视剧构成。

2016年泰国热映的泰剧有《富贵平安》、《混沌的爱》、《浪漫满屋》、《太阳之力》、《亲密朋友》、《奇迹天使老师》、《缘来是邻居》、《2016劫缘》、《爱的缘由之线上恋爱》、《我能看见你》、《爱不单行》、《激情的颜色》、《情雨霏霏》、《云中花》。

近几年泰国引进的国外影视剧越来越多，涵盖美国、欧洲、印度、中国、日本、韩国等多个国家的多种类型，但更偏向于亚洲，以中国、日本、韩国居多。其中，中国电视剧进军泰国具有得天独厚的优势，中国电视剧在泰国的收视率一直占据榜首，远超同期播出的日剧和韩剧。

历史上的诸多往来和地理上近邻地位，造就了中国文化与泰国文化的诸多相近相通之处，在中国的电视剧里，泰国观众很容易就能找到和他们相似的生活方式、行为准则、道德理念和价值观。中国和泰国同为发展中国家，生活水平相对接近，观众们更能找到代入感，因此，近些年泰国引进了中国的不少经典电视剧，如《红楼梦》、《三国演义》、《水浒传》、《西游记》、《还珠格格》、《上海滩》、《包青天》、《北京青年》、《仙剑奇侠传》等。

另外，泰国也翻拍中国电视剧，最知名的莫过于青春偶像剧《不一样的美男》和历史传奇剧《武媚娘传奇》。

四、泰国文化传媒业发展及评价

随着东盟国家的经济增长，泰国的文化传媒优势也越发凸显。泰国是东盟国家中为数不多的走西方路线的国家，欧美游客络绎不绝，铸就了泰国在电视、电影和娱乐方面的发展理念更接近西方。作为一个以旅游业为主的国家，将娱乐业打造为吸引游客的方式之一，因而泰国文化娱乐业的影响力享誉东南亚，泰国的恐怖片、爱情片、偶像剧、言情剧常常走出国门，热销东南亚及中国。未来泰国的文化传媒业将呈现出如下特点：

（一）文化传媒产值增长快速

由于实行多元包容的文化政策，泰国的文化传媒业在东盟国家中比较发达，文化产业发展相对较快。根据普华永道（Global Entertainment and Media Outlook 2014~2018）报道，泰国的传媒与娱乐产业2013~2018年复合增长率预测为8.3%。分别为：2013年93.34亿美元、2014年99.99亿美元、2015年110.74亿美元、2016年115.36亿美元、2017年123.80亿美元、2018年132.64亿美元①。

（二）传统广播、电视等媒体维持一定的受众，但新媒体将成为主导

据尼尔森公司统计，在泰国，传统媒体如报纸、广播和电视等只在1天的固定时间有一定比例的受众，广播基于移动和使用便捷等特性有一定的收听率。网民的电视触及率下降，泰国在线媒体已主导了泰国网民的全天媒体消费。

可以预期未来泰国的新媒体，尤其是社交媒体的渗透率逐年上升，民众更加依赖新媒体。传统电视业积极朝着网络电视与在线视频发展是大势所趋。互联网电视（PITV）、点播电视（Video - on - demand）将成为受众选择。泰国华人占总人口的10%~15%，学习汉语的人会越来越多，因此在新型社交媒体中，Facebook作为最普及的社交媒体的独统地位，将会受到以汉语为主流语言的微信的冲击。

第三节　泰国的教育

一、泰国教育发展简史

泰国的教育经历了由素可泰王朝（1253~1350年）开始，中经大城王朝（1350~1767年）和吞武里王朝（1767~1782年），直至曼谷王朝（1782~1868年）初期共615年的带有宗教色彩的寺庙教育时期，以后又经过教会学校教育和1908年开始的地方小学教育时期。

1898年，泰国颁布了第一部《全国教育规划》，是泰国教育史上的重要转折点。1910年，拉玛六世哇栖拉兀王发布了《私立学校法》和泰国有史以来第一部教育条例——《泰国民办学校管理条例》。1921年《初等义务教育法》得到通过，明确了7~14岁儿童必须接受免费的小学教育。

1932年是泰国现代教育的开端，这一年泰国人民发动政变，实行君主立宪制，政府制定了《全国教育纲要》，规定每个公民接受智力、道德、体育、实践技能四大教育。此后泰国教育也历经改革，1992年颁发《第七次全国教育发展纲要》，1997年由泰国开始的东南亚金融危机使泰国举国反省，认为"教育和人才培养没有跟上时代发展是经济危机出现的重要原因"。因而，经过两年的酝酿，泰国于1999年7月1日正式颁布了其历史上第一部完整的《教育法》。该教育法

---

① Global entertainment and media outlook［EB/OL］. http：//www.pwc.com/outlook，2014－2018.

·133·

涉及教育的各个方面，如："以法律形式保证改革课程和学习过程。"这就为泰国 2001 年的课程改革奠定了基础，也提供了法律保障。

2009 年，泰国再次修订《全国教育规划》，实施免费的 15 年义务教育，免除学杂费、教材费、学习用具（本子、橡皮、笔等），校服（校服、鞋子、袜子、腰带）和活动费。

二、泰国教育管理

（一）管理架构

泰国近代的国王们和实行君主立宪制后的历届政府都非常重视泰国的教育，把教育当成"一把打开通往全面繁荣、进步之路的金钥匙"，因此，对教育投以巨资。泰国的教育经费主要由国家承担，在国家的预算支出中，对教育的支出一直居于领先地位，已可以与美国、日本等发达国家教育预算支出所占国家预算总支出的水平比肩。近年来，除了重视中小学的基础教育以外，泰国还十分重视职业教育，不但注重在普通教育中增加职业教育的内容，还在教学大纲中明确规定，其办学目的就是为各类毕业生走向社会做好准备，向劳动力市场提供具有更高素质的劳动者。

泰国的中小学教育为 12 年制，即初等教育 6 年、初中 3 年、高中 3 年。中等专科职业学校为 3 年制。大学一般为 4 年制，医科大学为 5 年制。泰国的小学学习的主要课程有文科、理科、体育、社会学科和泰语。中学教育分为普通班和职业班。高中阶段的普通班又细分为文科、理科和普通三类课程。

泰国的最高教育管理机构是教育部，下设基础教育委员会、高等教育委员会、民教委员会等 5 个委员会，分别负责高校位于泰国的公立学校、高校和孔子学院及私立学校（见图 6 - 1）。一般来说，泰国的学校基本上都是由校董会、校友会和家长会三方共同管理，学校的重大决策均由三方共同商量决定。

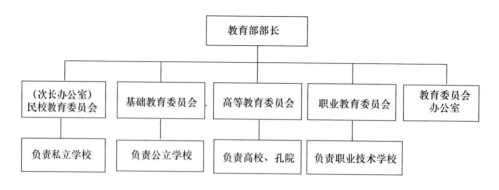

图 6 - 1　泰国高等教育管理机构层次图

（二）教育层级

1. 初等教育

初等教育属于强制性的义务教育。泰国政府希望泰国的适龄儿童都能接受初等教育，年满 6 岁的儿童都必须接受普通教育到 11 岁。小学毕业后，学生可以进入中学接受普通教育，也可以进入职业中学接受职业教育。泰国的小学教育课程类别主要分以下五个方面：工具学科（泰语和数学）、生活（兴趣）体验、应用科学方法处理社会和日常生活问题、品行教育、职业基本知识。

泰国的中等教育属于非强制性的义务教育，一般是初中三年，高中三年。泰国从事中等教育的学校有两类，一类是普通中学，另一类是职业技术学校。泰国中等教育课程分为必须课、选修课和活动课程三个部分。初中和高中的课程都采用学分制。泰国初、中等教育除了知识和理论学习以外，还注重基本技能、生活经验、道德和劳动四个方面的教育。

目前泰国每年应届高中毕业生为 12 万人左右，能够被大学部直属的 24 所公立大学录取的只有 3 万多人，竞争非常激烈。泰国大学部于 2004 年取消了全国统考制度，引发不少争论。目前使用的高考新记分制为高中毕业生的课堂学习积分（PGA），在高考成绩中的比重由从前的 5% 提高到 2004 年的 10%，高中专业课成绩占 20%，大学部组织的高中学生基础知识测验成绩（O-NET）占 35% ~ 70%，高中学生高等知识测验成绩（A-NET）占 0% ~ 35%，招生方式由各校自定，分成两大类，一种是根据学生的日常学习成绩择优录取，另一种是结合日常学习成绩和个人专长择优录取[①]。

2. 高等教育

高等教育人口占适龄人口在学率已经超过 23%，跨越了大众化教育阶段，正在向普及化阶段迈进。

泰国的高等院校大致可分为泰国高校主管部门大学部下属的公立院校；各种私立院校；其他国家部委如卫生部、国防部、内政部等下属的行业院校；亚洲理工学院、马哈朱隆功佛学院等专门性高等学府共四大类。

泰国的高等教育历史悠久，其首个医学专科学校始建于 1889 年，至今已有 110 多年的历史。其他著名的高等院校有：朱拉隆功大学、法政大学、农业大学、清迈大学、孔敬大学、宋卡纳卡琳大学、玛希敦大学、诗纳卡琳威洛大学、易三仓大学和亚洲理工学院等。

泰国大学的学制设置比较灵活，可以针对不同的学生需求情况进行设置。一般都实行学分制，并与国际接轨，与国外名校联办，开设双联课程，学生在泰国

---

①　泰国 2004 年取消高考制度 ［EB/OL］. http：//www. people. com. cn/GB/paper39/3501/440378. html.

学习，教材全部采用国外合作大学的，毕业后获两校联合文凭，学生在泰国大学学习1～2年后，也可以再申请到国外联办的大学就学。

3. 教育的特点

泰国的教育受宗教文化和现代意识的双重影响，具有如下特点：

（1）非常重视以宗教为背景的人格和心灵教育。泰国的宗教文化渗透到了社会的每个角落和泰国人生活的每个方面，寺庙也是泰国人接受教育的地方，为了方便普通学校请僧侣到校开设佛教课程，泰国的一些学校干脆就修建在著名的寺庙旁边，泰国的卧佛寺据说就是泰国第一所民间教育机构，泰国的岱密中学也修建在寺庙旁边。

（2）注重恬淡、宽容、隐忍、尊重和服从意识。泰国的学校教育注重把恬淡、宽容、隐忍、尊重和服从意识渗入学生的日常教育中，教育学生打造令人满意的人际关系，具有工作和生活所必需的专注和坚忍精神。

（3）以适应社会为目的、未来职业导向为目的的生活教育。注重适应社会和独立生活能力的培养是泰国教育的又一大特点。通过游戏和体育课程，泰国人希望学生和子女喜欢从事体育锻炼，注重自己的身心健康，同时具备必需的科技应用能力。

（4）培养学生的国家和民族意识及国际视野。通过一系列课程和教学，泰国教育者希望学生了解和欣赏泰国民族的智慧和国家历史，尊重和拥护民主政治和国王。同时，希望培养学生的跨文化交际的能力，要求学生既要具有国际视野，又要明智地选择泰国社会的现代知识和外来文化。

（5）注重学生个性的培养和终身学习能力的培养。泰国对学生的科学素养教育比较重视，希望学生掌握数学和科学技巧，热爱学习和研究，有自己的思想和创造性，以便成长为国家的高科技人才，提高国家的综合竞争力。

三、泰国教育发展及评价

（一）教育规划与法制发展

1. 泰国教育脱节，外商贤才难觅

目前，泰国应届毕业生和往届毕业生普遍存在一个问题——学习内容和外商企业实际需求脱节，外商企业在泰国难以寻找到适用的人才。外商迫切希望工业部能与教育部共同研究对策，提出有效的解决方案。

2. 泰欧商会看好经济发展，希望加强教育投资

2015～2016年泰国的政治情况逐渐趋向稳定，为投资者创造了一个良好的商业氛围。由许多生产商成员组成的泰欧商会，制定了明确的计划，希望在未来几年更加活跃于与泰国的贸易合作。泰欧商会主席乌利·凯瑟认为，教育投资对

工业研发的长足发展十分重要，现在大部分厂商都苛求研发创新人才，但却很难如愿以偿。因此，他建议泰国当前和下一届政府能够通过软基础设施建设，如教育、人力资源开发，技术劳工培训等，来提高泰国的长期竞争力。

3. 实施"国民项目计划"，进行国家急需人员的培训和教育

为了重新提高泰国的营商环境排名，政府于 2015 年提出实施"国民项目计划"来实现政府—企业合作，帮助泰国实现跳跃式发展。该计划共设有 12 个工作小组，每个小组并非仅来自政府或是企业，而是既有政府主管部门官员，又有企业代表组成的联合工作组。每个工作组都承担了不同的使命和任务。12 个工作小组中的教育培训工作委员会小组，主要针对国家急需的产业进行人员培训和教育，使其满足现代工业发展人才需求。以此措施，泰国计划利用 2 年的时间，将泰国营商环境将有望从目前的全球排名 49 位，提高到全球前 20 位①。

4. 支持米猜版新宪法草案，推出学前教育和 12 年免费教育

2016 年 4 月 24 日，泰国民主改革全民大众基金会主席、完美改革泰国人民委员会前秘书长素贴正式表态，政府全力支持米猜版新宪法草案，认为该草案的改革内容明确，能帮助国家长治久安发展。素贴指出，泰国的教育存在很多问题，历届政府花费了很多预算也未见成效，草案规定政府须推出学前教育、12 年免费义务教育等措施。

5. 教育部官员可能存在舞弊和瞒报财产行为，遭反贪联盟举报和起诉

2015 年 2 月 15 日，泰国国家反贪联盟秘书长蒙空吉偕同联盟代表，来到国家督察小事处，向督察主席叻沙佳差呈函，呼吁调查教育部采购计划中的舞弊事件。

蒙空吉表示，教育采购部门主管颂玛及同伙违规操作，造成公务损失，同时一直有贪污的嫌疑。在其主导下，教育部采购价值 14 亿泰铢书籍，罗士列公司垄断供货，违背反贪委的合法投标模式，租用印刷机的租金比原价高 3.5 倍，使印出的数量未达指标，造成课本短缺。

2015 年 5 月 29 日《星暹日报》报道，前教育部长颂萨（前总理挽限掌管的泰国发展党执委，从助理部长升职为教育部长），涉嫌蓄意漏报财产，已遭反贪委起诉。调查小组调查发现，颂萨于 2554 年担任教育部长时期呈报财产时漏报自己和配偶的银行存折，以及位于红统府威硕猜苍县房地产，价值 1600 万泰铢。以上证据显示颂萨有暴富嫌疑，且于应讯时也未能够说明财产增加部分的来源，反贪委决定立案提控，向大理院政治案法庭起诉颂萨，并要求法庭

① 泰国副总理：有信心在 2 年内将泰营商环境排名挤进前 20 ［EB/OL］. http：//www.ccpit.org/Contents/Channel_ 4114/2016/0419/633135/content_ 633135. html.

依照泰历2542年反贪污法律没收颂萨的房地产①。2015年11月12日，针对颂萨的罢免案投票在立法议会举行，会议主席由议会议长蓬碧担任，蓬碧向议会委员宣布，此次投票同意罢免票数量需达全体议员人数的3/5即132票方能通过。

（二）教育管理体制及发展

1. 巴育总理力推紧急政策

随着泰国政局的稳定和经济的复苏，泰国当局也加强了对国家的领导，希望国家各方面的措施按照既定计划执行。2015年2月24日，总理巴育上将在国务院主持政府紧急项目和政策推动执行委员会会议，任命协调38名部级协调官负责协调工作，着手推动五方面政策分工工作，还就5项紧急政策进行分工，包括安全事务、经济、预防和打击贪腐行为、外交和社会教育及卫生医疗卫生方面，其中在教育方面，指出要对教育进行改革，增加研究和发展机制，成立最高教育管理委员会来负责教育改革事务。

2. 总理下令落实减课时

2016年5月15日，泰国国务院发言人讪圣少将表示，在各学校开学之际，巴育总理要求认真执行政府制定的教育改革措施，该计划着重预防"四事"。巴育总理还下令教育部，加紧推动和落实缩减学生的上课时间，扩大范围至全国1.5897万所学校，侧重于培养学生的分析能力，促进全方位发展②。

讪圣少将表示，巴育总理要求所有学校在16日开学之前，做好新学期开始的准备工作，校方必须认真检查教学楼的质量，包括周边卫生环境，门窗的牢固，供电、供水与照明系统的正常，学校门前交通秩序的维护与交通疏导，加强对校车的管理等，确保学生的安全。

巴育总理特别提出四点要求：①防范在国际球赛火热比拼之际，让赌球风气传入校园；②注重校园环境卫生，防范登革热；③防范摩托车与汽车接送学生引发的堵塞或意外事故；④防范学生在校园内打架闹事。

在教育改革方面，巴育总理要求教育部持续执行政府制定的教育改革措施，加紧把缩减学生上课时间的措施落实到更多学校，扩大范围至全国的15897所学校，在缩减上课时间的同时，还要侧重于培养学生的分析能力，促进全方位发展，利用课余时间汲取其他方面的知识③。

讪圣指出，每当开学之际都有诸多低收入者家庭变卖或典当家中物品，以支

① 中国—东盟研究院泰国研究所舆情周报（2015年10月25～31日）［N/OL］. http：//www. weixi-nnu. com/tag_ article/2438350846.

② 总理令落实减课时，扩至万所学校［N/OL］. 世界日报，http：//www. udnbkk. com/article - 178438 - 1. html.

③ 2015年泰国政府年度预算全票通过，总理巴育感谢［EB/OL］. 中国新闻网，http：//world. peo-ple. com. cn/n/2014/0919/c157278 - 25691667. html.

付子女的新学期费用。政府及商业部为此推出辅助低收入者措施，在全国总计13000家大超市设立平价学生用品专卖区，并拨出10亿泰铢专款为民众提供为时半年的低息优惠。

随着中国在泰留学生人数的增多，泰国逐渐重视其为留学生提供教育的质量，2016年11月以来，中国留学生投诉三所泰国大学——暹罗大学、曼谷吞武里大学以及正大管理学院，巴育总理下令高教委进行调查，据泰国中华网报道，巴育总理对中国留学生投诉泰国大学教育质量问题非常重视，高教委已经召见涉事的大学负责人，要求各学校对所涉及专业进行调查解释。[①]

（三）教育经济与财政发展

1. 泰国拟开征教育补习班税

AEC的开启为泰国教育培训带来了新的商机，泰国将逐步成为东盟经济一体化后的教育培训交流中心，泰国和亚太教育服务交流将更加丰富和多样。面临新的形势，泰国急需规范泰国教育服务机构的标准化，提高教育服务机构的可信度，让家长乃至前来求学的外国人士（特别是AEC开启后周边国家希望获取相关知识和技能的学习者）对泰国的培训学校和补习班等教育服务机构的服务质量充分认可。泰国商贸厅必须要考虑向注册登记的教育培训和补习班等服务机构开征税。

2015年2月1日，泰国商贸发展厅厅长彭桑小姐表示，商贸厅鼓励那些还没有在商贸厅登记注册的学校和教育服务机构尽快完成注册登记，以便通过更加合法和可信度高的平台，创建更加规范的教育服务秩序。同时为商贸厅有可能开征服务税提供数据支持。

2. 实施15年免费教育，但大部分家庭面临教育费用短缺

据2015年5月10日《星暹日报》报道，曼谷大学研究中心公布的"开学季父母资金流动情况"意向调查报告显示，70.8%的父母认为开学季与上年相比较，家庭支出有所提高，14.47%的家庭面临开学缺钱困境。该调查抽取了曼谷市区内的1183名子女正在公立或私立幼儿园，以及中学上学的父母作为调查对象。有高达47%比例的父母表示，因为日常开支上升，以及孩子学习周边商品涨价等，支出方面确实存在问题。在这部分家庭中，16.1%的父母选择向亲友借钱来解决问题，15%的父母决定让孩子使用去年旧的校服以及学习用具等，另外还有12.7%的父母减少校服以及学习用具采购量，以此节约开支。

对于泰国政府免费15年教育项目的意见调查，32.0%的父母认为，该项目在一定程度上减轻了家庭开支负担，但也有30.5%的父母认为作用不大。当询问

---

① 泰国中华网，2016－11－29，2016－11－30。

到免费 15 年教育项目的好处时，35.2% 的父母表示获益良多，29.8% 的父母则认为没得到什么好处。最后询问到对学校教学满意与否，50.4% 的父母表示非常满意，12.3% 的父母表示不太满意①。

2016 年 5 月 11 日，2016 年新学期将至，超半数家长表示无法全额交付学费。

泰国商会大学发布的 2016 年新学期泰国家庭教育支出流动性民调结果显示，51.3% 受访者的家庭中表示无法全额支付新学期的学费，表示没有问题的受访者占 48.7%。

在有关教学用品价格态度询问时，42.3% 认为价格没有变化，33.4% 认为上涨了，认为更便宜了的仅占 24.3%。2016 年新学期开学期间的流动性，商大认为较上年新增 2.3%，约为 491.451 亿泰铢，是近三年来最高增幅。

3. 家庭总体负债增加，但本科教育支出现 6 年来最低增幅

据泰国中华网 2015 年 5 月 13 日报道，泰国商会大学（以下简称商大）进行了一项题为"开学之际本科教育阶段家长教育支出压力"的调研报告，调研抽取了全国 1236 份问卷调查，报告结果显示，在本科教育阶段家庭教育支出的流动性为 480.40 亿泰铢，家庭支出同比增近 1.9%，出现了 6 年来最低增速②。

商大经济和商业研究中心主任塔纳瓦说，与 2014 年家庭负债总额平均为 18.2156 万泰铢相比，2015 年则增加至 19.8154 万泰铢，同比增长 8.7%。有超过 60% 的家庭仍维持以往支出比例，但对于当前经济形势没有太多信心。

在回答开学之际家庭教育支出是否吃紧的问题上，超过 56.1% 表示资金周转不灵，不足的部分还需要向亲戚处借，其次是通过典当或是向银行借，认为基本可以周转的为 43.9%。很多家长和学生则更加关注对职业技能培训学校的选择，很多企业对技师和技术工作需求很大，而不仅仅只是要求本科毕业。

4. 财政部启动教育贷款追回计划，力争实现 2016 年底零拖欠

近年来出国留学及本国学生拖欠教育贷款还款，给财政部带来了不少困扰。据统计，财政部拥有背负国家教育贷款基金的人数共计 1000 人，而全国拖欠教育贷款基金的人数共计 60000 人左右。舆论媒体更是谴责毕业生，2016 年 2 月，泰国国内新闻头条的"泰国某名牌医科大学公费生学成后不但不履行义务回国行医以及在美国过着优越的生活外，还让 4 位为其提供公费留学贷款担保的恩师背负着超千万泰铢逾期贷款债务"。

---

① 14.47% 的家庭面临开学缺钱困境［N/OL］. 星暹日报，http：//www. singsianyerpao. com/epaper/#13，2015－05－10.．

② 2015 财经 OLIKE［EB/OL］. http：//thaizhonghua. com/？ p = 1935.

2015 年 11 月 24 日，泰国财政部长借鉴澳大利亚及新西兰追回学生贷款的成功经验，要求税务厅协助财政部追踪从教育基金贷款的大学生，通过税务厅的系统追查这些贷款学生完成学业后的工资情况，同时政府有需要修订教育基金法。

2016 年 2 月 9 日，财政部高级管理层特别组织会议确定当年公费生贷款零拖欠目标，希望到年末时教育贷款实现零拖欠。财政次长颂猜则表示，如果毕业生贷款逾期或者拖欠，不管是对于他们毕业后成为公务员还是经商，都可能面临法律诉讼，还可能受到服务机构或者公司机构的道德记录约束。

（四）对泰国教育发展的评价

2015～2016 年，泰国教育领域发生的变革与社会政治经济的变化密切相关。泰国政局近两年来趋于稳定，经济开始复苏，民众寄新的政府以希望，期望尽快恢复正常的生活。顺应民意，新的领导集团也需要加强各个领域内对国家的领导和控制，出台新的措施并按照既定计划执行，以便在民众心目中树立威望和形象。因此，巴育总理力推各项改革政策，确保社会、教育及公共医疗卫生工作按照既定计划有序执行。例如，推出学前教育和 12 年免费教育，15 年义务教育，由总理减轻学生负担，落实减课时政策，并在万所学校推行，严厉惩戒教育部官员可能的舞弊和瞒报财产行为等，使教育领域的各项工作走上正轨。

随着国家经济发展对教育的依赖及需求增大，泰国的教育近年来也出现了与时俱进的发展态势。向欧美国家学习，无论是办学制度，还是教学方式，实行相对自由开放的办学模式，不设统一的学期制，可实行一年两学期制，也可实行三学期制。

按照市场需求开展职业教育培训及办学。随着因外商投资加大对经济发展急需人才需求的增加，泰国政府一方面按照市场需求开展职业培训，例如，泰欧商会希望泰国进行教育投资，泰国便实施"国民项目计划"，进行国家急需人员培训和教育；另一方面加大与邻近国家尤其是中国的教育合作，建立泰中职业技术学院，希望借助中国的教学，学习中国在高铁修建等方面的技术，以满足泰国社会经济发展的需求。

国家希望借由教育改革，提振经济发展的竞争力。知识经济是当今世界经济发展的最明显特征，2016 年泰国在全球经济竞争力中的排名有所下降，引发担忧和反思。因此，泰国计划在教育领域进行改革，以提高人力资源的素质，培养社会经济发展所急需的人才，增强国家的综合竞争力和经济发展后劲。

泰国教育的未来会更加倾向于走开放办学之路，合作办学是世界高等教育发展的总体趋势，泰国也将在这方面加强与其他国家的合作，虽然欧美等高等教育条件较完善的国家依然是泰国学生留学的重要选择，但基于"一带一路"倡议及其相关的各种优惠政策、经济的日益强大、文化和地理位置的相近等优势，中国也将成为泰国学生新的偏好。

第四节　泰国的体育

泰国历来重视体育，体育设施比较完备，多次参加与举办重要的国际赛事及运动会，且表现不俗，位列东盟国家前列。

一、泰国的体育机构及场馆设施

（一）体育机构

泰国体育的组织机构主要有泰国体育促进机构、泰国体育厅、泰国旅游体育局、泰国奥委会及各个单项协会。

泰国体育促进机构属官方机构，归国家事务部主管，其成员由政府有关部门、军队、警察、体育组织的代表和体育界人士以及其他有关人士组成，4 年改选 1 次。从成立至今已有 52 年的历史，其使命及任务主要是单独或者与泰国奥委会、体育厅联合主办规模较大的国际体育比赛（如亚运会和东南亚运动会）及国内地区性的体育运动会，旗下的泰国体育科学研究中心，主要承担体育科学研究、指导体育运动及比赛、集中培训教练员、选派和邀请运动员参加比赛等。

泰国体育厅是泰国教育部的所属机构，其主要任务是负责中小学设置体育课、举办中小学运动会、建立体育学校、举办国际中学生单项体育比赛、组织中学生出国参加单项体育比赛等。

泰国奥林匹克委员会由泰国国王赞助，成员由泰国体育界和其他方面的代表或知名人士组成。主要任务是代表泰国体育界组队参加奥林匹克运动会、参加国际奥委会有关会议和与国际体育界的交往活动，与泰国体育促进机构联合主办亚运会、东南亚运动会等规模较大的国际体育赛事。

泰国设有 20 多个单项运动协会，其中大部分属奥委会管辖，但也有一些项目有其独立性。

泰国旅游体育局成立于 2001 年，主要工作是联合泰国体育组织协会促进机构和泰国奥委会派运动员参加大型国际体育比赛、打造体育旅游资源，提振泰国的旅游业发展。

（二）场馆设施

泰国体育的运动场馆较为充足，运动设施先进。首都曼谷是体育场馆和体育设施最多的城市，曼谷市内建有著名的国家运动场，足球、田径、网球、曲棍球、橄榄球、游泳、跳水、水球、射箭、篮球、乒乓球、排球、羽毛球、体操、举重等项目的国际比赛全部可以进行。国家运动场的足球场可容纳 40000 余人，体育馆可容纳 6000 余人。此外，曼谷郊区新建了华目体育训练中心，可以举行篮球、排球、羽毛球、乒乓球、体操、曲棍球、网球、射击、射箭、自行车等项目的国际比赛，华目体育馆能容纳 12000 人。作为泰国体育运动的中心，曼谷约有足球场 10 多处，网球场近 30 个，体育馆 10 多个。

二、泰国的体育成就及重要赛事

泰国是东南亚运动会的发起国之一，20 世纪 60 年代初，泰国多次成功主办东南亚运动会，如第 5 届、第 6 届、第 8 届亚洲运动会并在运动会中表现不俗，成为东南亚国家中获金牌数最多的国家。

在泰国，大约有 5200 万泰国人常年参与运动，泰国的体育运动赛事项目比较齐全，足球、网球、羽毛球、乒乓球、篮球、田径、游泳等比较普遍，尤其是足球赛事，泰国每年都举行国王杯、王后杯足球比赛运动，此外还举行国家队选拔赛和中学生足球赛以及其他的为王室慈善事业举办的比赛。近年来，泰国的足球运动发展进步较快，泰国足球超级联赛是泰国最高级别的联赛，成立于 1996 年，球队 20 支左右，其中武里南球队曾是最热门的球队，多次进入过亚冠。网球、羽毛球的水平在亚洲也是比较高的。具有民族特点的泰国拳击更是泰国人民喜好的项目之一。每年的 11 月，泰国的一些地方要举行历时两天的大象节，大象跑步比赛、大象滚术、大象足球赛以及由 100 名士兵同一只大象的拔河比赛①。

泰国的体育强项主要是拳击、女排、举重、藤球、羽毛球、网球等，其中泰式拳击最为著名。

泰国选拔和培养运动员的方法因项目而异，一般是先从各学校、工厂、军队、警察、银行中选拔运动员并组成俱乐部队，再通过俱乐部之间的比赛选拔国家队队员。

泰国新闻界也很重视体育新闻的宣传工作，泰文、中文、英文报纸，电视台和广播电台，一般均有体育消息。另外，还成立了体育记者协会，专门从事体育宣传报道工作。

---

① 泰国体育［EB/OL］. http：//baike. baidu. com/link？Url.

三、泰国体育发展及评价

（一）邀请国际人士参加传统节日赛事

为吸引更多的游客到泰国旅游，2015年3月，泰国旅游局在万露泰拳典礼上组织了一场小型拳击比赛，作为大城府奈卡依通节（Nai Khanomtom Day）的其中一项活动，来自60个国家的约800名拳手到会参赛。泰国还在2016年举行了多场体育比赛，吸引国内和海外旅行者参加，如泰国诗琳通公主女子骑行比赛、普吉兰纳马拉松和越野摩托世锦赛等。

（二）向旅游市场方向发展

2015年12月15日，泰国旅游与体育部部长谷干表示，随着东盟内部的竞争越发激烈，泰国开始寻找新的吸引点来扩展高品质旅游市场，提高外国游客在泰的消费额度。为达到此目标，泰国计划推动体育活动成为旅游创收的另一个重要领域。据泰国旅游体育局匡算，赴泰参加体育项目的国际游客人均消费开支会比普通外国游客人均消费开支提升10%～15%，许多参加项目的国际游客在泰国停留的天数至少会增加1～2晚，医疗和养生行业也会因此受益。下一步需要推广的体育活动分别是马拉松、汽车、高尔夫和泰拳①。

对许多欧洲游客来说，泰国是一个比较便宜的旅游目的地。为吸引更多国际游客的到来，将泰国打造成为高品质休闲旅游目的地，泰国计划将体育旅游业列为吸引高品质客的关键点，泰国旅游与体育部在伦敦举办的2015世界旅游交易会上，正式推出了体育旅游产品。

越来越多的泰国人意识到健康的重要性，并积极参与各类体育和健身活动，使得泰国人对运动服装、设备、配件等相关产品需求的提升，泰国抓住这一机遇，大力发展体育产业，2016年11月3～6日在泰国曼谷BITEC展馆举办了泰国体育用品博览会，博览会吸引了大量的泰国和东南亚买家和体育爱好者的关注。

（三）"泰国排坛教父"加提蓬卸任泰国女排主帅

2016年第24届世界女排大奖赛曼谷总决赛，泰国队以0∶3负于中国队，被称为"泰国排坛教父"的中国女排队长冯坤的夫婿加提蓬，在赛后宣布正式卸任泰国女排主帅一职，后续将专心执教北京女排。自1997年执教泰国国家队以来，加提蓬率领泰国国家队相继击败过由蔡斌和郎平掌领的中国女排，并曾两度在女排亚锦赛上夺魁。

---

① 体育将成泰国旅游市场新亮点［EB/OL］. http://th. mofcom. gov. cn/article/jmxw/201512/201512012109.

（四）泰拳有望成为奥运项目

2016 年 12 月 7 日国际奥委会（IOC）执行委员会会议上，国际泰拳联合会（IFMA）和国际拉拉队联盟被接纳为国际奥委会的新的临时成员，均将获得国际奥委会发放的 2.5 万美元项目发展资金。[①]

（五）对泰国体育发展的评价

泰国政府历来重视体育的发展，对体育的投资较为充足，在东盟国家中，泰国的体育运动场所充足，运动设施先进。2015～2016 年泰国体育的发展主要有以下两个特点：

利用体育赛事，进行文化交流。如利用 2015 年中泰建交 40 周年的机会，举办泰中足球比赛，开展体育交流，以加强两国人民的友谊；举办"泰拳文化中国行"，在中国推广泰拳，增进两国人民之间的友好关系。

竭力将体育打造成为旅游收入的增长点。泰国自然条件得天独厚，适合举办体育比赛，国家旅游体育局利用重要传统节日举办各种体育赛事，邀请其他国家运动员前来参赛，此外，顺应人们健康观念的转变，推出各种健身旅游产品，为经济复苏增砖添瓦。

未来泰国的体育发展，会更加重视将体育融入旅游总体规划，发展体育旅游产业，并使得体育旅游业走向更加综合化。举办各种比赛时，会更加综合考虑游客往返泰国及在泰国期间在行、游、住、食、购、娱等方面的多重需求，并根据这些需求提供一条龙产业升级服务，从而带动相关行业的发展。

第五节　泰国的佛教

一、泰国的佛教寺庙及基本礼仪

在面积不大的泰国国土上，散布着 2.5 万～3 万座大大小小的寺庙，其中最为著名的有金佛寺、黎明寺、法身寺、清曼寺、拍侬佛塔寺等，寺庙禁忌和相关礼仪是泰国人及国际游客必须知晓的基本仪规。

泰国家庭一般都常设佛龛，出外常常佩戴佛像项链，路经佛寺，必定恭敬礼拜。每日晨间，自动准备食物供养托钵僧侣。每逢佛寺举办活动，人们便携带着各种食品前往供养，同时听闻佛法。

游客到寺庙参观，着装应整齐，裤子要长于膝盖，不要穿短裤、短裙和无袖上装，不可以露肚子，也不可以戴帽子拜佛，进入主殿要脱鞋。切勿攀爬佛像，无论大小都要尊重，脚底不能冲着佛像，也不要用脚开门关门。不要在佛像神台旁照相，更不能与佛像平照。在寺庙参观，不要讲粗言，不要用手指指佛像，不能喧哗大笑。如果寺庙有几个门，一般是左进右出，不要走正中的门，严禁坐在寺院的门槛或站在门槛上，拜四面佛是从左到右开始拜，伸出脚的那面是正面。

在寺院中可以转塔或者绕转大雄宝殿，一般是 3 圈，代表礼敬佛法僧。同时请双手合十，把您买到的香、蜡烛、鲜花之类礼佛用品，双手合十放在手中。在转圈时口中可以默念许下心愿，转圈后，可以在佛像前点燃您的蜡烛和香，并可念佛首经随后许下心愿。上香时一般是 3 支，插香时一般先中间后左右。

寺院大多会有值班的僧人用巴利语给游客祝愿，同时洒圣水祝福，有的还会给信众祝福绳或者佛牌。游客欲与高僧合照必须先取得允许。对僧侣应礼让，但不要直接给钱，女性不能触碰僧侣，如需奉送物品，应请男士代劳，或直接放在桌上。

泰国人视头部为神圣之处，不能随便触摸别人的头部，尤其是别人小孩子的头部。不能用脚指人指物，递东西给人要用右手，不应用左手。

二、泰国的佛教管理

（一）宗教政策

早在 13 世纪的素可泰王朝，国王兰甘亨就把佛教定为国教，佛教作为官方的意识形态在泰国具有绝对重要的地位，泰国国家宪法规定："国王必须为佛教徒，且为佛教的最高赞助人。"泰国还从国旗上为泰国宗教定位，泰国国旗的白、红、蓝中的白就代表佛教。另外，泰国规定年满 20 周岁的男性必须出家为僧一段时间，他们才能取得社会的承认。

小乘佛教影响下的泰国包容力很强，对伊斯兰教、基督教的信徒采取宽容与接受的政策。

（二）佛教管理

泰国的年历为佛历年（又称泰历年），以释迦牟尼诞辰（佛陀涅槃的日期）始纪，佛历年与公历年之间的换算规则是佛历减去 543 年为公历年，如公元 2016 年 = 2559 - 543，或佛历年 2559 = 2016 + 543。为了方便使用，纪月法则同样。

泰国的佛教系统中，僧侣的最高领导为僧王，僧王下设副僧王。僧侣行政系统划分为 4 大域，大上座为域首长，域下设 18 个部域，每个部管辖 3～4 个府。

僧人在泰国具有极高的社会地位，僧王是佛教界的最高领袖。僧人在很多场合具有发言权，但不参与政治，不行使选举权。

泰国有两个主要佛教教会，"泰国佛教总会"和"泰国佛教青年总会"，两个教会均由皇室赞助，前者在全国各地设有 75 个省分会，后者在全国设有 45 个省分会。

20 世纪 60 年代，拥有 32 个成员国的佛教国际组织"世界佛教徒联谊会"将总部迁往曼谷，将永久会址设在了曼谷。

僧团是泰国的国家教会组织，实行金字塔式的中央系统管理，所有的分教会活动皆经由适度的辅导督促，以保持佛寺的律法，并迅速将信息由曼谷行政中心传遍全国寺院，目前有 28000 座寺院和 400000 个僧侣归僧团组织管理。

泰国僧团获得政府全力资助，与政府间一向保持着和谐的合作关系，在团结民心、稳定国策方面，僧侣做出了很大的贡献。

（三）佛教教育

佛教活动早已成为泰国人生活中不可或缺的重要内容，新居落成，婴儿出生、生日、结婚等场合，都要邀请法师诵经祈福，尤其重视超荐法会。

泰国拥有完善的佛教教育系统，以及寺庙、佛教大学、佛教书籍和杂志详尽的系统。一般的佛教大学和寺院均设有社会福利及乡区发展的课程，并安排课程训练农村弘法人员，各寺院还在假期举办短期出家班，方便那些平时在校求学的大学生修读佛学课程。摩诃马固和摩诃朱拉隆功是专门为僧侣设立的两所最为有名的佛教大学，泰国约有 9000 所教授巴利文和佛学的佛学院，长老比丘指导静坐及修行，或致力于布教、教会行政和心理咨询。泰国的寺庙是主要的社会教育和慈善机构，担负着供奉僧侣、信徒朝拜、摆设历史文物、接待外宾和游客、收受社会上无法生存的鳏寡孤独等功能。

泰国出版的巴利藏经称为"暹罗皇家三藏"，普获各界赞誉。国家设立皇家图书馆保存佛教圣典。《法眼杂志》是泰国佛教界流通最久的刊物。

（四）泰国的佛教节日和日常活动

泰国有四个重要的佛教节庆日，都是法定假日，法师们透过电视与广播开示佛法，民众要受持八关斋戒。

纹身在泰国被赋予了一层神秘的宗教意义，僧人在寺庙内为信徒纹上经文和特殊的佛教图案并被泰国人视奉为保佑平安、驱除霉运的护身符。曼谷近郊的佛统府在每年 3 月都会举行大规模的纹身节庆典，以一种特别的方式向佛教僧侣致敬并告诫人们遵从佛教向善宗旨。

三、泰国的佛教发展及评价

佛教对泰国政治、经济、社会和文化的影响无所不在，将重德行的思想合法化为统治权威的来源与依据，并演变为人们在社会生活中应遵循的伦理道德标准和追求的目标。泰国人认为，德行是前世所为，是一种造化，不是凡人所能祈望的。因此，对有德行的人只有认同，同时自己加强修炼，获得更多的德行，以求得来世的造化。这种思想和"积德行善—作孽"、"现世—来世"等佛教思想相结合，为威权政治的合法性提供了圆满的道德伦理依据。

佛教教义与政治之间的关系如此密切，泰国任何一代的统治阶层也都把它当成泰国政治文化的重要渊源之一，从而对泰国政治的现代化进程产生深远的影响，起着延缓的作用。对于广大民众而言，传统上形成的对权威的认可使他们在政治上表现出顺从或逃避的倾向，政治参与意识低。

从经济方面看，佛教对人的各种不能满足的需求解释为人的各种苦恼来源，并认为这最终也必会影响到自己，从而奉劝人们不要过分贪求，也不要盲目追求利润最大化，一切有终必散，一切都要"适度"，这种"适度"观念所形成的"充足经济"思想奠定了泰国"充足经济学"的制度基础，形成了泰国人既保持节俭，又安逸的国民习性。

第七章 中—泰关系

中泰两国的交往历史悠久，友好关系源远流长。早在汉唐时期中泰两国就有友好交往，虽然于 20 世纪的冷战时期，中国与泰国的关系曾经经历了一段曲折起伏，自从 1975 年双方正式建立外交关系以来，双方的关系走上了健康发展的轨道，目前已发展到"全方位、深层次、高水平合作"的阶段，成为不同社会制度国家和睦相处的典范。华人作为泰中关系中的一个特殊群体，在当代中泰双边关系发展中发挥了重要的桥梁作用。

第一节 中泰政治、外交关系

一、新中国与泰国双边交往简史

自泰国建立民族国家以后，中泰两国政府和民间的往来便始终存在。

在明王朝的 276 年期间，泰国的阿瑜陀耶王朝曾先后 112 次派遣使臣来华，明王朝也派遣使臣访问阿瑜陀耶王国达 19 次之多，明朝三宝太监郑和的两次出访更是直接影响了泰国历史文化的发展。

明清两代，古暹罗国一直在名义上隶属于中华朝贡体系。19 世纪中叶，泰国开始西化维新，脱离中华传统宗藩体系。近代以来，中泰两国之间交流不断，华人移民源源不断渡海赴泰，两国在相互对立的国际政治立场的环境下，仍然能够开展持续的文化交流和民族融合，为当代中国与泰国之间建立"一家亲"的友好关系奠定了坚实的基础。

新中国自 1949 年成立后，两国间经历了由隔绝对抗，到走向交流合作的曲折历程，其基本脉络大体如下：

（一）1949~1958 年：最初的隔绝

1949 年 10 月 1 日中华人民共和国成立后，深受西方势力影响的泰国政府对刚刚诞生的新中国采取了十分严酷的"隔绝制度"。新中国一诞生，泰国政府迅速做出侨民政策调整，先是将中国入泰的人员限额压缩至每年100人，后又将每年的华侨登记费从20泰铢提升至400泰铢。为了阻止华侨获得泰国国籍，泰国政府几次三番更改其入籍制度，打压歧视中国公民的情况十分严重。

针对上述泰国政府的如此行径，中国政府先后多次发布照会，或者直接在亚洲地区颇具影响力的媒体上发表反对意见。面对中国政府的反对，泰国政府仍然一意孤行。

中泰之间的冰封关系直到1954年才开始出现松动的迹象。在1954年召开的日内瓦会议的休会期间，周恩来总理先是在公开发表的《中印两国总理联合声明（1954）》中明确提出了"和平共处五项原则"，继而在同年底举行的万隆会议期间，与泰国的与会代表——时任泰国外交部长的旺·威泰耶康亲王私底下进行了秘密会面，随后泰国政府在1955年派出了由阿利·披荣为团长的使团秘密访华，两国间的敌对关系得到缓解。

（二）1958~1969年：冷战的对抗

1957年，泰国亲美派将军沙立发动政变，上台后的军政府全面奉行亲美反共政策，沙立政府先是以"共产党在泰国进行政治颠覆运动"为由，在华人聚居的曼谷等地大肆逮捕无辜华人华侨，随后，在1959年1月颁布了《革命团第53号法令》，正式单方面切断了中泰之间的所有经贸和政治往来。

整个60年代，泰国成为越战期间美军在东南亚的重要集结地，美军在泰国建立了7个大型空军基地、9个战略通信中心、6个特种部队司令部和1个海军基地，总共派驻美军约5万人。与此同时，正在开展"文化大革命"的中国，积极支持泰国境内的共产党游击队，并在云南架设电台进行反泰宣传，中泰两国武装部队直接在越战战场上交火，两国关系降至历史最低点。

（三）1970年之后：走向关系正常化

20世纪60年代末期，中苏关系破裂，美国政府表示出了明确的"联中抗苏"的政治意图，1972年美国总统尼克松成功访华，中美之间的关系逐渐缓解，泰国国内亲美反共的他侬军政府倒台，随着这些内外部环境的改变，中泰两国也结束了相互间的对抗关系。

1975年6月，泰国总理克立首次访华，周恩来总理与之签订了《中泰建交联合声明》，两国间正式建立了友好的邦交关系。此后，泰国逐渐进入民主化转型阶段，中国也在邓小平的领导下全面开启改革开放，中泰双边关系再也没有因意识形态的差异而陷入僵持。

2010年1月1日，中国和东盟十国组建的自由贸易区正式启动，中国和泰国之间的经贸交往随着中国与东盟开展全面合作而不断走向深化（罗文春，2009）。

二、巴育政府上台以来泰中关系的发展趋势

泰国的外交在 2015 年迎来了一个重大的拐点，由于军政府长期执政的意图违背了美欧的价值底线，巴育军政府上台后一直饱受西方国家的诟病与施压，最终迫使曾经作为太平洋西海岸最"亲美"国家之一的泰国，开始了一场"亲华疏美"的外交调整。

长期以来，美国一直是泰国外部安全的支柱，巴育政府上台后，美国访泰特使丹尼尔高调会见英拉等反对派，公开指责军政府对大选的拖延以及对英拉的司法审判，美泰两国主导的"金色眼镜蛇"联合军演规模遭到削减，泰国渔业长期以来的非法劳工问题也成为欧盟制裁的目标。为此，泰国军政府发言人频繁发言反驳欧美指责，巴育本人在 2015 年 7 月 4 日美国国庆日公开拒绝参与美驻泰使馆的活动，"泰国拒绝外界干涉"之类的标题充斥泰国主流媒体头版，泰国与西方的关系陷入了"二战"以来的最低谷。

应对来自西方的压力，巴育政府对华外交明显升温，重启铁路合作，在诸多大型基建项目的招标上对中资多有倾斜，并在外交场合不断发表对华友好言论，同时与俄罗斯、伊朗等国积极开展各项合作，甚至对俄罗斯主导的欧亚经济联盟表现出参与的兴趣。

中国政府以务实的态度，成功促使泰国军政府全面重启了被政变所打断的各项合作进程，基本抵消了因英拉政府倒台对中国造成的损失，并在外交上拉近了泰国传统上亲美的上层保守力量与中国之间的距离，"一带一路"倡议得以在泰国以"比预期要顺利得多"的效率开展起来。

在可以预见的未来，虽然巴育政府与西方之间的紧张关系不易消除，泰国向中国等非西方国家靠拢的趋势得以延续。但由于泰国国家外交战略的基点依旧是"游走大国间，骑墙守中立"，因此，作为一个经济基础较为良好、外交独立自主意识较为强烈的国家，泰国的对华交流必有所保留，比如其在南海等关键问题上表态谨慎、中泰大型合作项目变故迭出等。总体而言，由于中泰两国之间的交往是由各自的现实需求为驱动的，因此泰国对华政策的基调必然是功利而灵活多变的。

三、泰国社会对华基本认知与态度

对泰国而言，中国既是一个强大、温和的友好邻邦，同时也是一个新近崛起的地区强权。因此，泰国各界在普遍认同中国，对中国持和平友好姿态的同时，出于弱势国家的本能心态，也始终对来自强大中国的"影响与吸纳"心存警惕。

在泰国，无论是政界精英还是普罗大众，都不再把中国视为政治与军事上的敌对力量，各方都乐于与中国进行交流与接触。巴育政府上台导致美泰关系急降之后，泰国军方高层纷纷来华访问，争取中国的支持。受西方支持坚持反对军政府统治的主流政党也普遍将中国作为一个进行友好交往与合作布局的对象。虽然泰国政坛屡经巨变，但泰国政治纷争的各方都积极访华，并对中方始终奉行的和平共处、共享繁荣的外交方针表示赞赏。

在泰国主流社会层面，人们愿意与中国开展各项友好合作，上层热衷于与中国官方机构建立良好的关系，以此将中国与自身派系的兴旺相互捆绑。民间社会与中国之间的直接利益关系相对而言并不明显，但通过学习汉语和中国文化知识来为自身发展加分，已经成为泰国民众普遍抱有的心态。

同时也应看到，泰国也在某种程度上刻意保持着与中国之间的距离。在其与中南半岛各国纷争不休的历史中，为求自保，泰国人积淀下了"借力打力，以洋制洋"的外交处事基因。在19世纪的西方殖民狂潮中，凭借这一基因实现了与英法两大殖民帝国势力的对冲，将暹罗成功打造成英属缅印与法属印度支那的"缓冲地带"，保持了民族的独立，实行了自身利益的最大化。此后的百年间，泰国的平衡外交策略屡试不爽，即便在"冷战"这样壁垒分明的年代中，泰国依旧游刃有余地在大国之间游走逡巡，矢志不渝地奉行"中立墙头草，绝不一边倒"的中立主义外交法则。

在20世纪末的全球化浪潮中，泰国虽然在经济上融入了全球分工的体系之中，但在官方意识形态上却反其道而行之，普密蓬国王提出以"自给自足"为理论要点的"知足经济学"，以学理化的民族主体性观念，在精神层面压制一切过分耽溺外部秩序的风险，对一切来自外部世界的"渗透"与"同化"风险进行稀释对冲。因此，在泰国本位的地缘战略思维中，任何一个具有压倒性优势的力量，均会破坏泰国"平衡主义外交战略"所倚赖的均势。从这个角度上看，一个作为全球大国而出现在本地区内的中国，与泰国"独立自主"的本能需求是相抵触的。在冷战时期，以"反共"著称的銮披汶军事独裁政权尚且会通过与新中国"暗通款曲"方式来中和美国的影响，那么在"中国世纪"的压迫感面前，又如何可以指望泰国能够始终保持心平气和的心态？泰国主流社会曾经一度泛滥，而今"秘而不宣"地对中国甚至是泰籍华人的隐形排斥，实际上始终低调地存在着。在民粹主义风险始终存在的民主普选制度之下，这种应激性的反应很难彻底消除。

当今世界上，任何一个具有地区影响力，或者"渴望"拥有地区影响力的国家，都在积极构建以自身为核心的区域性政治经济同盟，TPP、欧亚经济联盟、东盟等区域一体化组织等，莫不如此。泰国虽没有建立地区霸权的实力与雄心，但仍极力打造一个统一的东盟，寄希望于通过在东盟内部扮演主导者（或者主要参与者）的方式，获得更大的国际事务的话语权和更广阔的经济发展空间。

"老六国"草创东盟的初心，即是构建一个防范共产主义中国势力南下的安全体系，虽然如今已时过境迁，"一带一路"带来的是发展机遇而非安全威胁，但东盟各国仍不免有"客大欺店"的担忧，担心中国过于强大的影响力会让原本就松散的东盟合作机制遭到边缘化，甚至彻底瓦解。正是这类担忧的作祟，早已等待多时的泰东北准高铁项目在2016年3月突遭变卦，泰国政府在贷款利率和造价方面与中方的谈判久拖不决，在追求"友情价"无果的情况下，泰方突然宣布放弃向中国寻求贷款，并大幅度缩短铁路里程，路线北段不与任何境外铁路网连接，本来就一波三折的中泰铁路建设实质上陷入了"腰斩"的窘境。

引进中国的资本与技术，带动泰国基础建设的飞跃与产业结构的升级，无疑是符合泰国长远利益的举措。但体量庞大、竞争优势明显的"中国制造"很可能只带来产品，而不带来"产业"，从而冲击泰国本土的制造业。因此，泰国实际上所担忧的是"一带一路"成为现实后，中国强大的制造业将把泰国变成"倾销市场"。因为交通运输的便利使物流成本下降，"中国—东盟自贸区"以及"海上丝绸之路经济带"内部关税壁垒的下降，有可能使商品输入变得比在泰国投资生产要更为有利可图，届时，不但原汁原味的"泰国制造"再无翻身之日，就连原先由非中国的外资打造起来的"泰国制造"亦将岌岌可危。

总之，在中国推进对泰合作的进程中，始终面临着泰方的防范与猜忌。学会站在泰国的角度去思考问题，在尊重、强调、结合东盟原有机制的基础上开展对泰合作，是保障中国与东盟各国、中国与泰国合作能够稳定、深入、可持续发展的"护身符"。

第二节　中—泰军事、安全关系

一、中—泰军事合作

（一）中泰两国之间在历史上的军事合作

中泰两国国土虽不接壤，但又同属朝贡体系国家，因此在两国间的军事关系上会产生实际上的同盟关系。两国同时面对军事实力强大的越南、缅甸王朝的威胁，在各自与上述两国的战争中往往形成实质上的协同作战关系，中国明清两代朝廷和泰国大城、吞武里王朝内部都曾发生彼此出兵协同作战的历史，可以说中泰两国具有悠久的军事合作传统。

"二战"期间及其"二战"后的冷战期间，由于中泰两国分属不同的意识形态阵营，彼此陷入长期的军事对峙当中。20世纪80年代，随着中美关系的缓和、越南的军事扩张，泰国重新开始与中国进行军事合作。泰国与越南在湄公河边境地区爆发长时间武装冲突和"特种战争"的年代里，中国曾经以"友谊价格"向泰国出口坦克、火炮等重型装备，1979年春中国发动对越自卫反击战，更是直接为泰国分担了其主要的外部军事威胁，让泰国政府和民间至今仍对中国在维持地区稳定的活动中所发挥的作用保持着正面的评价。

泰国的外部安全威胁在冷战结束后基本得到了消除，不再像从前那样迫切地需要美国的军事庇护，巴育政府上台后与美国关系的迅速交恶，进一步淡化了美泰军事同盟的影响，中泰之间的军事安全合作反而得到了意外的发展机遇。

（二）两国近期以来各项军事交流活动及对华军购

近年来，中泰两国间的军事合作越来越多，两国间的军事合作是本着维护地区和平为目标的，中方一贯重视发展中泰两军关系，多次表示愿与泰方保持战略沟通，深化联合训练、共同参与多边安全和国防工业等领域的合作，共同维护地区的安全稳定。

军事合作是近年来中泰两国双边合作当中的亮点，在泰国与美国的双边关系冷却后，泰方积极寻求与中俄等各方开展军事合作，副总理兼国防部长巴逸年内多次访华，两国间互派军事人员访问，开展了具有象征性意义的军事联合演练，并一度计划开展巨额军购合作。

1. 友好访问

2015年2月6～7日，中国国防部长常万全访问泰国，会晤了泰国副总理兼国防部长巴维·翁素万，双方同意加强未来3～5年的全面军事合作，加强从情报共享到打击跨国犯罪在内的军事合作、增加两国空军的联合军演。双方共同研究、制定了未来扩大军事技术合作的计划，其中包括扩大联合演习和各级军事人员的互访。泰方请求中方支持泰国与其他国家举行的联合军演，中方声明愿意向泰方提供高科技装备，包括现代化坦克、潜水艇及使用操作培训，并表示准备定期接收泰国士兵，对他们进行一系列军事课目的培训①。

2016年2月17日，中国海军第21批护航编队"柳州"号导弹护卫舰、"三亚"号导弹护卫舰和"青海湖"号综合补给舰停靠兰乍邦港码头，开始对泰国进行为期5天的友好访问，泰国海军举行了隆重的欢迎仪式。访问期间，中国海军护航编队指挥员拜会了泰国海军要员，双方就两国海军关系、周边局势等共同

---

① 陶社兰. 中泰国防部长北京会谈，交流两军关系及地区安全合作［N］. 中新社，2015 - 04 - 09.

关注的问题进行了交流。两军共同举行了反海盗交流会和足球友谊赛。

2. 联合军演

（1）"金色眼镜蛇"年度多边联合军演。2015 年 2 月 7 ~ 18 日，美泰两国共同主办的"金色眼镜蛇"年度多边联合军演在泰国北部清迈府揭幕，此次演习的内容包括反恐、人道主义救援、登陆、维和等，来自泰国、美国、印度尼西亚、新加坡、日本、韩国、马来西亚、中国等约 1.1 万名军事人员参加，其中马来西亚是首次参加，中国以观察员身份仅参与人道主义救援方面的演习。

2016 年 2 月 9 ~ 19 日，"金色眼镜蛇"年度多边联合军演在泰国春武里府启动，此次军演重点是演练非战斗性课目，宗旨是应对地区乃至全球性安全挑战，加深国际合作，维护亚太地区稳定。此次军演分别在泰国多个府进行，来自美国、日本、韩国、印度尼西亚、马来西亚等 27 个国家共 8000 多名陆海空军人参加，中国继续以观察员身份参与军演的人道主义行动课目演练。

（2）"鹰击 - 2015"联合训练。应泰国空军邀请，中国空军八一飞行表演队于 2015 年 11 月 12 日飞赴泰国，参加为期两周的中泰空军"鹰击 - 2015"联合训练，中国派出歼 11A 战机，泰方派出采购自挪威的 JAS - 39C/D 鹰狮战机，两国空军在泰国空军呵叻基地举行空中对抗、飞行表演等联合演练，通过演练增进相互间的学习了解，深化务实合作。

"鹰击 - 2015"是泰国政府加强与中国政府关系的一大举措，是近年来中国人民解放军与外军联合军演中高含金量的演习之一，既是中泰空军的首次联合演习，也是东西方技术的一次"对决"。中泰双方早在 2014 年便开始了相关事宜的洽谈，在"鹰击 - 2015"的演习框架下，泰国空军飞行员赴华试飞了中国的歼10 战机，中国空军飞行员赴泰国试飞了泰国空军的"鹰狮"战机，"鹰狮"成为中军现役飞行员试飞过的最先进的西方战机。

世界舆论普遍认为此次联合演练的政治意义大于军事意义。2015 年底，美日越菲等国不断就南海问题向中国发难，泰国恰在此时对华开展密集的军事交流，时任泰国外长的塔纳萨甚至在公开场合发表了著名的"爱上王毅"的友好调侃，无疑是在对世界重申泰国在国际安全事务中维持中立立场，摆脱北约及"第一岛链军事集团"的政治捆绑。泰国虽然还不可能达到"坚定支持中国"的程度，但毕竟淡出了美国"重返亚太"的团队，成为独立而可以被争取的地区事务观望者。

（3）"蓝色突击 - 2016"。2016 年 5 月 15 日至 6 月 14 日，中泰"蓝色突击 - 2016"海军陆战队联合训练分别在泰国湾、春武里府梭桃邑等地组织实施。此次联合训练以"海军陆战队人道主义救援"为主要课题，分为海上输送及进驻、海上联合训练、陆上联合训练和总结回撤四个阶段。南海舰队某登陆舰支队两栖船坞登陆舰长白山舰搭载 266 名陆战队员、部分陆战装备及两架舰载直升机从湛江某军港起航，赴泰国参训。此次联训是中泰两国海军继"蓝色突击 - 2010"、"蓝色突击 - 2012"之后举行的第三次联合训练。

3. 装备采购

泰国军方借助上台执政的便利为自己预留了 2000 亿泰铢的军事预算，并在 2015 年抓紧时间开展"突击式军购"，分别向俄罗斯、法国、韩国等国采购战机、军用直升机、装甲运兵车等重型装备，其对华的潜艇军购计划一度成为泰国全民关注的头条新闻，并受到世界的普遍关注。泰国海军的初步计划是使用 2017 年预算购买第 1 艘潜艇。1 艘潜艇 22.8 亿元人民币的价格并不算贵，中国开出的条件是允许泰国在 10 年内分期付款。泰国海军目前已拥有轻型航母、大批护卫舰和巡逻艇，但从未装备过大型常规潜艇。组建潜艇部队后，泰国海军需要建设配套的人员训练设施、维护保障体系。如果卖方是邻国，建设相关设施就会方便很多。邻国还可利用相似的地理环境和气候条件，有针对性地帮助泰国海军训练潜艇官兵。另外，潜艇大修或者升级改造往往需要返回建造它的船厂，就近从邻国购买还可以节约返厂维修时间，减少长距离运输、航行途中可能遇到的麻烦。总之由于中国潜艇在静音、攻击能力方面相对比较强，所配导弹的各项技术指标也都比较好，因而成为了泰国海军装备更新换代的首选。

泰国十分看好中国的武器装备，内阁倾向于购买中国的武器不只是潜艇，还有火箭炮。2016 年 4 月，皇家陆军和中国军方签订了购买一个营数量为 50 辆 MBT - 3000（VT - 4）坦克的合同，2 年内交付完毕。泰国海军早就对中国的"元"级潜艇进行了评估，2012 年，外销版的"元"级——S - 20 型潜艇模型就曾在曼谷防务与安全展上亮相。S - 20 潜艇水面排水量 1850 吨，水下排水量 2300 吨，航速 18 节，在 16 节的航速下最大航程约 8000 海里。潜艇武器装备主要包括 6 具 533 毫米口径的鱼雷发射管和"鹰击 - 82"反舰导弹。2016 年 5 月泰国海军原已确定采购中国潜艇，但 7 月被突然取消。泰国副总理兼国防部长巴维·翁素万对外解释暂停协议是因为反对和关注过多，有必要向民众详细解释购买中国潜艇的重要性，必须等到"泰国海军提出更好的理由以说明其装备潜艇的必要性"，才能将这一采购案加入国会的议事日程，其言外之意对中国的 3 艘"元"级潜艇，泰国非买不可（俞懿春，2015）。此项采购计划暂时搁浅的真正原因是项目之外的政治因素，其中包括来自美国的外交压力、有限的开支、陆军对海军的排挤、反对党的舆论压力。自泰国海军采购案公布伊始，为泰党、民主党、民政组织以及不少社会活动家都表示反对，他们要求政府将购买军备的资金用于帮助国家摆脱经济困境和解决社会问题。

二、中—泰安全合作

安全合作是中泰两国关系的重要组成部分，近年来，随着"一带一路"倡议的推进以及中国—东盟自贸区建设的提速，中泰在禁毒、打拐、湄公河流域执法安全等领域的合作不断取得新成果（储殷，2015）。面对严峻的国际和地区反恐形势，双方将深化在禁毒、跨国有组织犯罪、网络安全等领域的信息交流和务实合作，建立综合性合作机制，共同应对国际和地区安全挑战。

（一）防恐反恐合作

1. 双边防恐反恐合作加强

2015 年 3 月 19 日，中国人民解放军副总参谋长戚建国上将在八一大楼会见了由泰国武装部队最高司令部反恐中心司令猜差纳中将率领的泰军反恐考察团一行，双方就双边反恐合作进行了交流。

2015 年 7 月 9 日，中国警方接收泰国按照中泰两国有关国际公约和双边合作协议而遣返的中国籍偷渡人员和组织偷渡团伙成员 109 名，其中包括 13 名涉恐出逃人员，这些偷渡人员准备取道泰国前往土耳其，其中一些人受"世维会"、"东伊运"的煽动蛊惑，准备经土耳其前往叙利亚、伊拉克参加"圣战"。

2. "安全促发展"

2015 年 10 月 23～24 日，由中国公安部主办的"安全促发展"中国与东盟执法安全合作部长级对话暨湄公河流域执法安全合作部长级会议在北京召开，这是中国与东盟国家在执法安全合作上的又一突破，国务委员、公安部部长郭声琨在北京分别会见与会代表，并表示中方愿同各方进一步提升执法安全领域务实合作的水平。

中国与东盟国家不但面对诸多传统和非传统安全问题，还面对国际恐怖主义的威胁。前些年横行于湄公河流域的糯康武装走私贩毒集团受到中老缅泰四国的联合打击而覆亡，但如今罂粟种植又在"金三角"地区死灰复燃。两年来泰国警方、越南警方抓获的新疆"三股势力"成员，正是通过湄公河流域进入泰国、越南。马六甲海域海盗出没威胁着中国与东盟国家过往船只的安全。在维护地区安全稳定的执法合作方面，中国已经展现了一个大国的负责任形象，执法安全合作已经成为中国与东盟之间扎实有效的基础性合作，它产生的溢出效应是巨大的（刘杨钺、杨一心，2015）。

（二）禁毒合作

1. 双边合作不断加深

中国积极参与大湄公河次区域禁毒国际合作，积极发挥地缘大国作用，引领各方多边与双边结合，缉毒执法、替代发展、人员培训等多措并举，不断丰富次区域禁毒合作内容。

中国西南边境毗邻世界三大毒源地之一的"金三角"地区，是对中国危害最大的毒源地，罂粟种植面积虽较20世纪90年代高峰时期大幅下降，但所生产的海洛因仍主要贩入中国。该地区合成毒品产量大幅增加，对中国的渗透不断加剧。因此，中国不断加强与老、缅、泰、越、柬等次区域国家的交流与合作，开展定期双边会晤和经验交流，规划优先合作事项，涉毒情报交流和案件合作机制日趋成熟，边境禁毒执法合作取得务实进展（熊安邦，2015）。

2015年2月5日，中共中央政治局委员、中央政法委书记孟建柱以国家主席习近平特使的身份出访泰国，总理巴育在曼谷会见孟建柱时，表示泰中具有特殊友好关系，将在维护安全等方面同中国发展更加紧密的合作关系；孟建柱则表示希望深化中泰禁毒等合作，建立综合性合作机制。孟建柱还与泰国第一副总理兼国防部长巴维举行会谈，会见了国安院秘书长等泰国政要，并见证了双方有关部门签署执法安全合作文件（李彤，2015）。

2015年3月23日，孟建柱在北京会见了到访的泰国国家安全院秘书长阿努西，公安部部长郭声琨、副部长孟宏伟、外交部部长助理刘建超、泰国驻华大使提拉坤参加会见，双方表示要深化各领域交流与合作，提升两国执法安全合作水平。会见前，孟宏伟与阿努西举行了工作会谈。

2015年3月25日，孟建柱在北京会见了到访的泰国立法议会主席蓬佩时强调，中泰关系政治基础牢固，互利合作潜力巨大，两国人民友好感情深厚，近年来，两国在执法安全领域的合作总体顺畅，中方愿与泰方加强在禁毒、打击跨国有组织犯罪、网络安全等领域信息交流和务实合作。

应中国公安部邀请，泰国司法部长派汶·昆差耶一行25人于2015年9月25日，到访云南省交流禁毒工作。云南省副省长高树勋、国家禁毒委员会常务副秘书长、公安部禁毒局局长胡明朗先后与泰国代表团举行会谈。双方就第二届"平安航道"联合扫毒行动延期阶段的工作情况进行了深入交流，并就下一步双方的禁毒合作达成广泛共识。双方还同意尽快启动建立中国云南与泰国北部8府禁毒合作机制，中方认为，受多重因素影响，两国共同面临毒品的严重危害，希望双方认真落实历届中泰禁毒合作双边会议精神，协调一致，互相支持，互相配合，进一步深化湄公河联合巡逻执法合作，持续开展"平安航道"联合扫毒行动，共同有效打击跨国毒品犯罪活动，为减少"金三角"毒品危害做出不懈努力。泰方表示，泰中双方一直以来在打击毒品犯罪方面进行了良好的合作，希望双方进一步推动泰中双边禁毒合作，继续打击"金三角"地区糯康式的贩毒集团，努力提高"金三角"地区人民的生活水平，为维护湄公河流域社会稳定做出贡献。

作为中国禁毒的主战场、境外毒品向内地渗透的重要通道，云南省在加强与周边国家特别是泰国之间的禁毒执法合作中发挥了重要作用。此次司法部长到访云南，体现了泰方对中泰围绕"金三角"地区毒品问题展开合作的重视。访问期间，泰国禁毒代表团考察了云南省公安厅禁毒局、云南公安边防总队、木康边防检查站、瑞丽边防检查站、瑞丽边境禁毒联络官办公室、姐告国门口岸等地，与禁毒、边防部门开展了禁毒工作交流。

2015 年 12 月 15～19 日，缅甸、泰国、中国、老挝、越南和柬埔寨六国在泰国举行会议，决定六国将在 2016 年 1 月至 2018 年 12 月实施长达 3 年的禁毒合作机制。此前缅甸、泰国、中国和老挝曾就禁毒机制进行过合作，越南、柬埔寨是新成员。

2016 年 4 月 19 日，中国公安部部长郭声琨在纽约联合国总部出席大湄公河次区域禁毒合作机制会议并发言，会议由联合国毒品和犯罪问题办公室主办，泰国、柬埔寨、老挝、缅甸、越南等机制成员国代表出席。郭声琨表示无论是过去、现在还是将来，大湄公河次区域禁毒合作机制都是中方在本地区开展禁毒合作的优先方向（殷淼，2016）。

2. "平安航道"联合扫毒专项行动

为进一步巩固和强化中老缅泰湄公河流域执法安全机制，提升四国执法合作水平，打击跨国毒品犯罪，改善该流域治安状况，增强"黄金水道"沿岸人民安全感，中方倡导并促成中老缅泰四国联合成功开展"中老缅泰打击湄公河流域毒品犯罪'平安航道'联合行动"（周玉渊，2014）。

第一届于 2013 年 4 月 20 日在中国云南景洪启动，历时两个月，取得重大战果。第二届于 2015 年 1 月 12 日在泰国启动，历时两个月，由泰方牵头成立了"安全湄公河协调指挥中心"作为四国缉毒部门开展情报交流、协调专案、联合执法的中枢系统。此次行动目标是提高湄公河流域禁毒执法能力、加强易制毒化学品查缉、联合侦破重大毒品犯罪案件、追捕重要涉毒逃犯、严厉打击"金三角"地区制毒活动。行动期间，四国共破获涉湄公河流域毒品犯罪案件 8919 起，抓获犯罪嫌疑人 10164 名，缴获冰毒片剂 1 亿片、冰毒晶体 0.5 吨、海洛因 1.3 吨、易制毒化学品约 295.5 吨。

2015 年 4 月 7～8 日，第二届中老缅泰"平安航道"联合扫毒行动高官会在泰国首都曼谷举行，会议评估了此次联合扫毒行动的成果，也对第二届行动延期的具体细节进行了磋商。

（三）打击国际犯罪合作

亚太地区犯罪分子跨境流动日益频繁，非传统安全面临的挑战不容忽视，中国与泰国坚持共同、综合、合作、可持续的执法安全合作理念，携手建设更为紧密的中国—东盟安全命运共同体，有效地打击犯罪分子跨境流动（宋豪新、陈尚文、韩晓明、徐伟、谢亚宏、林雪丹，2016）。

1. 双边执法合作密切

2015年1月29日，中央政法委书记孟建柱在中南海会见泰国司法部长派汶·昆差耶时表示，两国应深入开展法律和司法领域交流与合作，充实中泰全面战略合作伙伴关系内涵，为两国关系的全面发展提供更为有效的法律服务和保障，让"中泰一家亲"的传统友好世代相传，派汶也表示泰方将一如既往与中方加强包括司法在内的各领域合作。

2015年12月11～14日，应中国驻清迈总领事馆邀请，泰国第五警区司令塔尼萨·提拉萨瓦警中将率代表团一行15人访问云南。近年来，在中国公安部与泰国皇家警察总署以及云南省政府与泰国北部地区合作机制框架下，云南省公安机关积极与泰国警方特别是第五警区开展互访交流，建立完善合作机制，并就反恐、禁毒、打拐、反偷渡、湄公河执法安全等领域开展务实合作，取得丰硕成果。在此次访问交流中，中方提议将以下内容确定为双方下一步合作的重点：继续加强和巩固云南省公安厅与泰国第五警区之间的合作机制，建立完善双方合作的平台；继续深入推进中老缅泰四国湄公河执法安全合作，维护湄公河流域地区的治安稳定；进一步加强反恐维稳合作，联合打击国际恐怖主义活动；进一步深化禁毒执法合作，继续加强对湄公河流域地区毒品犯罪的严厉打击。泰方表示一直注重保护辖区内中国公民的合法权益，并对需要帮助的中国公民及时给予必要的救助，长期以来第五警区与云南省公安厅保持着良好的合作关系，第五警区将继续加强与云南省公安厅的警务合作。

2015年12月3日，广州市公安局国际合作办公室接到广东省公安厅刑侦局转来中国驻泰国大使馆信息，广州市公安局网上在逃人员张某日前被泰国移民部门抓获，广州市公安局随后通过中国驻泰国大使馆警务联络官，向泰国移民部门正式提出引渡申请。2016年1月11日收到泰方同意答复后，广州市公安局由国合办牵头组成工作组赴泰国展开对该嫌疑人的引渡工作。2016年1月15日，嫌疑人在泰国曼谷机场被移交。

2016年3月9日，由公安部和外交部主办、广东省公安厅协办、广州市公安局承办的东盟地区论坛打击犯罪分子跨境流动研讨会在广州开幕，此次会议由中国与泰国担任共同主席，与会代表就亚太地区面临的犯罪分子跨境流动形势，特别是跨境恐怖活动、拐卖人口、毒品犯罪等挑战交换意见，并就进一步加强地区执法安全合作进行深入探讨。

2. 中国与东盟谋求携手打击跨国网络犯罪

2015年9月13～14日，中国—东盟信息港论坛在广西南宁举办，中国和东盟 10 国的官员和专家、学者就共同打击跨国网络犯罪问题进行了交流。"互联网 +"时代，网络犯罪呈现出新特点：网络侵财类犯罪频发多发，其中网络诈骗、网络盗窃已成为发案率最高的网络犯罪，存储了大量个人隐私信息、安全性能较差的移动终端越来越多地成为网络犯罪攻击的目标。

由于各国、地区间互联网立法制度的差异，给网络犯罪分子留下了规避法律制裁的空子，不能满足打击国际网络犯罪的需要。中国与东盟国家在网络领域开展沟通与对话，双方已建立打击跨国犯罪部长级会议、东盟国家警察首长会议等机制，中方期待与东盟国家的国际执法合作"范围更广、领域更宽、层次更多样、程度更紧密、手段更丰富、效果更务实"①。

3. 第 13 届东盟地区论坛反恐与打击跨国犯罪会议

近年来，中国公安部不断加强与东盟等周边国家执法安全合作，多次联合开展打击跨国犯罪和境外追逃联合行动，有效遏制了本地区经济犯罪、拐卖犯罪、电信诈骗、恐怖主义等突出的犯罪问题。

2015 年 5 月 14 ~ 15 日，第 13 届东盟地区论坛反恐与打击跨国犯罪会议在广西南宁举行，会议由中国公安部与外交部主办，广西壮族自治区公安厅承办，泰国为会议共同主席。来自 27 个论坛成员国、东盟秘书处、联合国毒罪办，以及公安部、外交部有关业务部门，北京、广西、云南等地方公安机关代表参加了会议。会议期间，与会代表围绕反恐、禁毒、境外追逃、打击网络犯罪、边境管理等议题进行了交流，并对论坛《反恐与打击跨国犯罪 2015 ~ 2016 年工作计划（草案）》进行了讨论。该会议充分肯定了近年来中国与东盟等有关国家在执法安全领域取得的务实合作成果，认真分析了本地区反恐与打击跨国犯罪合作面临的机遇和挑战。

三、南海问题

在南海问题的争端中，泰国虽然属于争端的局外人，但是作为中国和东盟之间关系的协调国，其对南海问题的政策将对南海局势和中国与东盟的关系产生影响。

（一）泰国的南海政策

作为中国—东盟关系的协调国，泰国是南海争端的非争端方，其对南海争端所持的立场与态度，主要是通过其领导人的公开讲话来传递的。

在 2012 年 7 月的东盟外长会议上，泰国外长素拉蓬系统性地阐述了泰国的南海政策：南海争端不应该影响东盟—中国之间的关系，对于争端方来说，要进

---

① 陈寂. 东盟地区论坛在广州举行打击犯罪分子跨境流动研讨会 [N]. 新华社，2016 – 03 – 09.

一步平息紧张的局势；中国和东盟各国在南海问题上，应该达成互信和共赢的局面；南海不应该是形成冲突的根本，而是一种实现各国共同发展的有利资源。因此，泰国希望南海问题得到和平解决。

2012年7月11日，泰国官员阿萨育德·斯里萨穆特表示，"在泰国未来3年担当中国—东盟关系协调国期间，绝不允许南海争端妨碍东盟与中国之间的合作"。

2012年7月底，泰国外交部官员萨克表示，"泰国是中国—东盟之间的协调国，对于南海争端的发展极其关注，但希望南海争端不要扩大化和国际化"。

2012年7月泰国成为协调国以后，在南海问题上出现了摇摆的态度。2013年1月13日，泰国表示，"将努力需求东盟各国在南海问题上达成共识，与中国进行集团式研判"。

可见，泰国对于南海问题的政策，表面上采取的是中立的政策，但其真正的盘算，是试图在稳定南海局势的基础上，实现自身经济效益的提高，以凸显泰国在东盟地区的影响力。

（二）泰国南海政策的成因

虽然泰国是南海争端的"局外人"，但从维护自身国家利益最大化的动机出发，其对南海问题所持的政策，是为了更好地实现自身经济的发展。

首先，南海作为海上交通要道，成为世界石油运输的重要海域，对于亚太地区各国具有重要的战略作用。近年来，泰国经济逐渐进行了经济结构调整，外向型经济成为泰国经济发展的主要方式，南海海域的安全对于泰国经济同样具有重要的意义，同样希望南海能够保持安全与稳定，由此，泰国迫切希望各国能够和平解决南海争端问题。

其次，作为东盟的创始成员国，泰国的战略目标是成为地区性的大国，并一直朝此方向进行着积极的努力，经常在地区性的活动中充当协调者的身份，并发挥其国际影响力。2012年7月，泰国紧紧抓住担任中国—东盟关系协调国机会大显身手，积极发挥协调作用，显示出其在东盟各国中的大国地位，另外，出于自身国家利益与东盟整体利益关系的考量，也曾提出了与中国进行集团式谈判的偏向，从而出现摇摆不定的行为和举动。

最后，随着中国—东盟自由贸易区的发展，中国逐渐成为泰国第一大出口国和第二大进口来源国，成为泰国重要的经济合作伙伴，泰国亲见亲历了中国—东盟关系的建立和发展并从中得到实惠，因此异常重视与中国的经济合作关系，极力希望南海争端不要影响到中国—东盟关系的发展，尤其是不要影响到中国与泰国之间经济合作。

（三）泰国南海政策的发展趋势

经济和外交上的考虑是影响泰国对南海问题政策稳定与持续的重要原因。

泰国会继续坚持维持南海争端不能影响中国—东盟关系的政策主张，以便更好地维护其国家利益。2014年4月24日，泰国外交部官员阿育德公开表示，作为中国—东盟关系协调国，泰国在年内将继续组织更多的会议，为东盟和中国就"南海行为准则"（COC）的谈判和在南海推动切实合作提供便利。因此，泰国对于中国和平解决南海争端的主张与做法将给予充分的肯定，并对域外国家的干扰进行坚决地抵制，使得南海海域能够在安全自由的状态下持续地运行和发展。

　　泰国作为东盟创始成员国，其对外政策的制定，也会照顾到东盟的整体利益。2011年，泰国前总理英拉在泰国对外政策声明中曾经指出："泰国立足东盟、推动东盟共同体建设仍然是泰国外交的主要目标。[①]"基于2015年东盟已对外宣布建成东盟共同体的事实，作为东盟共同体重要核心成员的泰国，在处理涉及东盟整体利益问题的时候，偶尔多少显露出些许偏心，那也是不足为奇的。

　　（四）泰国南海政策对南海局势的影响

　　如前所述，泰国既不希望南海争端影响到中国与东盟关系的良好运行，也不希望其他大国来干预争端，而是希望各争端国家能够通过和平谈判的方式来解决争端，以期实现南海海域的安全和稳定，这种政策有利于南海争端国家危机管控能力的提高。

　　泰国利用其中国—东盟关系协调国的身份，积极发挥了协调者的作用，多方组织会议进行南海争端的谈判，使得中国对南海争端的态度从"强力反制"转变为"务实推进合作"[②]。2013年9月，东盟与相关国家就COC的制定进行了商谈，在此环境下，泰国提出东盟与中国进行集团式谈判的主张，也可能导致部分东盟成员国产生对形势的误判，给南海问题的顺利解决造成阻力。

　　泰国作为中国—东盟关系的协调国，在南海争端中的态度对南海局势的发展具有重要的作用，泰国在南海争端中的中立性政策，对中国南海政策的主张将产生积极的意义，而如果其在南海政策出现变化——坚持与中国开展集团式谈判，会在一定程度上影响到东盟其他成员国在南海争端问题上的价值取向，为争端的顺利解决增加变数。相信泰国会权衡利弊，找到平衡点，做出符合其自身利益最大化的最佳选择。

①　泰国总理英拉称将以"女人味"调解南海争端［EB/OL］．东方网，2012－10－01.
②　康霖．试析泰国、缅甸、柬埔寨的南海政策［J］．新东方，2014（12）：16－22.

第三节　中—泰经贸关系

一、中泰两国经贸往来概况

2015～2016 年，中泰两国间经贸合作平稳发展，互惠合作更加扎实。中国是泰国最大贸易伙伴，泰国是中国在东盟国家中的第四大贸易伙伴。

1975 年中泰两国建交之初，双边贸易额仅为 2500 万美元，2014 年已达 726 亿美元，增长近 3000 倍。中泰双向投资从无到有，总额已达 60 亿美元。在全球经济复苏乏力的情况下，中泰贸易逆势小幅增长，这是可喜的成就。目前中国企业对赴泰国投资的关注度逐步上升，不少省市特别是发达地区的企业家和经贸团纷纷赴泰考察，寻找商机。中泰双方就中泰经贸合作 5 年发展规划重点项目清单达成共识，并设定未来 5 年贸易额翻一番，早日实现双向往来 1000 万人次等新目标。

中泰两国基于良好的政治互信，在深化经贸合作、建立战略对接等方面具有根本性的共识，两国间的经贸合作在深度和广度上均进展良好，扩大贸易、投资、产能、基础设施、旅游、金融、质检、信息通信和航天技术等领域的合作均处在深入开展当中。

2015 年，中方宣布向泰方提供 500 亿元人民币合格境外投资者（RQFII）投资额度，泰方则在未来经济的十大重点产业，欢迎中方企业赴泰投资，加强基础设施、科技、金融、旅游等领域的合作。

二、中—泰贸易

（一）2015 年中泰贸易

2015 年是中泰建交 40 周年，40 年来，中泰两国在贸易、投资、文化等方面的合作取得了巨大的成功。中国大力支持泰国的农产品，如稻谷、橡胶和木薯等出口到中国。其他农产品的出口两国正在积极推动。中泰已召开了 3 次农产品进出口的相关会议，第四次会议于 2015 年 8 月 4 日在中国南宁举行，双方共同商讨如何将大米、水果等泰国有名的农产品更好地出口到中国等相关问题。

2015 年中国与泰国双边贸易总额达 754.74 亿美元，较 2014 年同期增长 3.9%，占中国与东盟 10 国双边贸易总额的 16.0%，是中国在东盟的第四大贸易伙伴。其中，中国自泰国进口 371.76 亿美元，同比下降 3.1%；对泰国出口 382.97 亿美元，同比增长 11.7%。中国对泰国贸易呈现顺差，顺差额为 11.21 亿美元。

从产品结构上看，中国自泰国进口的前 5 位产品有电子、机械、橡胶、塑料及其制品、仪器设备，累计进口总额达 244.78 亿美元，占中国自泰国进口产品总额的 65.8%。其中，电子是第一大进口产品，进口额达 82.90 亿美元，同比增长 13.0%；其次是机械，进口额为 68.31 亿美元，同比下降 3.9%；再者是橡胶，进口 40.08 亿美元，同比下降 21.6%；塑料及其制品位居第四，进口 35.48 亿美元，同比下降 8.0%；对仪器设备进口最少，进口额为 18.01 亿美元，同比增长 59.4%。

中国与泰国双边贸易呈现以下特点：一是双边贸易呈现缓慢上升，出口增速仍优于进口。近年来，泰国对中国的出口贸易异常活跃，中国也在积极地开拓泰国市场，两国贸易逐渐趋于平衡。二是两国进出口贸易的产品结构也在不断优化，呈现优势互补、互利双赢的格局。机电产品在双边贸易中所占比重最大，增长稳健。三是在双边主要进出口产品结构中，塑料及其制品正日益成为双边贸易的主要产品，双边产品结构进一步优化，2015 年出口额达到 14.53 亿美元，占 2015 年中国对泰国出口总额的 7.3%，并在 2016 年获得了进一步的增长①。

自 2010 年东盟自贸区全面启动以来，中泰贸易迅速升温。至 2015 年，中国已成为泰国第一大贸易伙伴，是其第一大进口国和第二大出口国。根据 2015 年 12 月中国海关月报数据②，泰国为中国在东盟第四大贸易伙伴，是中国在东盟 10 国中第二大进口国和第四大出口国，全年实现进出口贸易额 4686.66 亿元，较 2014 年增长 5.1%，占中国东盟贸易总额的 15.99%。其中中国自泰国进口 2308.25 亿元，较上年减少 1.9%，占中国从东盟进口总额的 19%；中国向泰国出口 2378.4 亿元，较上年增长 12.9%，占中国向东盟出口总额的 13.81%。

从进口商品结构上看，电机、机械设备、家用电器等 30 类是泰国从中国进口的主要商品，2015 年泰国从中国进口这 30 类商品共 379.87 亿美元，占泰国从中国总进口额的 92.50%，进口额较 2014 年上升 7.85%。其中电机及零配件、机械设备及零配件、家用电器、电脑及零配件、化工品、汽车零配件、钢铁及钢铁制品、金属制品、其他废旧金属、塑料制品是泰国从中国进口最主要的 10 类商品，2015 年这 10 类商品占泰国从中国进口的 68.99%，其中进口 65.52 亿美元电机产品，同比增长 21.71%；进口 43.96 亿美元机械设备及零配件，同比增长 8.42%；进口 40.05 亿美元家用电器，同比下降 3.2%；进口 26.93 亿美元化

① 陶海青. 中泰打造区域经济合作升级版 ［N］. 中国贸易报，2015－01－29.

② 海关信息网，http：//www. haiguan. info/CustomData/Report595. aspx？currency＝rmb.

工品，同比下降1.31%；进口22.49亿美元钢铁、钢铁制品，同比下降2.51%。

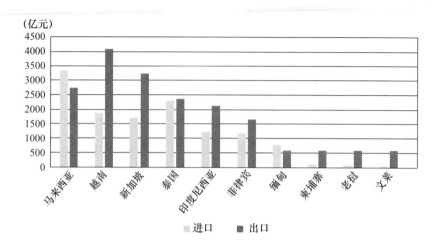

图7-1　2015年中国对东盟贸易结构柱状图

资料来源：海关信息网。

表7-1　2014～2016年泰国从中国进口额①　　　　单位：亿美元

序号	商品	进口额			增长率（%）			比重（%）		
		2014年	2015年	2016年	2014年	2015年	2016年	2014年	2015年	2016年
1	电机及零配件	51.36	62.52	63.25	3.22	21.71	1.17	13.34	15.22	15.05
2	机械设备及零配件	40.55	43.96	43.49	1.84	8.42	-1.07	10.53	10.71	10.35
3	家用电器	41.38	40.05	39.25	2.68	-3.20	-1.20	10.75	9.75	9.34
4	化工品	27.29	26.93	28.91	12.00	-1.31	7.35	7.09	6.56	6.88
5	钢铁、钢铁制品	23.07	22.49	27.49	11.99	-2.51	22.23	5.99	5.48	6.54
6	电脑及零配件	31.08	28.02	26.75	-13.03	-9.84	-4.53	8.07	6.82	6.37
7	汽车零配件	13.12	24.63	24.89	-7.64	87.68	1.06	3.41	6.00	5.92
8	金属制品	13.38	13.35	12.33	15.20	-0.21	-7.64	3.48	3.25	2.93
9	塑料制品	9.22	10.54	11.21	14.67	14.23	6.36	2.40	2.57	2.67
10	其他废旧金属	9.86	10.81	10.93	8.44	9.72	1.11	2.56	2.63	2.60
11	集成电路	8.17	8.92	8.69	2.64	9.09	-2.58	2.12	2.17	2.07
12	光纤、光缆	7.33	7.77	8.63	11.83	5.92	11.07	1.90	1.89	2.05

① 泰国商业部，泰国海关（张志文编译）．http：//chiangmai.mofcom.cn/article/ztdy/201702/20170202510653.shtml.

续表

序号	商品	进口额			增长率（%）			比重（%）		
		2014 年	2015 年	2016 年	2014 年	2015 年	2016 年	2014 年	2015 年	2016 年
13	日常用品	7.53	7.61	8.26	4.82	1.06	8.54	1.96	1.85	1.97
14	匹布、面料	8.29	7.85	8.19	−1.13	−5.35	4.33	2.15	1.91	1.95
15	水果、蔬菜	6.53	7.79	8.12	−4.76	19.38	4.24	1.70	1.90	1.93
16	室内装修用品	5.42	6.02	6.14	11.11	11.04	1.99	1.41	1.47	1.46
17	化肥、杀虫剂	6.54	5.95	5.24	16.34	−9.01	−11.93	1.70	1.45	1.25
18	科学用具、工具	4.58	4.7	5.10	−4.64	2.68	8.51	1.19	1.15	1.21
19	电路印刷板	5.1	5.29	4.84	20.38	3.70	−8.51	1.32	1.29	1.15
20	成衣	3.46	3.79	4.50	8.68	9.66	18.73	0.90	0.92	1.07
21	其他资本品	3.68	3.95	3.86	3.22	7.41	−2.28	0.96	0.96	0.92
22	医药品	3.08	3.31	3.61	11.84	7.50	9.06	0.80	0.81	0.86
23	水产品	2.86	2.97	3.46	32.36	3.77	16.50	0.74	0.72	0.82
24	半导体、二极管	2.68	3.46	3.41	−42.94	28.87	−1.45	0.70	0.84	0.81
25	玻璃	2.46	2.58	3.14	9.99	4.86	21.71	0.64	0.63	0.75
26	植物	2.65	2.51	2.96	−6.88	−5.21	17.93	0.69	0.61	0.70
27	丝线、纤维	3.05	2.76	2.90	−0.48	−9.53	5.07	0.79	0.67	0.69
28	纸张、纸制品	2.46	2.58	2.86	−0.02	5.08	10.85	0.64	0.63	0.68
29	其他纺织品	2.04	2.23	2.42	3.44	9.04	8.52	0.53	0.54	0.58
30	钻石、宝石、银条、金条	3.98	4.51	2.36	16.67	13.36	−47.67	1.03	1.10	0.56
	以上 30 项（合计）	352.22	379.87	387.18	2.87	7.85	1.92	91.49	92.50	92.14
	其他	32.76	30.79	33.01	−6.09	−6.03	7.21	8.51	7.50	7.86
	进口总额	384.98	410.65	420.19	2.04	6.67	2.32	100.00	100.00	100.00

塑胶粒、天然橡胶、木薯制品、电脑及零配件等 30 类是泰国向中国出口的主要商品，2015 年泰国向中国出口这 30 类商品共计 198.85 亿美元，同比下降 9.5%，占总出口额的 83.76%。

表7－2　2014～2016年泰国对中国出口额①　　　单位：亿美元

序号	商品	出口额			增长率（%）			比重（%）		
		2014年	2015年	2016年	2014年	2015年	2016年	2014年	2015年	2016年
1	塑胶粒	30.41	27.17	24.39	5.92	-10.65	-10.23	12.12	11.44	10.24
2	天然橡胶	27.53	24.99	20.92	-26.95	-9.24	-16.29	10.97	10.52	8.79
3	木薯制品	23.31	22.71	17.87	16.06	-2.55	-21.31	9.29	9.57	7.51
4	电脑及零配件	21	18.07	16.27	-20.20	-13.93	-9.96	8.37	7.61	6.83
5	化工品	26.26	16.36	14.14	-17.90	-37.68	-13.57	10.47	6.89	5.94
6	木材	11	10.31	13.65	-0.44	-6.28	32.40	4.38	4.34	5.73
7	集成电路	5.31	11.22	10.41	16.09	111.18	-7.22	2.12	4.73	4.37
8	汽车及零配件	2.02	3.24	7.56	10.66	60.61	133.33	0.81	1.37	3.18
9	橡胶制品	17.81	10.04	6.30	-23.17	-43.63	-37.25	7.10	4.23	2.65
10	成品油	13.24	9.15	6.24	-30.16	-30.88	-31.80	5.28	3.86	2.62
11	水果	3.92	4.79	5.84	-12.27	22.10	21.92	1.56	2.02	2.45
12	机械设备及零配件	3.74	4.18	5.18	37.08	11.94	23.92	1.49	1.76	2.18
13	电器及零配件	5.03	4.68	4.79	-18.02	-6.97	2.35	2.00	1.97	2.01
14	大米	3.84	4.8	4.38	53.09	24.87	-8.75	1.53	2.02	1.84
15	钢铁、钢铁制品	1.38	2.45	3.29	13.08	78.37	34.29	0.55	1.03	1.38
16	电路印刷板	2.89	3.57	2.79	66.11	23.84	-21.85	1.15	1.51	1.17
17	汽车内燃发动机	1.19	1.55	2.43	-1.50	30.36	56.77	0.47	0.65	1.02
18	原油	0	0	2.35	-100.00	—	—	—	—	0.99
19	马达、发电机	3.65	2.19	2.33	2.58	-39.87	6.39	1.45	0.92	0.98
20	塑料制品	1.92	1.99	2.05	12.09	3.69	3.02	0.76	0.84	0.86
21	小麦制品、面粉、食品半成品	1.02	1.23	1.72	86.80	21.30	39.84	0.40	0.52	0.72
22	光学镜头	1.84	1.81	1.72	0.91	-1.58	-4.97	0.73	0.76	0.72
23	变压器	1.56	1.21	1.66	21.97	-22.54	37.19	0.62	0.51	0.70
24	砂糖	2.47	3.42	1.53	86.53	38.26	-55.26	0.99	1.44	0.64
25	冰箱用压缩机	1.62	1.59	1.52	15.57	-2.23	-4.40	0.65	0.67	0.64
26	珠宝首饰	1.11	1.49	1.44	93.44	34.58	-3.36	0.44	0.63	0.61
27	电路保护阀	1.93	1.71	1.43	21.14	-11.16	-16.37	0.77	0.72	0.60

① 泰国商业部，泰国海关（张志文编译）. http：//chiangmai. mofcom. gov. cn/article/ztdy/201702/20170202510656. shtml.

续表

序号	商品	出口额			增长率（%）			比重（%）		
		2014 年	2015 年	2016 年	2014 年	2015 年	2016 年	2014 年	2015 年	2016 年
28	电路开关保护板	0.69	0.95	1.41	−12.73	37.09	48.42	0.28	0.40	0.59
29	护肤品、肥皂、化妆品	1.1	1.04	1.04	1.27	−5.11	0	0.44	0.44	0.44
30	光纤、光缆	0.96	0.92	1.01	15.58	−3.52	9.78	0.38	0.39	0.42
	以上 30 项（合计）	219.73	198.85	187.64	−10.43	−9.50	−5.64	87.59	83.76	78.81
	其他	31.12	38.57	50.45	15.21	23.94	30.80	12.41	16.24	21.19
	出口总额	250.84	237.42	238.10	−7.89	−5.35	0.29	100.00	100.00	100.00

中国是世界上最大的橡胶进口国，每年进口量为 370 万吨，或占全球市场 40%的份额。泰国是对华橡胶出口第一大国，每年出口 200 万吨，占本国总产量的 30%。泰国橡胶出口大部分是用作生产原材料的杯凝胶和橡胶块。2015 年橡胶制品出口下滑明显，主要受中国经济增速下行，对橡胶制品需求减少影响。

（二）2016 年 1～8 月中泰贸易

2016 年，中国与泰国双边贸易总额达 658.29 亿美元，其中泰国从中国进口额 420.19 亿美元，较 2015 年同期增长 2.32%；泰国对中国出口额 238.1 亿美元，较 2015 年同期增长 0.29%。中泰双边贸易中国依然呈顺差态势，泰国依然呈逆差态势，差额为 182.09 亿美元。

从进口商品结构上看，电机、机械设备、家用电器等 30 类商品是泰国从中国进口的主要商品，2016 年泰国从中国进口这 30 类商品共 387.18 亿美元，占泰国从中国总进口额的 92.14%，进口额较 2015 年同期上升 1.92%。电机及零配件、机械设备及零配件、家用电器、电脑及零配件、化工品、汽车零配件、钢铁及钢铁制品、金属制品、其他废旧金属、塑料制品是泰国从中国进口最主要的 10 类商品，2016 年这 10 类进口商品占泰国从中国进口的 68.65%，其中进口规模排前五位的商品依次是：电机产品 63.25 亿美元，同比增长 1.17%；机械设备及零配件 43.49 亿美元，同比下降 1.07%；家用电器 39.25 亿美元，同比下降 1.20%；化工品 28.91 亿美元，同比下降 1.31%；钢铁、钢铁制品 27.49 亿美元，同比增长 22.23%。

进口商品的结构及波动幅度保持稳定态势。增长率排前五位的进口商品分别是：钢铁、钢铁制品，增长 22.23%；玻璃，增长 21.71%；成衣，增长 18.73%；植物，增长 17.93%；水产品，增长 16.50%。下降幅度排前五位的进口商品分别是：钻石、宝石、银条、金条，下降 47.67%；化肥、杀虫剂，下降

11.93%；电路印刷板，下降 8.51%；金属制品，下降 7.64%；电脑及零配件，下降 4.53%。

塑胶粒、天然橡胶、木薯制品、电脑及零配件等 30 类是泰国向中国出口的主要商品，2016 年泰国向中国出口这 30 类商品占总出口额的 78.81%，共计 187.64 亿美元，同比下降 5.64%。出口商品的结构虽然较为稳定，但相对于进口商品结构波动幅度较大，其中增长率排前五位的出口商品分别是：汽车及零配件，增长 133.33%；汽车内燃发动机，增长 56.77%；电路开关保护板，增长 48.42%；小麦制品、面粉、食品半成品，增长 39.84%；变压器，增长 37.19%。下降幅度排前五位的出口商品分别是：砂糖，下降 55.26%；橡胶制品，下降 37.25%；成品油，下降 31.80%；电路印刷板，下降 21.85%；木薯制品，下降 21.30%。

总体上，2015～2016 年泰国对中国进口上升，出口下降，贸易逆差有所扩大。从结构上看，中国和泰国的贸易结构现在呈良性发展的趋势，机电产品和高新技术产品占双边贸易比例有所提高。随着中国和泰国发展水平的不断提高和双方经济融合度的不断深化，预计中国和泰国的贸易需求仍将保持多样性，双边贸易结构仍将继续沿着良性的轨道发展。

三、中—泰产业与投资合作

中国正在步入吸引外资与"走出去"并重的发展阶段，未来将有越来越多的中国企业在泰投资建厂，投资和高科技领域的合作将成为两国经济合作新的增长点。两国铁路建设项目必将带动沿线投资、商业和物流的发展，推动双向贸易和投资迈上新的台阶。

（一）中泰两国产业优势互补

泰国有需求、中国有优势的产业领域合作，比如建筑工程行业、装备制造产业。随着两国铁路合作的开展，还可以扩展铁路配套设备的制造领域合作。

环保型产业的合作，如合作发展太阳能、垃圾发电、小型水力发电站等。

农产品深加工领域合作，中国有 8 家具有世界知名度的大型企业已经或计划在泰国建厂。据估计，2017 年中国在泰国的橡胶加工企业将加工橡胶 100 万吨，占泰国橡胶年产量的 1/4。这对稳定泰国橡胶价格、保障泰国胶农利益是非常有益的。

高科技领域的合作，如遥感、通信卫星、4G 网络及医药等合作。

金融领域的合作，鼓励双方企业更多地使用本币进行双边贸易结算，以节省交易成本，减少金融风险。

巴育政府上台以来，为刺激经济发展，加大基础设施投入的大手笔、大动作接连不断，2014 年 7 月，国家维安委员会批准了 2015～2022 年交通基础设施战略规划，预计公共和私人总投资近 800 亿美元。泰国位于"一带一路"的"一带"之中，中国投资开发泰国的基础设施建设，完全符合中国"一带一路"倡议的整体布局。近年来，泰国在公路、铁路、航空运输等方面的物流业有了很大的发展，两国间正在加快基础设施建设方面的合作。在泰国的北部和东北部正在大力发展经济特区的建设，以此吸引国外企业尤其是中国企业赴泰投资。

2014 年 12 月 19 日，中国总理李克强在赴泰国出席大湄公河次区域经济合作第五次领导人会议期间，与泰国总理巴育共同见证了《中泰铁路合作谅解备忘录》的签署，中泰将合作建设泰国首条标准轨铁路。

中国是泰国的友好邻邦，中泰铁路合作对泰国及区域交通运输基础设施的互联互通和经济社会发展意义重大。拟建设的中泰铁路连接泰国北部的廊开府和南部港口马普达普，是泰国首条标准轨铁路，全长 873 千米，设计时速 160 千米，总投资约 150 亿美元，将全部使用中国的技术、标准和装备建设。中泰铁路合作是在泰国 2015～2022 年交通运输发展规划框架下开展的。中泰铁路合作的达成对泰国与邻国之间的基础设施建设有着良好的促进作用。中泰铁路线经过泰国的廊开、坎桂、曼谷、玛塔卜，可以把货物运往泰国湾①。

然而，自《中泰铁路合作谅解备忘录》签署以后，双方一直未能就项目的成本、中国将投放的贷款利息以及拟议中的合资企业的股权结构等达成一致，随着铁路项目的延迟开始引发这个东盟第二大经济体增长将受到抑制的预测，泰国政府提出，泰国将为这条铁路线独自出资（禹洋，2015）。2016 年 4 月，泰国交通部长阿空·丁披他耶拜实表示，泰国将继续在连接曼谷和昆明的铁路项目上与中国保持合作伙伴关系，尽管泰国已决定独自为这个合资项目出资，以终止旷日持久的谈判。

（二）中—泰直接投资

2015 年中国利用外资创新高，1～12 月，全国设立外商投资企业 26575 家，同比增长 11.8%；实际使用外资金额 7813.5 亿元（折 1262.7 亿美元），同比增长 6.4%。1～12 月，东盟对华投资新设立企业 1154 家，同比增长 5.2%，实际投入外资金额 78.6 亿美元，同比增长 20.6%。在对中国投资的外资结构中，主要来于美国、新加坡、日本、中国香港地区、中国台湾地区等国家和地区，泰国对华投资所占份额较小，不足 1%②。

随着中国政府提出并落实"一带一路"倡议构想，中国企业对外投资走出

① 中华人民共和国驻泰王国大使馆经济商务参赞处. 丝路建设亮点：中泰基础设施合作 [N]. 2015 – 05 – 05.

② 商务部网站，http：//www. mofcom. gov. cn/article/tongjiziliao/v/201601/20160101238883. shtml.

去的步伐逐步加快，泰国作为"一带一路"沿途国家，地处东盟中心位置，结合其投资优惠政策，越来越多的中国企业正进入泰国这个新兴市场。2015年，中国企业共对"一带一路"相关的49个国家进行了直接投资，投资额合计148.2亿美元，同比增长18.2%①，投资主要流向新加坡、哈萨克斯坦、老挝、印度尼西亚、俄罗斯和泰国等。

根据泰国大拓律师事务所收集的中国各省市商务部备案赴泰投资企业数据，1987～2015年共有525家企业（主要为中央企业）在商务部备案赴泰国投资，其中在2005年后赴泰投资企业快速增长，在2012年、2013年、2014年出现井喷，2015年稍有回落。

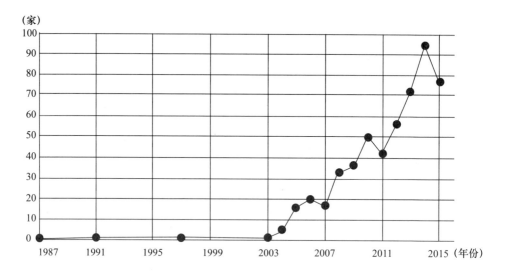

图7－2　1987～2015年中国对泰国投资企业数曲线图

资料来源：泰国大拓律师事务所②。

从产业结构上，中国企业对泰国的投资几乎涵盖国民经济全行业，其中排前五位的分别为制造业、批发和零售业、建筑业、租赁和商务服务业、采矿业。

其中制造业又以电气机械和器材制造业、专用设备制造业、橡胶和塑料制品业和汽车制造业为主。泰国矿产资源丰富、盛产橡胶、基础设施投入逐年加大，泰国政府高度重视发展新能源项目。

2016年，泰国收到申请促进投资项目共计1546项，总投资额为584.35亿泰

---

① 2015年与"一带一路"相关国家经贸合作情况［EB/OL］. http：//fec. mofcom. gov. cn/article/fw-ydyl/tjsj/201601/20160101239838. shtml.

② 大拓律师事务所. http：//www. dtlasean. com/.

铢，高于 550 亿泰铢的预期目标，项目数比 2015 年同期增加 56%，投资额比 2015 年同期增加 196%（2015 年申请投资项目数为 988 个，投资额 197.74 亿泰铢）。在所收到的投资申请中针对产业集群的投资占了 51%，这反映了投资者信心的增强以及看好相关产业集群持续增长的趋势。具体产业投资分布为：汽车和零配件投资额 88.511 亿泰铢；家电和电子产品投资额 64.918 亿泰铢；石油化工投资额 46.986 亿泰铢；农业投资额 45.892 亿泰铢；旅游业投资额 21.398 亿泰铢；医疗产业投资额 7.8 亿泰铢；数字产业投资额 5.173 亿泰铢①。

2016 年 BOI（泰国贸易投资促进委员会）共审批许可项目 1688 项，投资总额 861.34 亿泰铢，其中既有 2016 年前申请的项目，也有当年度申请的项目，这些项目预计将会在此后的 1~2 年落地，给泰国带来了 1.39 万个就业机会，创造约 697 亿泰铢的国内消费以及 877 亿泰铢的出口额。到泰国投资居前三位的国家分别是日本、新加坡和中国②。

□ 建造业	▨ 批发和零售业
▨ 建筑业	▢ 租赁和商务服务业
▤ 采矿业	▧ 农、林、牧、渔业
▣ 公用事业	▤ 信息技术服务业
□ 房地产业	▢ 交通运输业
▦ 科学研究和技术服务业	水利、环境和公共设施管理业
▨ 金融业	□ 废弃资源综合利用业
▤ 住宿和餐饮业	▨ 文化、体育和娱乐业
▤ 教育	

图 7-3　2015 年中国企业对泰国投资产业饼图

资料来源：泰国大拓律师事务所。

预计未来中国赴泰投资规模会受"一带一路"倡议提速的影响而快速上升，投资方向会更加多样化，投资方式具有较大的创新空间。

（三）中泰两国在高铁项目上的合作

2014 年中泰经贸合作成果的重中之重，当属双方在泰国铁路建设方面的合作。泰国目前急需进行的基础设施工程，将致力于提高国内交通网络的连通性，

---

①② 中华人民共和国驻泰王国大使馆经济商务参赞处. 投资促进委员会（BOI）公布 2016 年泰国投资促进成果［EB/OL］. http://th. mofcom. gov. cn/article/jmxw/201702/20170202511290. shtml，2017 - 02 - 07.

尤其是连接贸易枢纽、关键城市、曼谷及周边府、海港、空港、铁路货运中心的交通网络。

在这一刚性需求的带动下，中泰铁路合作积极进展。2015年1月，双方成立中泰铁路合作联合指导委员会，迄今已召开十余次会议，双方就中泰铁路的合作模式、工程建设分工、运营管理方案、人员培训方案等进行了深入交谈，达成多项共识。2015年12月3日，双方签署政府间铁路合作框架文件。2015年12月19日，中泰铁路合作项目启动仪式在泰国大城府举行，标志着中泰铁路合作项目正式启动，为此中国总理李克强与泰国总理巴育互致贺信。

早在英拉执政时期，中国和泰国曾达成"大米换高铁"的相关计划，当时英拉政府的计划是修建曼谷素万那普国际机场—罗勇线（221千米），曼谷—清迈线（745千米），曼谷—廊开线（615千米）及曼谷到泰国马来西亚边境城市巴东勿刹线（9282千米）四条高铁项目，总价值7800亿泰铢。其中优先考虑的高铁计划是修通曼谷至清迈的线路，而该线路无法与中国规划的泛亚铁路连通。

巴育军政权执掌政权后，曾宣布暂停一切英拉时代的2万亿泰铢大型基础设施工程并逐一进行审查，也曾一度传出泰国军政府放弃高铁计划的消息。

然而，2014年7月29日，泰国军政当局"全国维持和平秩序委员会"（维和委）批准了国家8年交通基础设施战略规划，其中就包括建设6条双轨制铁路，并建设两条可以同中国—东盟铁路线接轨的双轨"标规"铁路线，取代英拉政府时期的高速铁路计划，总投资额为约2兆泰铢。

这一变动的实质，是军方自动重启了英拉政府时期的核心基建项目，这里面既有以国家预算支出提振经济的考量，也有重启中泰之间的大型基建合作、深化两国之间战略互信的考量。

中泰铁路合作将促进区域经贸和物流发展以及人员往来，对泰国经济发展和改善民生起到积极作用，还将促进泰国乃至整个东南亚旅游业的发展。一旦高速铁路建成通车，贸易往来和人员交流将会更加便利。泰国的大米、橡胶、新鲜水果蔬菜等农产品将能够通过新建铁路运送到中国和周边其他国家。

巴育版的高铁线路最高时速从原计划的每小时200千米降低到每小时160千米，虽然比英拉时期节省得多，但这两条高铁线路最终与中国境内的铁路相连，仍是中国"一带一路"倡议的重大突破，以及泰国新政府与中国友好关系的稳定剂。

由于项目资金的贷款利率无法达成共识，泰方在项目的规模和实际开工时间等方面都有所拖延。泰国政府认为中国提出的利率太高，反复要求中国给出的利率不能超过2%。泰方曾对媒体表示，这个约50亿美元的项目是政府间的合资项目，中国本该以"反映出中泰关系的友好利率"提供贷款。

2016 年 3 月 25 日，泰国政府决定，自筹资金投资中泰铁路项目建设工程，不再向中方贷款，同时决定，仅建设曼谷—呵叻段一段，全长 250 千米，设计时速 250 千米。尽管如此，泰国政府推动这一项目建成的意向还是明确的，工期的拖延也只是泰国独特的政治体制、泰国政府对中日双方的"价格策略"，以及巴育政府为应对负面舆论所实施的权宜之计。中泰铁路的持续推进，仍是一个可以明确预期的结论。

（四）泰国发电商参与广西核电建设

中国广核集团与泰国最大的独立发电商 RATCH 在曼谷联合召开新闻发布会，宣布将合作建设采用华龙一号技术的防城港核电站二期项目。同时，双方还将在泰国以及其他潜在市场联合开发清洁能源。2015 年 12 月 23 日，在防城港 3 号机组开工前一天，中广核、广西投资集团有限公司和 RATCH 签署持股协议。双方在新闻发布会上表示，防城港核电二期项目公司将负责防城港二期核电项目的开发、建设和运营。后续，中广核将与 RATCH 合作，在泰国以及其他潜在市场开发清洁能源。①

（五）泰国产业技术合作推介会

值 2015 年 9 月 18～21 日在广西南宁举办"第三届中国—东盟技术转移与创新合作大会"之际，泰国产业技术合作推介会于 2015 年 9 月 18 日下午在广西沃顿国际大酒店北京厅举行，这是中国—东盟技术转移与创新合作大会首次为泰国产业技术对接举办专场推介会，旨在为中泰产业技术推广与合作建立专属平台，搭建科技合作桥梁，推动中泰科技合作迈上新台阶。本次推介会围绕第 12 届中国—东盟博览会主题国泰国，联合组织京津冀、上海（长三角）以及广州、深圳（珠三角）等发达地区的创新资源，围绕泰国的现代农业、食品、生物医药、新能源与可再生能源等重点领域产业合作需求开展对接工作。

（六）泰国与中国加强会展产业合作

2016 年 5 月 28 日，泰国会议展览局和中国国际商会签署谅解备忘录，是一个基于中泰两国在加深相互了解和友谊理念的基础上，继续增强人文、文化和经济交流签署的备忘录，根据协议条款，泰国会议展览局和中国国际商会同意在诸多方面与基于会展平台建立长期合作伙伴关系，备忘录的签署将会极大地提高和改善未来两国会展行业的发展水平。

（七）中国"十三五"规划助力中泰合作

深化中泰关系是两国的战略需求和现实需要，中国"十三五"规划提出了"创新、协调、绿色、开放、共享"的发展理念，将给中泰经贸合作带来新机

---

① 凤凰网，http://news.ifeng.com/a/20160325/48210550_0.shtml.

遇，两国可在产能合作上发挥各自优势并进行更多的对接。泰国政府计划在未来
10年内投入巨额资金用于铁路、公路、港口、机场等基础设施建设，而中国在
这一领域拥有成熟的技术和经验。在能源领域，泰国计划到2020年将新能源所
占比例从目前的13%提高到25%，而中国也恰恰在太阳能、风能及生物能等新
能源产业方面有着丰富的发展经验，近年来中泰相互间在此方面的投资不断增
长，每年双向投资额均超过10亿美元（禹洋，2015）。

（八）泰国中小企业期待与中国企业开展更多合作

泰国是一个中小企业非常活跃的国家，据统计全国共有200多万家中小企
业，提供了全国70%的就业机会。但数据也显示，与大企业相比，中小企业
70%的产品用于内销，外销的产品只占30%。近年来随着中国及泰国周边国家经
济的增长，对泰国产品的需求越来越大，使得泰国政府、机构转而加大对中小企
业出口的扶持力度。

（九）中泰（崇左）产业园

2016年4月19～23日，广西崇左市代表团赴泰国曼谷、大城府就开展中泰
（崇左）产业园友好园区合作、泰国农产品集散中心项目招商，期间与泰国有关
部门、园区及商协会、企业等进行对接洽谈。崇左市代表团与泰国国会农业与合
作社委员会、泰国中央农产品现货交易中心、泰国洛加纳工业园区集团、泰国两
仪集团公司高层等进行了会谈，拜会了泰国国会农业与合作社委员会委员长达
奈、泰中商会主席、泰国两仪集团公司名义董事长汪东发和泰国城乡发展基金会
主席蒙迪等，走访了泰国洛加纳工业园区集团、泰国中央农产品现货交易中心
等。崇左市与泰方达成一系列共识。泰国国会农业与合作社委员会表示，崇左区
位、交通等综合优势明显，依托崇左渠道，进一步扩大泰国农业品面向中国出口
意义重大，将加强与崇左在农业立法、农业开发、贸易加工等方面的合作。泰国
中央农产品现货交易中心表示，将继续推进在中泰（崇左）产业园建设泰国农
产品集散中心项目的相关前期工作，保持沟通联系，争取早日项目合作取得突
破。泰国两仪糖业集团表示，将全力建设好南宁东亚糖业在崇左的甘蔗"双高"
基地，加大糖业循环经济项目建设，为崇左糖业"二次创业"作贡献，帮助推
动泰国与崇左在农业方面的开发合作、贸易加工等。泰国暹罗（罗勇府）东方
工业园、暹罗环境科技有限公司、东方供水有限公司（罗勇府工业、居民用水生
产者）、泰国乌蓝陶瓷有限公司等企业有意到中泰（崇左）产业园考察，寻找合
作项目。

（十）泰中罗勇工业园

泰中罗勇工业园是中国商务部批准的首批境外经济贸易合作区，为中国企业
入驻工厂提供最佳的平台。泰中罗勇工业园开发有限公司是由中国华立集团与泰

国安美德集团在泰国合作开发的面向中国投资者的现代化工业区。园区位于泰国东部海岸、靠近泰国首都曼谷和廉差邦深水港，总体规划面积12平方千米，包括一般工业区、保税区、物流仓储区和商业生活区，主要吸引汽配、机械、家电等中国企业入园设厂①。泰中罗勇工业园是中国较为成功的"境外经济贸易合作区"之一，受到中泰两国政府的高度关注和支持，2015年底，已有近70家中资企业，入园企业投资总金额超过12亿美元。截至2016年底，累计入园企业数已达86家，入园企业投资总金额超过20亿美元，累计销售总额65亿美元，为当地创造就业20000余人。

四、中—泰金融合作

（一）泰国加入亚投行

亚洲基础设施投资银行，简称亚投行（Asian Infrastructure Investment Bank，AIIB）是一个政府间性质的亚洲区域多边开发机构，重点支持基础设施建设，成立宗旨为促进亚洲区域的建设互联互通化和经济一体化的进程，并且加强中国及其他亚洲国家和地区的合作。②泰国驻华大使醒乐堃·倪勇作为政府全权代表已于2015年9月29日在北京签署《亚洲基础设施投资银行协定》，泰国成为亚投行第52个签署国，泰国同意出资105亿泰铢，加入亚投行，首付金额21亿泰铢。

（二）跨境人民币业务

2014年12月22日，中国人民银行与泰国银行续签了双边本币互换协议③，双边本币互换规模为700亿元兑换3700亿泰铢，协议有效期3年，经双方同意可以展期，两国金融合作迈出了新步伐。同日，中泰签署《泰国建立人民币清算安排合作备忘录》。

2015年1月6日，中国人民银行授权中国工商银行（泰国）有限公司担任曼谷人民币业务清算行。2015年4月22日，总部位于北京的中国工商银行宣布工行（泰国）股份有限公司已在曼谷正式启动人民币清算行服务。

中国是泰国第一大贸易伙伴、出口市场和最大的游客来源地，双方互为重要的投资目的地。泰国人民币清算服务启动后，泰国及其相关国家商业银行将可以通过在工银泰国开立的账户直接办理人民币业务，从而显著地提高人民币汇划效率和使用便利，人民币资金运用渠道也将得到拓宽。中国工商银行（泰国）有限公司将

---

① 中华人民共和国驻泰王国大使馆经济商务参赞处.泰国物流业发展状况及未来战略［R］.2015-12-17.

② 凤凰网，http://finance.ifeng.com/a/20150325/13581594_0.shtml#_zbs_baidu_bk.

③ 新浪财经，http://finance.sina.com.cn/money/forex/20141222/183921136208.shtml.

充分利用泰国的地缘优势，在两国货币管理机构和监管机构的要求和指导下履行人民币清算行的职责与义务，为人民币的跨境使用和支付清算提供良好平台。

五、泰国各界对华经贸合作的认知与诉求

（一）政治上层：稳定的政治格局和统一的东盟市场

对于泰国政治精英，尤其是掌握国家政权的皇室、军政府而言，一切国家战略的压倒性诉求，都是国家政治局面的稳定。巴育上台后，不仅对内时刻面临着反对派的伺机逆袭，而且对外也一直面临着国际社会（主要是西方国家及国际组织）对其"恢复民主"的压力。同时，泰皇普密蓬年事已高，健康状况每况愈下，皇室接班问题迫在眉睫，南部分离主义又逐渐与国际恐怖组织合流——因此，泰国对政局稳定与国家安全问题十分敏感。这也是为什么泰国愿意促成通向缅甸、老挝、柬埔寨的跨国铁路早日完工，却对南部名噪一时，足以撼动东南亚地缘政治格局，改变泰国民族版图划分的所谓"克拉地峡运河"计划敬而远之的原因。

泰国渴望借助中国的力量将自己打造成为东盟经济有效的"核心"，即打通缅甸、老挝、柬埔寨这三个欠发达邻国，将其开辟成为泰国劳动力供应地、原材料来源地，以及产品出口市场。因此中国对泰合作，特别是交通基建方面，以及劳动密集型工业园区的建立，必须将泰国与邻国之间的区位关系考虑在内。

（二）工商业界：更多的宣传、资金投入、市场开放以及利益共享

作为泰国商界的中坚力量，泰国侨商界在"一带一路"倡议的推进过程当中成为首当其冲的接触者与受益者，泰国中华总商会副主席李桂雄认为，泰国华侨是"一带一路"的参与人，是文化传播人，也是友谊传递者。华商的态度可以代表泰国商界对于中国以及"一带一路"倡议的大体立场与诉求。

泰国广西商会主席李铭如女士在第十一届广西壮族自治区政协第三次会议上发言时认为，中国应该尽早把"一带一路"的目的、利弊、时间表、路线图等尽量阐述清楚，让大家一起来共同推进"一带一路"宏伟蓝图的实现。在建设"一带一路"的过程中，各方必须做到经济上互利互补、文化上包容认同、理念上互信互鉴。中国在亚洲的侨力资源丰富，侨商历来是外资企业"走进中国"的主体，同时也是中国企业"走出去"的"领路人"。建设新丝路，华人华侨可发挥重要的桥梁和纽带作用。为了海上丝绸之路的可持续发展，中国应充分利用好"沿路"各国驻中国使领馆以及中国驻外使领馆、海外重要侨团、新生代的海外华侨华人等资源优势，以华侨为"桥梁"对接沿线国家，推进21世纪"一带一路"的顺利实施与发展。

李铭如女士还认为，中国企业掌握着先进的研发能力和销售渠道，东南亚许

多国家拥有丰富的劳动力资源，双方在产业合作上有着互补的优势。未来的东亚、东南亚将成为一个真正的"全球制造中心"，将会产生人员和商品的大流通，"一带一路"的"大湄公河次区域"部分一旦形成，将会推动"沿路"都市化的工业群建设，推动国际物流发展，由此发展各种服务业，有助于解决"沿路"就业，消除"沿路"贫困，缩小区域之间、城乡之间的发展差距。

李铭如女士还特别提到目前令她最为焦心的问题，是如何早日解决泰国水果等农产品进入中国物流不够畅通的"瓶颈"问题。泰国有很多农产品比如水果等大量销往中国，但由于必须要从越南转口贸易才能到达广西凭祥，李铭如女士希望广西政府能把她的意见转达至中央政府，设法与越南方面进行协调解决此项难题。

李铭如女士的发言在泰国华商中很有代表性，其所希望中国政府在"一带一路"建设中所应加强做的，不外乎"加强宣传"、"充分重视和利用华人华侨力量"、"加大投资"、"解决就业"、"疏通产品输送渠道"等，其中"充分重视华侨界'领路人'地位"，是侨界特有的诉求，其余的各项诉求可视为泰国工商界的普遍呼声。

（三）草根大众：就业市场与产品出口

泰国的一般民众对于"一带一路"的实际内涵其实并不十分关注，民众对"一带一路"的了解通常也只是浅尝辄止，他们对"一带一路"所构成的推力也好、阻力也罢实际上是微不足道的，重要的是应当加大造势宣传，至少要让更多的普通泰国民众都知道有这么回事。

实在要说有什么"诉求"的话，城市平民的诉求不外乎是希望中国的投资能够惠泽泰国的就业市场，能够为泰国服务业、旅游业带来源源不绝的客源，避免冲击泰国制造业等。

占人口大多数的农民阶层，会更关心中国采购了多少泰国大米、水果、橡胶和棕榈油。"一带一路"并不会对泰国农业的竞争力带来"飞跃式"的改善，因此只能在"一带一路"的建设中有针对性地强化泰国农产出口的便利，有意识地对泰国农业进行让利，尽可能地消化泰国滞销的大米和橡胶，为中国在广大泰国农民的心中增加"魅力指数"。

（四）泰国各阶层对"一带一路"的认知、反应与态度

1. 总体态度

如前所述，泰国对待"一带一路"倡议，乃至对待中国本身，其态度是具有两面性的，在追求保持经济独立自主的同时，渴望利用中国的强大动能来推动自身发展，加速东盟一体化进程。由于"一带一路"对泰国的影响是全面性的，因此泰国各阶层的认识和态度并无明显的分野，仅是由于信息掌握渠道的不同，

其所关注的焦点各有侧重而已。

从整体上看，泰国政坛的主流参与者（尤其是执政者）、工商业界、华人侨社侨团等，对"一带一路"多持有正面评价。在野势力、政坛边缘派系、民粹主义团体、亲西方的非政府组织、价值倾向自由主义的学者和媒体等，则对"一带一路"的基础建设和门户开放过程中出现的风险和弊端多有提及。

在政策制定层面，泰国政界对"一带一路"呈现出一种"谁上台谁支持，谁下野谁质疑"的奇特格局，反对与质疑本质上是在野者对在位者的舆论毁伤，而一旦在野势力上台，其对待"一带一路"的态度会随着发生180度的转折。

不容置疑的是，泰国各阶层对"一带一路"是有各种担忧和质疑的。作为国家发展战略的制定阶层，会担心过分卷入中国的对外拓展，造成泰国独立自主地位、中立外交政策的削弱；商界会担心强大的中资企业进入泰国后会"吃光占尽"，不对泰国工商界让利，不为泰国制造社会效益和民众就业；普罗大众阶层，因其实际上并不真正关心，也不切实了解"一带一路"的实质与具体内涵，从而其态度极易受到本国媒体及网络传媒的风向所左右。2016年以来关于"中国铁建贷款条件苛刻"、"铁路沿线土地由中方管理"等传闻经过泰国交通部官员误传，进而在网络上发酵，在泰国民间舆论界造成灾难性影响。

2. 政府对"一带一路"的态度

"一带一路"倡议最早于2013年底提出的，恰逢英拉政府政治危机全面爆发之际。英拉大量引进中国项目，扩大基建投资的政策，在当时被其反对派视为"他信式民粹"的一部分，截至2014年军政府夺权上台，热门一时的"大米换高铁"被军政府叫停。然而数月之后，根基渐稳的巴育政府也提出了堪比英拉政府的巨额投资计划，并于2014年底李克强访泰之际主动重启中泰铁路、农产等领域的合作。此后的泰国军政府基本上成为了"一带一路"在泰国的最主要的推动力量之一[①]。

2015年，巴育总理在不同场合多次表达泰国对接"一带一路"的正面意向，比如在2015年2月6日会见中国国务委员兼国防部长常万全时，巴育表示泰国欢迎并愿积极参与中方提出的"一带一路"等重大合作倡议，愿以泰中两国建交40周年为契机，积极推进铁路、农业、旅游等各领域合作，促进人员往来，增进传统友谊（杨讴，2015）。

2014年11月7日，APEC外交和贸易双部长会议在中国举行，泰国外交部次长西哈萨在参会期间接受人民网记者专访时称，"中国是区域内发展最快的经济体之一，对如何更好地促进区域内自由贸易合作扮演着很重要的角色"。认为

① 中华人民共和国驻泰王国大使馆经济商务参赞处. 中泰经贸合作主要情况（2014年）[R]. 2015 – 08 – 14.

"'一带一路'这一倡议将给区域内的经贸合作带来积极的影响，还将给互联互通领域合作带来更多契机"。同时强调硬件方面的互联互通是发展区域内自由贸易合作的重点之一，例如公路、铁路和航天业等，并期待在基础设施建设方面与中国有进一步合作。西哈萨同时也提醒中国，亚太地区各经济体之间发展不平衡，在合作的同时，应注意兼顾地区的和平与稳定。这实际上就是要求中国对泰国让利，对泰国释放实实在在的利好，而不要吃光占尽。

3. 在野政治势力对"一带一路"的态度

在对待"一带一路"的态度上，尽管泰国"在野党"通常不如"执政党"积极，但由于对华合作毕竟不直接涉及国内政争，加之各派都希望得到中国的友善对待，各党政客多多少少在两国合作过程中利益相关，因此泰国包括为泰党和民主党两大在野党，以及各中小党派在内的在野政治势力对"一带一路"的看法仍旧以正面为主。

泰国前副总理、泰中文化促进委员会主席披尼身份复杂，参加过民主党，担任过他信第二个任期的副总理，是"红衫军"主席乍都蓬的亲属，早年间还参加过泰国共产党，他曾表示，亚投行将会为泰国许多重大项目带来资金支持，泰国作为亚投行的创始成员国，愿意充分支持以中国为首的相关国家共同建设"一带一路"，合力发展亚洲基础设施建设。他的这番言论可以被解读为代表着他信集团对"一带一路"的合作姿态（李颖、陈家宝，2015）。

民主党党魁阿披实在 2010 年执政时期曾对中国进行正式友好访问，当时阿披实曾表示，经贸往来是中泰两国关系交往中的重要一环，泰国制定的经济刺激计划其中包括很多基建项目，中国可以在其中扮演重要的角色。中国的公司可以参与泰国的基础设施建设，在交通领域，特别是轨道交通项目上大有可为。在农业、工业和替代能源等领域，也有吸引中国投资的潜力。泰国政府将向中国方面发出明确邀请，请中国公司参与到泰国在轨道交通以及其他刺激经济的项目中来（臧晓，2015）。

现任泰国萨兰隆外交学院院长的素拉杰，是 20 世纪 90 年代初期"前民主化"时代的泰国总理，其政治立场趋向中立，在出席 2015 年博鳌论坛期间接受《参考消息》记者专访时表示，中国提出建设"一带一路"、亚投行等建议，都将极大地促进亚洲经济合作。中国的"一带一路"提议十分具有创造性，而且接连提出了这么多的新战略，这是中国外交出色的表现（李颖、陈家宝，2015）。他同样也没有忘记提醒中国，并非所有的"一带一路"沿线国家都能够这么快地跟上中国的节奏，能够透彻地去理解这么多新概念。所以，中国需要做更多的解释工作，必须让相关国家对此有更深入的了解，究竟"一带一路"包含哪些实质内容，具体对沿线国家，包括对这些国家的老百姓，意味着什么？素拉杰还特别强调，推出"一带一路"、成立亚投行的目的都是旨在帮助相对贫穷的亚洲国家与相对发达的亚洲国家互联互通，实现共同发展，但目前一些沿线国家和人民对于这些新概念本身的互相联系性、"一带一路"与百姓生活及国家发展之间的关联度、他们自身可能在其中获得的收益等，还并不都是那么了然于胸。中国方面应该从各个层面推进，并进行更多的沟通。素拉杰还拿出中泰正在商谈的铁路合作项目为例，认为这个项目同样需要两国政府更多地与泰国老百姓进行沟通，让泰国民众认识到自己就是中泰铁路最大的受益者。

4. 地方官员与工商业界的态度

在"一带一路"合作进程中，地方经济和工商业界是最直接的面对者，因此泰国地理上的对华交通物流枢纽——便是靠近暹罗湾的东南沿海，以及靠近老挝的东北边境——的地方政府对"一带一路"反响热烈。工商界，尤其是金融地产、旅游、服务等领域对此也表现出殷切期待的氛围。

泰国南部宋卡府主管经济的副府尹阿努其表示，泰国南部，尤其是宋卡，自古就是海上丝绸之路的一个重要途经地，泰国政府的边境经济特区战略与中国提出的共建"一带一路"倡议是相契合的，泰方在宋卡进一步发展海运，目的就是主动与中国倡导的21世纪海上丝绸之路对接。

泰国央行行长张旭洲表示，泰国位于东盟地区的核心地带，是东盟的物流、贸易和金融中心，也是东盟与中国之间天然的桥梁。中国需要通过泰国，进入东盟乃至大湄公河次区域，对产品供应链进行重新布局。泰国、中国应抓住"一带一路"建设的契机，实现双赢。张旭洲还强调，中国帮助东盟国家加强基础设施建设，可以将东盟不同发展水平的国家融入地区产业链中，并发挥各自的比较优势。

泰国开泰银行第一高级副总裁胡锦通表示，中国提出的"一带一路"有助于构建区域产业链，促进亚洲国家之间的贸易，减少对传统出口市场的依赖，为本地区的发展创造内生动力。为了抓住"一带一路"带来的机遇，满足日益增长的跨境金融服务需求，开泰银行加快了在中国、东盟以及亚洲其他国家布局设点的步伐。

他还认为，"一带一路"规划的实施将拉动本地区的基础设施建设、国际贸易（其中包括边境贸易和过境贸易）、直接投资以及人员流动（包括旅游、商务和劳务），这些经济活动都需要相应的金融服务，如项目融资、贸易融资、支付结算、商业贷款、财务顾问、投资咨询、商务对接以及信用卡、外币兑换等，其中大部分是跨境金融服务需求。开泰银行将此视为重大发展机遇，紧随着"一带一路"加快区域布局，为此拟申请在深圳成立外商独资银行，以便为本地区跨境贸易投资提供无缝衔接的金融服务。

六、中—泰会展及论坛合作

2015 年 4 月 2 日，中国—东盟博览会泰国展在曼谷举行，这是中国—东盟博览会举办 11 届以来，首次在东盟国家办展。两国有近百家企业参展，其中既有两国知名品牌企业和优势行业领军企业参与，也有一大批具有很强互补性和巨大市场潜力的特色商品参展。展会期间，举办专场推介会、客商对接会等系列商贸促进活动。此次泰国展是中国—东盟博览会服务东盟国家参与共建丝绸之路经济带和 21 世纪海上丝绸之路建设的创新之举，也是中泰友好合作不断深入发展的时代要求，彰显泰国在中国与东盟合作中的重要作用。

连续举办了 11 年的东博会使中国—东盟之间的关系变得越发亲密，无论是官方政府还是民间机构，如泰国商会、中国—东盟商会等，都对促进中泰、中国—东盟密切而广泛的合作起到了极大的作用，使双方贸易投资、经济规模得以不断扩大，这在中泰近年来的历次合作中都有所体现。作为 2015 年第十二届东博会的主题国，泰国的春武里府成为了此届东博会的魅力之城。2015 年东博会的主题是海洋合作，春武里府的林查班港口和中国广西北部湾港在该契机下有着良好的自身优势及合作基础。

2015 年 11 月 27 日，第二届泰中贸易投资合作论坛（曼谷站）在曼谷举办，泰国工业部产业工厂局、泰国外国联合商会、泰国华商经贸联谊会、泰国台商联合总会、泰国云台东盟文化商贸促进会、云南省商务研究院、云南大学国际关系学院、30 家泰国农副产品及文化创意产品企业及昆曼商务考察团参加了此次论坛。论坛提出在昆曼通道及中泰铁路的互联互通优势下，滇泰合作发展的重点方向一是进一步加强中国云南与泰国的旅游业合作，建立跨境旅游合作区；二是推进产业合作，提升合作水平；三是加强双方人文交流，发展服务贸易。

2015 年 12 月 18 日，由泰国商业部、中国商务部以及泰国投资促进委员会（BOI）、中国贸易促进委员会共同举办的"2015 年中国—泰国商务论坛"在曼谷举行。中国国务委员王勇出席会议并发表讲话，泰国副总理颂奇主持会议并发表题为"泰国新经济政策"的演讲。中方向泰国介绍"中国制造业 2025"、"互联网＋"等计划，并呼吁泰国政府对中国企业在泰投资加大扶持力度，为中资企业在泰发展提供更多的帮助。泰国希望中国方面能参与泰国政府的"新 S 曲线"（NEW S – CURVE）十大工业发展投资。

2016 年 6 月 23 日，中国贸促会贸易投资促进代表团赴泰国考察，与泰国一些金融机构、工业园区和相关机构进行座谈，探讨在"一带一路"倡议下中国企业赴泰国投资的前景。目前，中国企业在泰国的投资不断增加，实业类投资占比 80％以上，中泰之间投资合作已经逐步形成多层次、多渠道、全方位的合作格局①。2015 年，中国在泰国非金融类直接投资新增加 4.4 亿美元，同比增长了 20% 多，中国已经成为泰国第六大投资来源地。

第四节　中—泰人文、社会、旅游关系

一、两国间在历史上的民族亲缘关系与文化交流

人类学研究领域的主流观点认为，泰国民族起源于中国西南地区，与古壮族为同一民族起源。在唐代，古泰族向西迁移到泰国境内后，经过长时间的独立发展，形成泰族酋邦和民族国家，且有部分向中国云南地区回迁，形成中国境内的傣族。因此，中泰两国血脉相通，有着十分密切的文化亲缘关系。

到泰国大城王朝时期，泰国与中国明王朝建立了友好的外交关系，实际上进入了中国明清时期的封建王朝朝贡体系。在泰国与缅甸长期交战期间，古暹罗大城王朝、吞武里王朝在军事上与中国清王朝形成了实质上的军事战略同盟。两国在历史上的关系充满了守望相助的良性互动，彼此之间并无显著的历史负资产。

在冷战期间，由于意识形态的冲突，泰国对华关系降至谷底。泰国学术界一度以"古泰族被汉族王朝驱赶至东南亚"的民族主义史观为正统。但这一学说在中国进入改革开放时期，放弃意识形态革命输出后，便很快沉寂下来。中泰之间"一家亲"的论点再次成为两国关系的主流表达。两国间各项双边合作，随着中国国力的提升而得到了飞速的进展，两国政府和人民之间的往来互动处在有史以来最密切的时期。

与此同时，随着两国间人员往来的日益增长，特别是每年超过 800 万的中国游客和留学生、商人和务工人员的涌入，也使泰国民间开始出现针对中国人的负面言论。部分立场偏向西方的泰国本土媒体，以及具有民粹主义色彩的意见领袖，对开始萌发的对中国和中国民众的负面观感进行放大，也对两国交流造成了一定程度的负面影响。

二、中泰两国的人文交流与合作

为建立高校学生海外志愿者服务机制，中国教育国际交流协会秘书处与泰国国际文化交流组织（AFS 泰国）共同举办了"赴泰国汉语语言助教项目"。2015年，由于 AFS 泰国方面进一步扩大项目规模，现面向高校启动第二轮招生，拟选

---

① 王天乐，丁子.泰国发展战略对接"一带一路"［N］.人民日报，2015 – 07 – 20.

拔 20 名汉语语言助教赴泰进行为期 5 个月和 12 个月的语言教学工作。

2015 年 4 月 11 日，广西师范学院泰国语言文化中心隆重举行了 2015 年泰国泼水节（宋干节）文化活动。泰王国驻南宁总领事馆林玉环副总领事，广西师范学院有关部门的领导、老师及广西师范学院、广西大学、广西民族大学的中泰学生共同参加了此次活动。

（一）教育交流不断深化

（1）教育是中泰继经贸、旅游外又一新经济增长点。2015 年 2 月 2 日，适逢诗琳通公主 60 岁华诞，为了同时庆祝中泰建交 40 周年，中国驻泰大使宁赋魁先生与泰国吉拉达（Chitralada）学校校长 Thanpuying Angkab Punyashthiti 签署新的协议，泰国将派教师赴中国修习中文和数学，泰国学生可以进入在泰国的中国企业实习。这项协议为那些有志有能的教育机构和个人提供了学习中国语言文化的机会。根据协议内容，中国还将捐赠电脑及投影设备给吉拉达学校职业教育部，并派遣教学有方的数学教师为吉拉达高中学生教授数学课程。

在诗琳通公主的努力下，吉拉达学校早于 2002 年就开设了汉语课程，2009 年，又与中国国家汉办合作在吉拉达学校开设了孔子课堂。自此，吉拉达学校与中国的交往日益密切，交换项目不断增加。自 2002 年以来，吉拉达学校从幼儿园到高职部，全部开设汉语课，全校学生 2026 人中，有 1400 多人修习汉语课程。中国国家汉办每年派遣 9 名教师到校教授汉语。

2015 年 2 月 5 日，泰国举办了中泰建交 40 周年教育研讨会，宁赋魁大使出席研讨会发言时指出，中泰双方除了在经贸、旅游产业发展方面取得了可喜成绩外，双方在教育合作方面也取得了不俗的成绩，仅据上年的统计结果显示，中国赴泰留学人数高达 2.2 万人，占到泰国外国留学总人数的一半。与此同时，也有近 2 万泰国学生留学中国，占到中国外国留学生人数第 2 位①。

（2）曼松德孔院泰国大学生艺术团赴津交流演出大获成功。2015 年 11 月 6 日，由曼松德孔子学院组织的"中泰一家亲"曼松德昭帕亚皇家师范大学艺术团访问专场音乐会在天津师范大学隆重举行。天津师范大学校长高玉葆，副校长钟英华、王群生、梁福成，曼松德昭帕亚皇家师范大学校长琳达（Dr. Linda Gainma）、副校长威龙（Dr. Wirot Watananimttgul）、人文学院院长春拉达（Dr. Chollada Pongpatthanayothin）、研究生院院长阿丽湾（Dr. Areewan Iamsa‑Ard）、教育学院院长维千（Dr. Wichian Intarasompun）、孔子学院泰方院长苏迪蓬（Dr. Sutipporn Chotratanasak）、中方院长温象羽及师范大学相关负责人出席了本次音乐会，同天津师范大学千余名师生共同感受中泰两国民族艺术的巨大魅力。

---

① 教育——中泰继经贸、旅游外又一新经济增长点［EB/OL］. http：//th. mofcom. gov. cn/article/jmxw/201502/20150200889793. shtml.

（3）泰中拟共建高铁科技学院。泰国职业教育委员会办公室（OVEC）正与中国驻泰国大使馆商议，两国将合作建立一所泰国—中国科技学院，此举是提高技术性劳动人才数量的一部分努力①。职教委办公室秘书长察普克表示，新职业学院的培训课程将主要以高速铁路系统为主。

除了创建新的职业教育学院，职教委办公室还希望送数百名泰国职业教育学生和老师到中国参加关于铁路运营和维护的短期培训课程，让他们在与中国的知识交流过程中不断学习新的技术。短期培训课程的时长从3个月至1年不等。

（4）泰中国际橡胶学院在曼谷揭牌。2015年11月13日，"2015泰国中国山东文化年"活动在曼谷举行，活动内容包括曼谷尼山论坛、山东当代艺术三人展、尼山书屋和泰中国际橡胶学院开幕（揭牌）活动，其中"泰中国际橡胶学院"当天正式揭牌②，该学院由山东青岛科技大学、泰国宋卡王子大学、橡胶谷集团有限公司等携手创建，将在学术交流、教育培训、科研创新等领域展开合作。泰中国际橡胶学院的设立，是中泰两国教育、科技、经贸合作的创新之举。

（5）天津市委访曼谷，加强教育合作。2016年3月8日，天津市人大常委会副主任苟利军及其一行访问曼谷，曼谷市长素坤攀亲王在市政府办事处会见，双方就曼谷与天津两市之间拓展教育、文化与公共卫生合作等事宜进行交流。

曼谷市政府与天津市人大常委会早在2007年8月26日，就签署了首份教育发展合作备忘录，之后又分别于2010年8月16日、2012年2月27日、2012年7月3日连续签署了3份合作备忘录，双方已合作举办多次中文教学交流活动，其中包括组织曼谷市立学校华文教师4批次共408人参加在曼谷举行的教学培训，派出8批次20多位教师赴天津交流培训，第9批次的交流培训于2016年4月进行。

（6）曼谷中国留学教育展。2016年1月15日上午，由中国留学中心主办的"2016年中国留学教育展开幕式东盟—中国教育论坛曼谷会场"活动在曼谷Holiday Inn Slim酒店举行，来自中泰25所知名大学的代表到场进行交流，其中来自中国的高校有北京理工大学、浙江大学、西安交通大学、武汉大学、四川大学等。据统计，2014年赴中国学习的留学生人数达377054名，其中泰国留学生21296名，是东盟国家中留中人数最多的国家③。1月16～17日，中国留学教育展在曼谷Siam Kit展出，以吸引曼谷地区的留学生。之后留学教育展于1月23～

---

① 泰中拟共建高铁科技学院［N/OL］. 星暹日报，http：//www. singsianyerpao. com/epaper/？D = 2015 - 11 - 11#13，2015 - 11 - 10.

② 泰中国际橡胶学院曼谷揭牌［EB/OL］. http：//www. chinanews. com/gn/2015/11 - 13/7622300. shtml.

③ 中泰建交40周年大型系列庆祝活动在京启动［EB/OL］. 光明网，http：//world. huanqiu. com/hot/2015 - 02/5634783. html.

24 日在清迈 Central Festival Chiang Mai 举行，吸引泰国北部学生前往中国留学。

（7）曼松德孔子学院泰国教育部基教委年度培训圆满结束。2016 年 4 月 8 日，曼松德孔子学院 2016 年度泰国教育部基教委教师年度集训圆满落下帷幕。泰国教育部基础教育委员会中文项目官员 Miss Sukrita Sanitjan 莅临培训结业式现场，与孔子学院中方院长温象羽及全体教师共同见证了本次培训的成果，并为参加本次教师培训的 40 余名基教委本土汉语教师颁发了结业证书。

本次培训历时 12 天，共开设 20 门课程，涵盖了专家讲座、文化研讨会、中国传统艺术、文化实践等多个层次，内容包括教育心理学、汉语语音及语音教学、汉语语法及语法教学以及泰国汉语课堂教学活动及游戏设计等多个专题，开设了包括中国书画、篆刻艺术、T 恤衫绘画、中国舞蹈、茶艺、表演唱、快板艺术、京剧文化等多项中国文化体验课程。孔院教师力求在传统项目中注入新鲜元素，使教师们在快乐中进一步加深对中国文化的理解。

（二）文化、体育交流丰富多彩①

1. 泰国与中国的文化交往频繁

2015～2016 年，泰国主办了曼谷中国文化年及第三届中国—东盟（南宁）戏剧周。

自 2013 年起，泰国每年在曼谷举办中国文化年活动，继"2013 泰国·中国广西文化年"、"2014 泰国·中国河南文化年"之后，2015 年 5 月 30 日，再次成功举办"2015 泰国·中国山东文化年"②。

此次文化年活动由"中国海瓷艺术作品展"与文艺演出两部分的开幕活动组成，带来了孔子故乡原汁原味的传统文化艺术，提供了进一步了解儒家文化精髓的机会。

2015 年 5 月 29 日，"2015 中国—东盟博览会文化展"在广西南宁开幕，作为第十二届中国—东盟博览会主题国，泰国在展会上举办"泰国风情节暨庆祝中泰建交 40 周年"系列活动，内容包括友城缔结友好合作、留学交流、泰拳及泰舞表演等 12 场活动，展示了泰国传统手工艺品、旅游、留学教育等。

2015 年 9 月 12 日，第三届中国—东盟（南宁）戏剧周开幕，泰国传统舞剧"舞境"展演亮相中国广西艺术学校桂花剧场，此次"舞境"是由泰国洛坤府戏剧学院、博塔伦戏剧学院演出，是泰国文化部新推出的一台舞蹈剧目，汇聚泰国北部、东北部、中部、南部 4 个地区的传统民间民族舞蹈表演形式，舞剧以其华贵的服装、优雅的动作、丰富的内涵，将泰国传统民间民族舞的艺术特质表现得

①　2015 中泰足球俱乐部挑战赛举行［EB/OL］. http：//news. eastday. com.

②　"2015 泰国·中国山东文化年"曼谷开幕［EB/OL］. http：//news. xinhuanet. com/world/2015 - 06/01/c_ 127864242. htm.

淋漓尽致①，给观众带来生动欢快、典雅清秀的视听享受。

2016年6月18日，由安徽省文化厅和曼谷中国文化中心共同举办的"泰国·中国安徽文化年"开幕，一系列充满安徽地方特色的文化项目相继在曼谷中国文化中心举办，让泰国民众能够更直接感受中国的地域文化，体味安徽山川秀美、人文荟萃滋养出的徽剧、黄梅戏、花鼓灯等艺术形式，充分展示了安徽厚重的历史、秀丽的山水、和谐的生活。

2. 春节联欢晚会在清迈举行

2015年2月7～8日，由国家汉办驻泰国代表处主办的2015年清迈、夜丰颂地区汉语教师志愿者春节联欢活动在清迈大学孔子学院成功举办，任教于15所学校的34名志愿者一同喜迎春节，多才多艺的志愿者教师们充分展现他们的特长，表演了舞蹈、独唱、书法、合唱、军体拳等精彩节目②。

3. 体育交流再接再厉

2015年8月，"中国银行杯"篮球赛在泰中罗勇工业园举行，运动会的开幕式像是一场精心准备的"时尚"秀。

为纪念中泰建交40周年，2015年泰国外交部、泰国基金会主办了"泰拳文化中国行"活动，青岛总领事馆与青岛精英武馆共同承办了该活动青岛站的活动，在青岛引起了极大的反响。

4. 宗教交流有发展

中泰两国佛教界友好交流历史悠久、源远流长。2015年泰国佛教文化节期间，由泰国法师和居士组成的佛教文化团赴中国万宁佛教文化圣地东山岭，与当地佛教人员进行友好文化交流，参观了东山岭的潮音寺等寺庙，详细了解了东山岭佛教文化的传承，寺庙的建设。泰国佛教法师向东山岭佛教人员介绍了泰国的佛教文化。

2015年4月13～20日，泰国高僧龙菩年长老致函南京栖霞寺进行文化交流，经相关管理部门同意，南京市佛教界组织栖霞寺、灵谷寺、龙泉寺等寺院法师共计92人，在南京市佛教协会会长、栖霞寺方丈隆相法师率领下，赴泰国丹诺启建水陆法会，法会从4月13～20日历经7天，巩固和增进了中泰两国佛教界的交流和友谊③。

为庆祝泰国皇后诗丽吉殿下华诞、诗琳通公主殿下六十华诞、中泰建交40

---

① 泰国传统舞剧亮相中国—东盟（南宁）戏剧周［EB/OL］. http：//leaders. people. com. cn/n/2015/0914/c120172 - 27580016. html.

② 2015年清迈、夜丰颂地区汉语教师志愿者春节联欢活动在清迈大学孔院举办［EB/OL］. http：//www. hanban. edu. cn/article/2015 - 02/11/content_ 574435. html.

③ 江苏省南京市佛教界赴泰国佛教文化交流圆满［EB/OL］. http：//www. china777. org/html.

周年，2015年7月30日至8月6日，由泰中工商业联合总会、中国嵩山少林寺、泰国华人青年商会联合主办，泰国多个华商社团参与协办的华夏名门少林功夫赴泰国曼谷展演，展演活动由中国佛教协会副会长，少林寺方丈永信法师亲率众僧100人参加，对于"一带一路"背景下的佛教文化交流，起到了积极的作用①。

（三）中—泰旅游合作

1. 旅游合作持续升温

（1）中国游客对泰国旅游业创收贡献最大。泰国是最受中国游客青睐的东南亚海岛旅游目的地之一，中泰建交40年来第一次超大型线上全民跨国评选活动"BTVC 2015尊享泰国大奖——中国游客眼中最佳泰国"显示，最受中国游客欢迎的旅游目的地分别是曼谷、普吉岛、春武里，中国游客喜欢泰国食物、逛沙滩、参观历史景观、烹饪泰国菜、养生旅游、按摩、美容、深潜和浮浅等项目。中泰双方正积极为旅游企业搭建合作平台，引导和鼓励双方旅游企业合力打造共赢的特色产品和精品线路，不断地提升旅游的合作水平和市场吸引力。

2015年，中国赴泰国旅游游客高达793.47万余人次，同比增长91.62%，创下中国游客赴泰旅游新纪录。此外，泰国国家旅游局公布数据显示：2016年上半年泰国接待外国游客约为1667万人次，同比增长13%。来自外国游客的旅游收入约8240亿泰铢（约合1538亿元人民币），同比增加17%。其中中国内地游客约为344万人次，占赴泰游客总数的29%，同比增长27%②。

（2）2015美丽中国—海上丝绸之路旅游推介会。2015年7月24日，由中国国家旅游局主办，广西、福建、浙江、江苏、上海、广东、山东、江西、海南九省市区旅游局协办的"2015美丽中国—海上丝绸之路旅游推介会"在泰国曼谷隆重举行，将中国的美丽风光介绍给泰国朋友，希望更多的泰国游客到中国陶冶心性，感受健康的生活，并寻找投资良机。

（3）中国在曼谷设立旅游办事处。2015年9月9日，中国国家旅游局副局长吴文学与泰国旅游与体育部长葛甘·瓦塔纳瓦朗军在曼谷就中泰旅游合作、中国游客在泰旅游安全及泰国旅游市场秩序等议题进行了磋商，决定在曼谷设立中方旅游办事处，双方还商定就旅游安全及旅游市场秩序问题建立定期磋商机制。

（4）2016昆明泰国节开幕。以展示泰国文化、推荐泰国旅游、增进双方友谊为主题的"2016昆明泰国节"于2016年5月13日在昆明举行，共有近百家

---

① 释永信赴泰国展演［EB/OL］. http：//www.chunyun.cn/yaowe.

② 中华人民共和国驻泰王国大使馆经济商务参赞处.2016年泰国旅游业有所增长［N］.2016－04－29.

泰国中小企业参展，昆明市民可以近距离体验传统的泰式庙会，欣赏文艺表演，品尝正宗的泰式美食。

2. 两国旅游业合作的前景、产生的问题及解决路径

近几年来，泰国社会逐渐增长的对华负面观感，并不涉及国家之间的政治经济争端，大多起源于中国游客的大量涌入，因此对两国之间的正常合作不会造成实际影响。

进入 2016 年，由于泰国对中国自驾游客采取较为严格的管制措施，禁止中国车辆进入泰国腹地，因此造成泰北地区游客骤减，部分泰国媒体错误地认为是泰国民众对中国游客的反感，由此造成了中国民众的反弹，结果是包括政府总理在内的高层官员纷纷出面澄清。

长期以来，泰国对华旅游主要采取"低价战略"来吸引游客，赴泰旅游一直充斥着零团费、强迫购物、自费项目等问题，有些景区和购物点甚至是专为中国游客而开设。为了扭转泰国旅游业形象，也为了打击盘踞在旅游业内部的新兴资本力量，泰国政府下决心大力整治旅游市场，开展了一场前所未有规模的整治行动，要求彻底取消零团费团队，取消购物行程，清查了多家旅游巨头企业，其中影响最为巨大的是 2016 年 8 月 24 日，泰国政府多个部门对 OA 运输集团及其旗下的皇家珠宝、皇家蛇药、皇家旅游餐厅、曼谷皮具中心进行突击检查。9 月 9 日，泰国旅游警察再次排查 OA 运输集团，陆续扣押其 2155 部旅游大巴，并冻结该集团及其旗下公司的资金共计 47 亿泰铢（约合 9 亿元人民币）。

OA 运输集团是泰国接待中国旅游团的旅游业巨头，拥有 7000 多辆旅游大巴，几乎垄断了赴泰中国旅行团的用车。这家公司采用低价或免费租大巴车给泰国地接旅行社的形式，条件则是旅行社需要把旅游团带去 OA 集团旗下的各种珠宝、食品和蛇药购物店，还可以给旅行社 30% 左右的购物佣金。

泰国最大的客运公司突然被查，出现了诸多连锁反应。部分与之有合作的中国旅行社不得不重新雇车接待游客，以致成本攀升；取消购物行程，也直接影响了从业导游人员的切身利益。因此，部分地接社已暂缓发团或临时调高团价，致使国内的泰国游价格普遍上涨了千元以上。

综合而言，中泰两国之间各项交往总体上并无波折，仅有的一些从低质量的旅游业所衍生的负面因素，也不会对两国关系造成根本性的影响。但是，泰国舆论界出于对军政府的反感，以及与中国之间的意识形态差异，常常有故意放大中泰之间的隔膜、张冠李戴有意抹黑中国游客、误导泰国大众舆论风向的举动，此类倾向才是最值得警惕的。中国必须尽快改变此前对泰国文化交流的"精英主义"倾向，在保证华人华侨"基本盘"的同时，充分运用自身日益强大的文化影响力，通过网络、电视、电影等大众传媒手段，增加泰国民众——

尤其是新一代青年对中国的了解与喜爱，并鼓励更多的人赴泰旅游，做好出境游客宣传教育工作，避免恶性社会舆论的出现。一旦出现不测，为防止个别事件对两国关系产生影响，中国应加快舆论反应速度，尽快消除误解，增进彼此的了解与信任。

参考文献

［1］http：//zhidao. baidu. com/question/651696275638666805. html.

［2］Global entertainment and media outlook ［EB/OL］. http：//www. pwc. com/outlook，2014 – 2018.

［3］http：//www. deepsouthwatch. org/ms/node/7211.

［4］2015 财经 OLIKE ［EB/OL］. http：//thaizhonghua. com/？p = 1935.

［5］14. 47% 家庭面临开学缺钱困境 ［N/OL］. 星暹日报，http：//www. singsianyerpao. com/epaper/#13，2015 – 05 – 10.

［6］2015 年泰国政府年度预算全票通过，总理巴育感谢 ［EB/OL］. 中国新闻网，http：//world. people. com. cn/n/2014/0919/c157278 – 25691667. html.

［7］2015 年泰国货物贸易及中泰双边贸易概况 ［EB/OL］. 中国商务部网站，http：//th. mofcom. gov. cn/article/d/.

［8］2016 年泰国货物贸易及中泰双边贸易概况 ［EB/OL］. 中国商务部网站，http：//th. mofcom. gov. cn/article/d/.

［9］北大年伊斯兰君主国博客网站，http：//ummahpatani. blogspot. com/2013/06/pengistiharan – barisan – revolusi – nasional. html.

［10］巴育. 王储与全民一同哀悼先王，暂不继位 ［EB/OL］. 泰国每日新闻网，http：//www. dailynews. co. th/politics/530056，2016 – 11 – 13.

［11］北大年联合解放阵线组织官网，http：//puloinfo. net.

［12］不满新宪公投获通过 红衫军扬言会拿回政权 ［N］. 光明日报，2016 – 08 – 08.

［13］陈寂. 东盟地区论坛在广州举行打击犯罪分子跨境流动研讨会 ［N］. 新华社，2016 – 03 – 09.

［14］持续增长的泰国印刷业 ［EB/OL］. http：//www. cqvip. com/qk/90564A/200412/11376372. html.

［15］储殷. 应重视东南亚地区的安全诉求 ［N］. 人民日报，2015 – 08 – 20.

［16］东南亚历史词典［M］.上海辞书出版社，1995：254.

［17］范宏贵.同根生的民族：壮泰各族渊源与文化［M］.民族出版社，2007.

［18］非营利性组织"泰南深度观察"官方网站，http：//www. deepsouthwatch. org/dsj/contact.

［19］冯汝陵.泰国史话［M］.上海书局，1962.

［20］高关中.泰国文化的发源地——素可泰［J］.百科知识，2013（14）：58－59.

［21］高奇琦.泰国政党模式的变迁与民主巩固［J］.南洋问题研究，2010（2）：16－22.

［22］海关信息网，http：//www. haiguan. info/CustomData/Report595. aspx? currency = rmb.

［23］何平.泰国历史上的封建制度及其特点［J］.云南师范大学学报（哲学社会科学版），2006，38（4）：60－64.

［24］红衫军坦承法身寺牵连政治［J］.泰国世界日报，2015－02－28.

［25］华爱.近邻之邦——泰国［J］.世界知识，1979（4）：8.

［26］经济增长率低于预期 泰国央行连续两个月降息［EB/OL］.http：//www. zaobao. com/finance/world/story20150430－474367，2015－04－30.

［27］康霖.试析泰国、缅甸、柬埔寨的南海政策［J］.新东方，2014（12）：16－22.

［28］李彤.孟建柱访问泰国，愿深化中泰禁毒等合作［N］.中新社，2015－02－06.

［29］联合国.2016年世界投资报告［R］.

［30］梁志明.殖民主义史（东南亚卷）［M］.北京大学出版社，1999：421.

［31］凌朔.新闻分析：泰国宪法公投有何玄机？［M］.新华社，2016－08－03.

［32］刘馨元.泰国政党政治分析［R］.广西大学中国—东盟研究院泰国专题分析，2014－05－04.

［33］刘杨钺，杨一心.集体安全化与东亚地区网络安全合作［J］.太平洋学报，2015（2）：42－54.

［34］龙艺勇.泰国政党的发展特点及趋势［J］.东南亚南亚研究，1996（3）：32－40.

［35］卢光盛，金珍."澜湄机制"：亚太次区域合作新风景［J］.世界知

识，2015（22）：14－18.

［36］罗文春. 中泰政治关系：1949～1975［D］. 厦门大学，2009.

［37］马小军. 泰国近代社会性质刍论［J］. 世界历史，1987（5）：34－45.

［38］曼谷邮报，http：//www. bangkokpost. com/print/595900/.

［39］美国国务院，美国国际开发署. 转引自 Emma Chanlett Avery & Ben Dolven. Thailand：Background and US Relations［J］. Congressional Research Service，2014，6（19）：8.

［40］尼·瓦·烈勃里科娃. 泰国近代史纲下册［M］. 商务印书馆，1974：311.

［41］盘古银行，http：//www. bangkokbank. com.

［42］石惠敏. 东南亚主要国家传媒产业发展概况［C］//传媒蓝皮书［M］. 社会科学文献出版社，2014：419－427.

［43］宋豪新，陈尚文，韩晓明，徐伟，谢亚宏，林雪丹. 搭建亚洲地区安全与合作新架构［N］. 新华社，2016－04－27.

［44］泰国：伊斯兰极端主义方兴未艾［Z］//《无人幸免》（第二章），人权观察组织出版，Thailand：Islamist Insurgency with No End，No one is safe，p. 2，Human Rights Watch.

［45］泰国15年免费教育给我们的启示［EB/OL］. 新闻中心——中国.

［46］泰国2004年取消高考制度［EB/OL］. http：//www. people. com. cn/GB/paper39/3501/440378. html.

［47］中华人民共和国驻泰王国大使馆经济商务参赞处. 泰国的外国直接投资近况及趋势［R］.

［48］泰国皇家武装力量官网，http：//www. schq. mi. th/EN/vision_ mission. htm.

［49］中山大学东南亚史研究所. 泰国史［M］. 广东人民出版社，1987：194.

［50］泰国世界日报，http：//www. udnbkk. com/article/2015/0421/article_126730. html，2015－04－21.

［51］泰国世界日报，http：//www. udnbkk. com/article/2015/0523/article_127419. html，2015－05－23.

［52］泰国世界日报，http：//www. udnbkk. com/article/2015/1125/article_132335. html，2015－11－25.

［53］泰国市场概况［EB/OL］. HKTDC，http：//emerging - markets - research. hktdc. com/business - news/article/% E4% BA% 9E% E6% B4% B2/% E6%

B3% B0% E5% 9C% 8B% E5% B8% 82% E5% A0% B4% E6% A6% 82% E6% B3%
81/mp/tc/1/1X000000/1X003IMW. htm.

［54］泰国体育［EB/OL］. http：//baike. baidu. com/link？url.

［55］泰国王储：将在合适的时间完成继位［EB/OL］. 泰国民意报，ht-
tp：//www. matichon. co. th/news/320610，2016 – 11 – 13.

［56］泰国央行. http：//www2. bot. or. th/statistics/ReportPage. aspx？reportID =
145&language = eng.

［57］泰国中华网，2016 – 11 – 29，2016 – 11 – 30.

［58］泰国中华网，http：//thaizhonghua. com/2015/09/03/，2015 – 09 – 03.

［59］泰国中华网，http：//thaizhonghua. com/2015/09/28/，2015 – 09 – 28.

［60］泰国中华网，http：//thaizhonghua. com/2015/10/22/，2015 – 10 – 22.

［61］泰国中华网，http：//thaizhonghua. com/2015/11/11/，2015 – 11 – 11.

［62］泰国中华网，http：//thaizhonghua. com/2016/04/08/，2016 – 04 – 08.

［63］泰国中华网，http：//thaizhonghua. com/2016/04/13/，2016 – 04 – 13.

［64］泰国中华网，http：//thaizhonghua. com/2016/04/27/，2016 – 04 – 27.

［65］泰国中华网，http：//thaizhonghua. com/2016/04/29/，2016 – 04 – 29.

［66］泰国总理英拉称将以"女人味"调解南海争端［EB/OL］. 东方网，
2012 – 10 – 01.

［67］泰拳有望成为奥运项目［EB/OL］. 泰国头条新闻网，2016 – 12 – 08.

［68］唐奇芳. 澜湄合作首次领导人会议将在海南三亚举行［J］. 瞭望新闻
周刊，2016 – 03 – 21.

［69］陶海青. 中泰打造区域经济合作升级版［N］. 中国贸易报，2015 –
01 – 29.

［70］体育将成泰国旅游市场新亮点［EB/OL］. http：//th. mofcom. gov. cn/
article/jmxw/201512/201512012109.

［71］王勤. 东盟 5 国产业结构的演变及其国际比较［J］. 东南亚研究，
2006（6）：4 – 9.

［72］维基百科"北大年伊斯兰圣战运动"词条［EB/OL］. http：//
en. wikipedia. org/wiki/Gerakan_ Mujahidin_ Islam_ Patani.

［73］吴尧平. 哇集拉隆功"花花公子"当上新泰王［J］. 环球人物，2016
（32）：50 – 51.

［74］星暹日报，http：//www. singsianyerpao. com/epaper/#13，2015 – 05 – 15.

［75］星暹日报，http：//www. singsianyerpao. com/epaper/#14，2015 – 05 – 22.

［76］熊安邦. "一带一路"发展战略下的执法安全国际合作机制研究［J］.

湖北警官学院学报，2015（11）：101－103.

［77］杨世东. 泰国王室与泰国民主关系研究［D］. 云南大学，2013.

［78］殷淼. 郭声琨出席大湄公河次区域禁毒合作机制边会［N］. 人民日报，2016－04－20.

［79］于景浩. 泰国否认面临严峻恐怖威胁［EB/OL］. 人民网，2012－01－14.

［80］俞懿春. 泰国拟药费66亿元采购3艘中国潜艇［N］. 人民日报，2015－06－27.

［81］岳汉. 僧界大战：泰国和尚们的世纪赌局［EB/OL］. 泰国网，2016－03－01.

［82］岳汉. 泰国新宪法公投过关：军政府大获全胜，"民心思定"压倒"民主洁癖"［R］. 广西大学中国—东盟研究院泰国研究所舆情报告，2016－08－08.

［83］郑玮娜，王晖余. 澜湄六国创新合作新模式［J］. 瞭望新闻周刊，2016－03－29.

［84］中国—东盟研究院泰国研究所舆情周报（2015年10月25～31日）［EB/OL］. http：//www. weixinnu. com/tag_ article/2438350846.

［85］中华日报，http：//www. thaizhonghua. com/article－8486－1. html，2015－03－29.

［86］周方冶. 泰国民主政治：现状与问题［J］. 当代亚太，2003（6）：37－43.

［87］周方冶. 泰国政党格局的转型与泰爱泰党的亲民务实路线［J］. 当代亚太，2005（5）：16－22.

［88］周方冶. 泰国政党政治的演进与发展［C］. 厦门大学南洋研究院50周年庆暨"当代东南亚政治与外交"学术研讨会大会手册，2006.

［89］周玉渊. 东南亚地区海事安全合作的国际化：东盟海事论坛的角色［J］. 外交评论，外交学院学报，2014（6）：140－156.

［90］总理令落实减课时，扩至万所学校［N/OL］. 世界日报，http：//www. udnbkk. com/article－178438－1. html.

［91］总理透露：王储将根据自己意愿继承大统［N］. khaosod（泰），http：//www. khaosod. co. th/breaking－new s/news_ 50246，2016－10－13.